HEYNE BIOGRAPHIEN

Zum Autor

BERNDT W. WESSLING, geboren 1935 in Bremen, international bekannt geworden durch Romane (»Spatzen im Kanonenrohr«, »Die Töchter Zions«), Biographien (»Alma Mahler«, »Gustav Mahler«, »Wilhelm Furtwängler«, »Meyerbeer«, »Max Brod«, »Carl von Ossietzky« etc.), Lyrik und Theaterstücke. Lebt in Hamburg. Die hier vorliegende Biographie ist als Manuskript 1989 fertiggestellt worden.

Berndt W. Wessling

HERBERT VON KARAJAN

Eine kritische Biographie

Wilhelm Heyne Verlag
München

HEYNE BIOGRAPHIE
12/239

Copyright © 1994 by
Wilhelm Heyne Verlag GmbH & Co. KG, München
Printed in Germany 1994
Umschlagillustration: Deutsche Presseagentur/Hellmann, München
Umschlaggestaltung: Atelier Ingrid Schütz, München
Satz: Layout & Grafik 1000, München
Druck und Bindung: Presse Druck, Augsburg

ISBN 3-453-07323-1

Inhalt

Vorwort 7
Jugend 29
Die frühen Wiener Jahre 42
Ulm 50
Aachen 65
Berlin 81
Die Entlastung 99
Mailand, Salzburg, Bayreuth 113
Der Chef der Berliner Philharmoniker 128
Wiener Staatsoper 141
Die Osterfestspiele 155
Vor dem Ziel 185
Die letzten Jahre 202

ANHANG
Anmerkungen 207
Personenregister 214
Bildnachweis 221
Nachwort des Verlages 222

Vorwort

I.

Schon zu seinen Lebzeiten war das Lager minuziös und messerscharf in kämpferische Apologeten und sich betont desinteressiert gebende Widersacher gespalten. Kaum ein anderer Künstler des musikalischen Genres ist in diesem Jahrhundert missionarischer verteidigt und rigoroser verächtlich gemacht worden als Herbert von Karajan, der in seinen Machtansprüchen, seinem für viele Kunstkonsumenten schier unerträglichen Absolutismus, seiner offensiven Arroganz und – was seine autobiographischen Niederschläge betrifft – seinem dreisten Obskurantismus nur noch von dem Abgott des 19. Jahrhunderts, von Richard Wagner, übertroffen wurde.

Der düsteren Seite des Mondes steht jedoch die helle gegenüber. Da werden die Konturen eines Genies sichtbar, dessen künstlerische Unabhängigkeit selbst die fanatischsten Apostaten und Verulker zu beeindrucken vermochte und dessen multilineare Wirkungsweise den Begriff »Wunder« rechtfertigte, der so häufig auf Karajan (und sein interpretatorisches Werk) angewandt wurde.

Waren bei Richard Wagner der musikdramatische »Output« und sein legendäres Schnorrertum gleichermaßen genialisch, weil über die Maßen erfolgreich, so verbrüderten sich in der Person Karajans eine grandiose, singuläre Form der Musikästhetik und eine medienimperialistische Machtfunktion, deren Eloquenz und Extravaganz auch künftige Musikforscher, Soziologen, Historiker und, jawohl, Politiker noch ziemlich verblüffen wird.

Nicht mehr auszumachen ist, auf welchen Berliner Lokalpolitiker das Bonmot zurückgeht, Karajan sei so etwas wie ein »Lenin der Musik«. Wie ein Usurpator kam der Maestro zweifelsohne über die abendländische Kunstlandschaft, die er dort im Handstreich beackerte, wo andere lange und mühsam gepflügt hatten, um säen und ernten zu können. Karajan war ein Egozentriker wie Lenin und wich niemals von der revolutionären Bestimmung ab, nach der er angetreten war, wenn es sich auch nur um eine Revolution handelte, die seinen eigenen Machtbereich absicherte und ihn zum

Diktator kürte. Nach seinem Ableben schickte man ihm die ungewöhnlichsten Epitheta ornantia hinterher: Vom »Magier des Taktstocks« war die Rede, vom »Generalmusikdirektor der ganzen Welt«, vom »König der Musik«, sogar vom »Heiligen der Künstlergilde« und vom »göttlichen Wunder«. Was huldigend gemeint war, schlug am Ende in Banalität und Kitschigkeit um, war an Trivialität nicht zu überbieten, wenn göttlicher Anspruch postuliert wurde, aus dem »Paten der Musik« gar der »Papst der Musik« gemacht und in einer Münchner Tageszeitung gefragt wurde, ob das dreimalige »a« im Namen des Dirigenten nicht eine Beschwörungsformel gewesen sei.[1]

Der Schamane Karajan, der im Zeitalter des Verfalls der »klassischen« Metaphysik als Quasireligionsstifter herhalten muß, dessen gigantischer Marktwert für viele seiner Jünger und Anbeter etwas so Ausschließliches gewesen sein wird, daß sie diesem blendenden Wirtschaftsphänomen, diesem absoluten Genie des Raffens, »Scheinchen-Machens«, Expandierens, Zinsschneidens, Managens und Effektensammelns nur in narkotischer Abhängigkeit zu begegnen vermochten: anbetend, unkritisch, hingabegeil und masochistisch.

Dabei hatte Karajan, wenn man ihm nahe gegenüberstand, überhaupt nichts Charismatisches an sich. Im Gegenteil. Die kleine Person, die sich erst am Pult in Aktion zur Persönlichkeit auswuchs. Linkische Gestik war ihm nicht erst im Greisenalter zu eigen. Der »Beschwörer« hatte alles andere als eine beschwörende Sprache. Kein üppiger Wortschatz. Die Häufung begrifflicher Allgemeinplätze. Ein knatschiges, hohes, unmelodiöses, wesenloses Sprechorgan, das – zum Beispiel in Fernsehgesprächen mit seinem rückhaltlos unkritischen Bewunderer Joachim Kaiser – keine Faszination erweckte, eher Desinteresse, Langeweile. Es »kam« nichts von ihm, dem Redner. Alles mußte ihm in den Mund gelegt werden. Seine Dolmetscher Haeusserman, Löbl, Geitel und Endler besorgten das Reden für ihn, wobei meist nichts anderes als rhetorischer Qualm entstand, der vor allem dazu diente, die leidige Vergangenheit des Maestro zu vernebeln.

Karajan konnte sich allein am Pult mitteilen, durch seine präzisen, toscaninischen Einsätze, durch die Magie, die er vom ersten Auftakt an auf seine Musiker ausübte und die sich sehr rasch auf seine Zuhörerschaft übertrug, der kein Preis zu hoch war, seine Gegenwart in Oper und Konzert zu genießen. Wenn er hunderttausend Mark pro Abend für einen Live-Auftritt in Tokio oder Pasadena einheimste, entsprach das den »Cassa-Forderungen« des Bayreuther Meisters an Ludwig II. von Bayern – mit dem optischen Unterschied, daß des Dirigenten tausendschöne Gattin Eliette nie in die Verlegenheit wie Cosima Wagner kam, von einem gehässigen »Controleur du chèque« die Spitzengagen in Säcken mit Groschen und Pfennigen ausgezahlt zu kriegen.

Die Symbolfigur Karajans für das interpretatorisch-musikalische Geschehen in den fünfziger, sechziger und siebziger Jahren dieses Jahrhunderts ist unbestritten. Der Umtriebige hatte es geschafft, zur Kultfigur zu werden. Die vorbildarm gewordene Welt brauchte ihn, trug ihn, förderte seine egozentrische Versessenheit, die seine Gegner als Größenwahn auslegten. Ihm glückte es, seine Aura in einer blendenden Mischung aus Eleganz, Herrschsucht, Sentimentalität, Arroganz, Hingabe und Show darzustellen. Der Priester, der vor dem Weiheakt der Interpretation andächtig die Augen verschlossen hält, der meditiert, die Inbrunst anstaut, die nun gleich aus ihm herausschießen wird wie ein heiliger Brunnen, dessen Quell Labung verspricht, unter dem man sich – wie die von Rührung und Weiheton abgeschlafften Gralshelden im *Parsifal* – symbolisch die Füße wäscht, um am Ritual teilzuhaben. Als Zeremonienmeister und zugleich Anbetungsidol des von ihm inaugurierten Kultus hat er logarithmisch genau berechnet, wie das Koordinatensystem aus Werbung und Wirkung zu funktionieren hat.

Hierbei ist es vonnöten, dem Gegenrechner möglichst wenig Angriffsflächen zu bieten, ja ihm die Möglichkeit zum Interpolieren überhaupt zu nehmen. Die Mittel dazu sind Präzision, Sachlichkeit, Transparenz, Homogenität, Stringenz ... und die Vermittlung des Gefühls und des Eindrucks von Schönheit. Um ein Idol zu formen (oder sich selber zum Idol zu formen), bedarf es der Schönheit in vielfältigster Erscheinung und Substanz. Schönheit steht grundsätzlich auf dem Sockel einer zeitübergreifenden Romantik. Wer wollte bezweifeln, daß Karajan nicht im Besitz jener kostbaren, verwandelnden, alles beschmeichelnden und für sich einnehmenden Essenz war, jenes göttlichen Tropfens vom »persischen Rosenöl«, das den betäubenden Duft des ganzen *Rosenkavaliers* ausmacht und das – gleichsam wie das Aroma der »blauen Blume« Wackenroders, Novalis', Tiecks und E. T. A. Hoffmanns – die Schöngeister sowohl in Transzendenz als auch in Realität existieren läßt?

Aber es war so, daß dieses Aroma, diese Essenz nur bestimmte Reichweite hatte, daß »die am Rande« es meist schon nicht mehr wahrnahmen und erst recht nicht mehr die, denen es verwehrt war, in den Musentempeln am Mysterium Karajan teilzuhaben. Die technische Übertragung nach draußen, sosehr er sie pflegte, sosehr er auf sie baute und mit ihr pharaonenhaft die nächsten Generationen zu überdauern hoffte, vermochte das »Parfüm« nicht zu speichern; es ging verloren, drang nicht in die schwarzen und goldenen Rillen ein und hielt sich nicht in den Kassetten. So hat denn doch Friedrich von Schiller recht, wenn er meint, Schönheit sei die Sache des Augenblicks, der Unmittelbarkeit, das Vergänglichste von allem. Und »wer sie angeschaut mit Augen«, fügt August von Platen hinzu, »ist dem Tode schon anheimgegeben«, was nichts anderes heißt als: der Vergangenheit und der Vergänglichkeit, der Mißdeutung und Fehlinterpretation, der Verwesung und dem Vergessen.

Zur Zeit Karajans gab es eine weltberühmte Sängerin, Birgit Nilsson, von der man sagte, es habe nie jemand vor ihr so rein, so sauber, so lauter und so atemberaubend wunderschön gesungen. Vor ihrem Sirenengesang wurde die Erinnerung an den von Lotte Lehmann oder Maria Jeritza zu Staub. Sie erfüllte die Idealvorstellung von schönem Gesang. Überirdisch schön. Von ihrem ersten Ton an glaubte man, daß es »nicht wahr« sein könne, dieses Kehlwunder. Im zweiten Akt war das Wunder zwar immer noch ein Wunder, aber man hatte sich mittlerweile dran gewöhnt. Und im letzten Akt: Das Wunder gleißt und strahlt, alle Poren sind voll davon, man kann es kaum noch fassen, ertrinkt in Schönheit.

Ganz anders, wenn die ebenso berühmten Kolleginnen der Nilsson auftraten: Maria Callas oder Astrid Varnay. Sie sangen weniger schön, die Callas manchmal sogar wehtuend falsch. Ihren Stimmen eignete etwas, was die Nilsson nicht besaß: eine orgiastische Kraft, eine scharf aufreizende Sinnlichkeit, der Stahl, der im triebhaft-elementaren Gefecht verwundet, der schneidet, brennt und Opfer verlangt. Wenn die Callas wie ein Zirkuspferd durch die Arena raste, wenn sie bis zur Erschöpfung Leidenschaft und Gier herausstrotzte, wer fragte da nach Schönheit oder ob das »A« sicher kam? Man klebte schweißgebadet an der Rücklehne des Opernsessels, tastete nach dem Puls, löste sich mit der Megäre auf der Szene auf. Und die Varnay: Wenn sie orakelte, es in ihren archaischen Schrunden blutete, ihre Dämonie wildbachartig über die Dämme des Orchesters hinwegstürzte, dann duckten sich die Zuhörer in ihren Fauteuils wie unter einem vernichtenden Sperrfeuer, dann gab es kein Geseufze um Schönheit und edle Harmonie. Als sie 1964 unter Karajan in Salzburg die *Elektra* austobte, hatte sie dem Maestro kurzerhand Regie und Takt aus der Hand genommen. Ihre Raserei und ihre Dramatik hatten dem Schönheitsanspruch des Dirigenten Paroli geboten. Er war überstimmt, ausgebootet, auf den zweiten Platz verwiesen. Er tat so, als nähme er's hin, doch verwunden hat er das nie und die Varnay dann auch nie mehr »groß« beschäftigt. Diese archetypische Furie war in sein Koordinatensystem eingedrungen, hatte es – für eine Weile – außer Funktion gesetzt. Eine Erzsünde gegen den Klangmagier.

Karajan dirigierte, wie die Nilsson sang. »Wie schön!« Er betäubte, verspritzte üppigst das Strausssche Gründerzeitparfüm, gewann seine Jünger immer wieder durch das elegante, tänzerische und mitreißende Florettfechten bei Verdi, und die adelige Seelenkunde seines gemäßigten Bruckner zog sanft die Lauscher zur frommen Akkolade. Ein Pius, ein Klemens, ein Benedikt des Dirigierens. Doch alles nicht ohne Berechnung. Was nicht wirksam sein konnte, was nicht »schön« zu werden versprach, negierte er von vornherein. Er hatte seinen Kampf mit Mozart, in dessen »heiligen Hallen« er sich nur schwer zurechtzufinden vermochte. Was lind und luftig und lebensbejahend von Natur aus angelegt war, kam bei ihm oft pflaumenweich und wie in hinkenden Jamben daher. Wer die majestosen und auch die weltmännisch-chevaleresken Stellen im *Don Giovanni* im Strettastil des jungen und mittleren Verdi abschmettert, geht an der trunkenen Melancholie und der klanggewordenen Metaphysik Mozarts vorbei, verwechselt das Seelenbeben mit Erdbeben und walzt die herrlich ungebundene Naivität des »ewigen Kindes« zur Platitüde aus.

Nein, Mozart war nicht Karajans Fall. Aber er okkupierte den Salzburger, weil es jedem als stil- und geschmacklos erschienen wäre, hätte er den Landsmann ausgelassen. Wie ein Salzburger, der

Nockerln nicht mag, sie aber ißt, weil man ihn sonst als Vaterlandsverräter brandmarken würde. Auch Johann Sebastian Bach war nicht unbedingt Karajans Fall. Zuviel Pädagogik, zuviel derbes Zählwerk, vielleicht auch zuviel Protestantismus, wenn man darunter den Protest gegen das Süßlich-Degenerierte des katholischen Barocks verstehen will, gegen die ebenso sentimentalische wie arrogante Attitüde der italienischen Eiferer, die gegen Bach das Feld beherrschten.

Wie nüchtern und selbstlos nehmen sich die von Nikolaus Harnoncourt eingespielten Bachschen Passionen gegenüber den Pontifikalrequien Karajans aus, die dieser aus der *Matthäuspassion* und der *Johannespassion* entwickelte. Da kämpfen nicht nur zwei konträre Anschauungen gegeneinander, sondern zwei Jahrhunderte. Als hätte Karajan noch in der mondänen, verbrämten, jedwedem Pathos nacheifernden, frömmelnden Pio-Nono-Welt gelebt, in der Franz Liszt die Wasserspiele der Villa d'Este mit gregorianischen Chorälen vermengte, Charles Gounod aus einer simplen Idee des Thomaskantors sein *Ave Maria* zu einer domfüllenden Kitsch-Orgie aufbauschte und die Wagnerianer Mode wurden, die sich am Bombasmus des *Rings* orientierten und die Partituren des Bayreuther Meisters nach Strich und Faden ausplünderten.

Daß Karajan seinen »Gegner« Harnoncourt nicht ausstehen konnte und ihn per Ukas von Salzburg fernhielt, läßt sich sehr einfach aus der Tatsache erklären, daß er den frischen Wind des modernen Bach-Reanimators fürchtete, der ihn womöglich umgeblasen hätte. Dabei muß man feststellen, daß Karajan, wenn er auch ganz im 19. Jahrhundert zu Hause war, nicht die stockkonservativen, leeren, unkontrollierten A-fresco-Dirigiermethoden von damals übernahm. Seine Vorbilder waren, wie er oft bekannt hat, Nikisch und Toscanini, die sich mit Vehemenz und Intellekt von den »Schulen« Reineckes, Richters, Mucks und Damroschs absetzten.

Zwar ist es müßig, den einen Dirigenten mit dem anderen zu vergleichen, einen gegen den anderen auszuspielen, auf- oder abzuwerten. Doch es gibt eine Art von ungeschriebener Kontinuitätslinie in der abendländischen Dirigentengeschichte, die mit Hans von Bülow und Gustav Mahler beginnt, sich über Felix Mottl und Arthur Nikisch fortsetzt, denen sich dann die Generation der Toscanini, Fritz Busch, Clemens Krauss und Bruno Walter anschließt, wobei (beispielsweise) zwischen Toscanini und Walter schon wieder soviel formale und ästhetische Unterschiede bestehen, daß man sie kaum in einem Atemzug nennen kann. Toscanini, der unitalienischste Italiener, der nie eine neapolitanische Schlamperei geduldet hätte, und der liebenswürdigste und geduldigste, charmanteste und gläubigste Patriarch, der je an einem Dirigierpult gestanden hat: Bruno Walter.

Auf der Spurensuche nach Karajanschen »Vorgängern« mag man bei Nikisch ansetzen, über den wir fast nur sekundäre Aussagen besitzen. Toscanini hat der Maestro selber zum Vorbild erklärt. Da wäre noch die Frage, ob nicht Clemens Krauss auch ein wenig den Gestus und den Elan vital Karajans bestimmt hat. Krauss, ebenfalls ein Mann des 19. Jahrhunderts, aber im Tempo, in der Facettierung, in der Durchleuchtung und Auskultierung der Werke doch wiederum sehr modern, spontan, nervig und schlüssig.

Das Genialische an Karajans Interpretation ist der Brückenschlag zwischen Gestern und Heute. Den Geist der Spätromantik mit dem »Körper« der Gegenwart zu verbinden, das ist seine grandiose Leistung.

Auf gänzlich andere Art war Wilhelm Furtwängler mit seinem geliebten 19. Jahrhundert verbunden, dem Zeitalter Nietzsches... und auch Schopenhauers. Seit Furtwängler hat die Philosophie Eingang in die Musikinterpretation gefunden. Das ist ein tiefgründiges und oft tiefsinniges Schürfen und Wühlen nach »letzter Wahrheit«. Werktreue wird das erklärte Arbeitsziel, aber gleichzeitig muß sich diese Werktreue gefallen lassen, daß sie durch die Brille der absolutistischen Pultwesire eingeschätzt und betrachtet wird. Die Werke der Klassik und der Romantik erfahren dadurch eine symbolkräftige Erhöhung. Sie werden, wie ihre Schöpfer, zum Mythos, an dem ganze Weltanschauungen aufgehängt werden können.

Klingers Beethoven übt seine Haltung gleich hinter dem Pult Furtwänglers, der – autonom und absolutistisch, wie er sich gibt – nicht mehr sagt: So klopft das Schicksal an die Pforten, wenn er die Einleitungstakte zur *Fünften Sinfonie* mit seiner seltsam unrealistischen Zeichengebung dem Orchester vororakelt, sondern: So klopfe ich an das Geheimnis dieses Werkes, das sich dem Zuhörer nur so erschließen kann, wie ich es in diesem Augenblick will. Morgen kann das schon gänzlich anders sein.

Furtwängler ist die bemerkenswerteste nachschöpferische Künstlerindividualität dieses Jahrhunderts, ein Autokrat sondergleichen, der die Werke seiner Wahl eruptiv von innen aufbricht, der Geist, Gefühl und sein ganzes Selbst in den Moment der Wiedergabe legt, der sich opfert und der gleichzeitig ein Bekenntnis nach dem anderen herausschleudert. Bekenntnis-Interpretation aus schier unerschöpflichen Bewußtseinsgründen.

Nach all dem sucht man bei Herbert von Karajan vergeblich. Außer der Philosophie des Savoir-vivre in seiner mittleren Dirigierperiode, in der er seinen Rang in der Musikwelt entscheidet, ist da kaum Zugang zu den erkenntnistheoretischen Strömungen der Zeit. Oder doch? Läge ein wenig Heidegger in der Luft, wenn man bedenkt, mit welcher Konsequenz Karajan seinen machtimmanenten Anspruch als der »Größte« seiner Zeit durchzusetzen versuchte, wie es ihm gelang, Jahrzehnte hindurch bei bestimmten Gruppen als das »Wunder« schlechthin zu gelten? Heidegger, wenn er ihn denn gelesen hätte, wirkte auf viele seiner Zeitgenossen machtbildend und machtergreifend ein. Da wurde eine kräftige Portion Machiavellismus transportiert, ohne den sich kein Autokrat – ob in der Politik, ob in der Kunst – generationslang behauptet. Karajan war so eine Heideggersche Gestalt. Das kommt am ehesten darin zum Ausdruck, daß er wiederholt erklärte, es gebe nichts, was er nicht täte (und was er nicht getan hätte), um an »die Macht zu kommen«. Alle Fehler würde er noch einmal machen, sie als Fehler einfach ignorieren. Nichts sei ihm unheilig, wenn es um seine Grandeur ginge.

Solche Aussprüche wären von Furtwängler undenkbar gewesen, wenn auch er oft uneinsichtig im Hinblick auf seine politische Vergangenheit war und sich – ebenso wie Karajan – nie an die Brust klopfte, Fehlverhalten und »Sünde« auf sich zu nehmen. Ein Autokrat, der mit sich selber bricht, vernichtet damit – nach Machiavelli – das Fundament, auf dem er steht und auf dem er seine Macht begründet hat.

Was die Erhaltung und die Verteidigung dieser Grundlage angeht, waren sich Furtwängler und Karajan in ihren intimen Ansichten völlig gleich, wenn sie auch sonst Welten trennten. Die Auseinandersetzung mit Furtwängler, der ihm in jungen Jahren im Wege war, füllt ein stabiles Kapitel der Vita Karajans. Daß Karajan als Sieger aus dem Rivalitätskampf hervorging, hing am Ende mit der Biologie zusammen: Furtwängler starb 1954. Als das Feld geräumt war, konnte der Jüngere sein Triumphat antreten, das er bis zu seinem Tod am 16. Juli 1989 verteidigte (nicht etwa auskostete). Der Eindruck läßt sich nicht verwischen und ausräumen, der tote Furtwängler habe ihm bis zum Schluß auf den Fersen gesessen.

Von Karajan sind eigentlich mehr verteidigende Aussprüche überliefert als offensive. Genie zu sein: ein fürchterlich schwieriger Zustand, ein »super-mega-telemondialer« Zustand, um es mit einer deutschen Wochenzeitschrift zu sagen. Solche unkultivierten Wortemballagen wurden ihm in den Nachrufen waggonweise nachgeschoben. Schwer ist es, den Nimbus und die Aura eines wahren Genies einzufangen, gleichgültig, ob es sich um das Ausnahmeindividuum im klassischen Sinne handelt oder um den gigantomanischen »Technikfreak« des Atomzeitalters, der »alles« kann, der hinter dem Lenkrad des Rolls-Royce, des Porsche-Turbo oder des Ferrari-Testarossa darüber nachdenkt, wie Wagners und Straussens Notenchiffren auf Digital-Codes übertragen werden können, und beim Konzert im Petersdom vor dem Papst beseligt »abhebt«, als starte er mit seiner Falcon 10 in die Stratosphäre, Bruckner, Brahms und Beethoven in der »anderen Welt« persönlich die Hände zu schütteln. Wobei sich eben fragt, ob die das als besonders angenehm empfunden haben würden und sich nicht elysischer gefreut hätten, wenn ihnen die weniger genieverdächtigen Hans Knappertsbusch, Erich Kleiber, Otto Klemperer, Karl Böhm, John Barbirolli, Pierre Monteux und Ernest Ansermet unter Reverenzbezeigung gegenübergetreten wären, Zeitgenossen des Herbert von Karajan, die nicht weniger Musikgeschichte bestimmt haben wie das menschgewordene Wunder, dessen Karriere, wie Joachim Kaiser meint, als eine »Folge von entwaffnenden Triumphen« gedeutet werden müsse. Und es fragt sich ferner, ob diese Triumphe nicht auch im Zusammenhang mit dem Fortschritt der Technik gestanden haben, mit der stereophonen und digitalen »Kultur«, mit dem Aufwand an Nachbesserungen in den Live-Aufnahmen und Studioproduktionen, mit den gewaltigen Retuschierungsmöglichkeiten und der gesamten technischen Effekthascherei, die längst das unübersehbar gewordene Phono-Angebot verseucht und verdorben haben.

Was, wenn einem Erich Kleiber die technischen Möglichkeiten von heute zur Verfügung gestanden hätten? Dabei hätte sich gewiß kein »besserer« Erich Kleiber vorgestellt als der, der er war; aber die digital verwöhnten Ohren vermöchten ihn womöglich weitaus besser zu konsumieren (und zu würdigen!) als vermittels der harmlosen, dumpfen, geräuschvollen, ratternden Restbestände an Tonträgern aus der längst verwichenen monophonen Zeit.

Und doch hat man bisweilen das Gefühl, als sei die alte Konservierungskunst die mitteilsamere, unmittelbarere gewesen. Grandios, wenn Karajan einen Wiener Walzer auswalzt und glitzernd und akkurat und charmant und voller Noblesse vorzaubert, wenn es gleißend aus den quadrophoniegesteuerten Boxen über uns im Sforzato zusammenbricht. Ein Rausch, ein klanggewordenes Neuroleptikum, dessen Wirkung andauert und ekstatisch macht ...

Und irgendwann einmal legt man die alte, eiernde, rauschende »Mono« mit den *Bad'ner Madl'n* von Karel Komzák auf. Hans Knappertsbusch steht auf dem vergilbten Etikett der Scheibe; hinten auf dem Cover sieht man sein Abbild: ein hart konturiertes Antlitz, die »Locke Glückskalb« auf der hohen Stirn, um den Mund leichte Mokanz. Man erkennt gerade noch die Anzugrevers – und entdeckt im Knopfloch eine weiße Gardenie. Und dann erklingt der Walzer aus Urgroßvaters Zeiten. Kein Takt ist dem anderen gleich, und doch schwingt alles in einer atemberaubend köstlichen Homogenität mit. Ein Meister unter den Meistern, der das Geheimnis des ewigen Rubatos kannte... Und wenn man dann nicht umhinkann zu vergleichen, dann findet man rasch die Antwort auf die Frage, wem die Krone gebührt.

Das alles spricht nicht gegen Herbert von Karajan, führt aber sein sprichwörtlich gewordenes Genietum auf das Maß des Erträglichen und Gesunden zurück. Ihn ausschließlich »über den Wolken« auszumachen, stünde einer biographischen Betrachtung gänzlich im Weg und würde denen recht geben, die in seiner apotheotischen Selbstinszenierung etwas völlig Unkünstlerisches und Apokryphes sehen.

II.

Die politische Biographie Herbert von Karajans wurde bereits geschrieben. Sie stammt aus der Feder Robert C. Bachmanns und erschien 1983[2], kurz nachdem in der *New York Times* John Tagliabue seinen spektakulären Enthüllungsartikel über die nationalsozialistische Vergangenheit der Sängerin Elisabeth Schwarzkopf und des Dirigenten publiziert hatte, der auf Ermittlungen des Wiener Musikhistorikers Oliver Rathkolb und seines deutschen Kollegen Fred K. Prieberg basierte.[3] Prieberg hatte 1982 in seinem Buch *Musik im NS-Staat*[4] zwei Karajan-Bücher aus dem Jahre 1978 unter die Lupe genommen, in denen die »Hofberichterstatter« Karl Löbl und Ernst Haeusserman sich über die Angriffe gegen ihr Idol mokierten und versuchten, dessen braune Geschichte unter den Teppich zu kehren, zumindest grob zu verharmlosen.

Löbl über die Tatsache, daß Karajan nach Kriegsende von Amerikanern und Sowjets als »belastet« eingestuft wurde: »Man hatte ihm zweierlei vorgeworfen: Mitgliedschaft bei der NSDAP und politische Aktivität. Was war wirklich passiert? Karajan sah sich 1935 vor die Wahl gestellt, entweder die eben angetretene Position als Generalmusikdirektor in Aachen zu verlieren oder aber – der Partei beizutreten. Er trat bei. Ohne Bedenken. Die berufliche Karriere war ihm das Wichtigste. Er identifizierte sich nicht mit dem Regime. Wie so viele andere Künstler war er politisch völlig gleichgültig.«[5] Dazu Prieberg: »Wer ›ohne Bedenken‹ und um der Karriere willen der NSDAP beitrat, brauchte sich gar nicht mehr zusätzlich mit dem Regime zu identifizieren; noch weniger kann er sich seiner politischen Gleichgültigkeit rühmen. Karriere-Eifer solchen Schlages machte ein spezielles Bekenntnis zum NS-Staat überflüssig.«[6]

Haeusserman ist die Ehre widerfahren, den Maestro höchstpersönlich zitieren zu dürfen. Durch den Mund seines theaterdirektorlichen Freundes gibt er der Nachwelt kund: »Es ist kein Geheimnis, ich war Parteimitglied, und zwar bin ich es 1935 in Aachen geworden, als ich Generalmusikdirektor werden sollte. Drei Tage vor meiner Ernennung, als ich das ersehnte Ziel dicht vor Augen hatte, ist der Stadtdirektor zu mir gekommen und hat gesagt: ›Hören Sie, da ist‹, – und das sind seine Worte gewesen: ›da ist noch eine Formalität zu erledigen. Sie sind noch nicht Parteimitglied. Nach Aussage des Kreisleiters können Sie aber einen Posten dieser Art nicht bekleiden, ohne Parteimitglied zu sein.‹ So unterzeichnete ich.«[7]

Prieberg nennt das eine »rührende Geschichte«, die »mit Raffinesse vom Anschein der Glaubwürdigkeit« zehre: »Wer sie ersann, der wußte, daß Eintrittsdaten orientierten: je eher Pg., desto eifriger als Anhänger Hitlers, und 1935 wog im Urteil der Siegermächte etwas leichter als 1933.«[8]

Es gelang Prieberg, nicht zuletzt anhand von Urkunden aus dem *Berlin Document Center*, Karajans Partei-Geschichte minuziös zu enthüllen: »So eine Ernennung zum GMD war ein vielschichtiger bürokratischer Akt unter Beteiligung mehrerer Behörden mit entsprechend langwierigem Entscheidungsprozeß, der sich nicht mehr drei Tage vorher mit einem Parteibeitritt beeinflussen ließ. Später – ab 22. Oktober 1937 – zog Hitler persönlich durch die ›2. Verordnung des Führers und Reichskanzlers über die Verleihung von Titeln‹ sämtliche Ernennungen an sich, auch die zum GMD, und so kam es, daß die nächste Ehrung des Dirigenten, seine Erhebung zum Staatskapellmeister, am 20. April 1939, dem Geburtstag des Führers, mit Hitlers Signatur Gültigkeit erlangte, und zwar gemäß Vorschlag des Reichsministers für Volksaufklärung und Propaganda. Da etliche Generalmusikdirektoren nicht Pg. waren, könnte man zugunsten Karajans noch annehmen, daß der Kreisleiter ihn übertölpeln wollte. Doch hatte der Funktionär dies gar nicht nötig, denn in seinen Akten stand der Künstler bereits – als Pg. Nr. 3430914, aufgenommen am 1. Mai 1933 bei der NSDAP-Ortsgruppe Ulm, Gau Württemberg. Und dies war nicht einmal die erste seiner karrierebewußten unpolitischen Handlungen. Am 8. April jenes ereignisreichen Jahres nämlich war Karajan im damals noch republikanischen Österreich erstmals Pg. geworden, sozusagen Mann der nicht ersten, aber zweiten Stunde, und zwar mit der Mitgliedsnummer 1607525 bei der Ortsgruppe V ›Neustadt‹ in Salzburg. Geworben hatte ihn der Pg. Herbert Klein aus der Sigmund-Haffner-Gasse 16, auch fünf Schilling Prämie dafür kassiert und die ausgefüllte Beitrittserklärung bei der Werbestelle Schwarzwaldstraße 1 abgegeben.«[9]

Prieberg zitiert in seiner politischen Musikgeschichte den Theatermann Ernst Lothar, damit das obskure Nachspiel von 1946 zu Karajans brauner Vergangenheit durchleuchtend. Ihn rasch wieder bei den Salzburger Festspielen dirigieren zu lassen, darum ging es. Der Maestro wurde »fragebogend« vom zuständigen Theater- und Musikoffizier verhört, der seinem Vorgesetzten – nach Lothar – folgendes Ergebnis mitteilte: »Der Befragte stellte von dem gegen ihn Vorgebrachten nichts in Abrede. Er versuchte auch nicht, es mit seiner Jugend und Interesselosigkeit an politischen Dingen zu entschuldigen, daß er Parteimitglied wurde. [...] Zur Tatsache, daß er vor einem Konzert im besetzten Paris das Horst-Wessel-Lied dirigiert hatte, erklärte er, dies sei ein Routinevorgang gewesen, dem niemand sich habe entziehen können. Doch habe er diese Unvermeidlichkeit beim Dirigieren ostentativ zu erkennen gegeben und durch das von ihm gewählte, aus der Beilage ersichtliche Konzertprogramm bekundet, wofür er eintrete und wofür nicht. [...] Diese Aufklärung halte ich nicht für zwingend, fasse aber nach dem persönlichen Eindruck von dem Befragten meine Meinung folgendermaßen zusammen: Es handelt sich um einen fanatischen Menschen, dessen Fanatismus der Musik gilt, die ihm die Existenz bedeutet.«[10]

Prieberg resümiert: »Das Interview bewirkte Salzburger Festspiele *mit* Karajan, obwohl der Offizier den richtigen Beitrittstermin kannte und wußte, daß einige Dirigenten solche Politeinsätze im besetzten Gebiet mit List hatten vermeiden können. Ein Pariser Konzert fand in der Weihnachtszeit 1940 im Trocadero statt; im Programm: die *h-Moll-Messe* von Bach, zunächst vor 3 500 deutschen Soldaten im Rahmen der Truppenbetreuung und organisiert in Zusammenarbeit zwischen ProMi und NS-Gemeinschaft ›Kraft durch Freude‹, dann auch für französisches Publikum. Prominenter Gast: Reichsleiter Dr. Robert Ley. Abermals gastierte Karajan im Mai 1941 mit der Staatskapelle Berlin. Beide Auftritte signalisierten die siegreiche Kulturmacht des Regimes.«[11]

Priebergs Recherchen und Vorarbeiten ermöglichten es Robert C. Bachmann, in seiner Analyse der Karriere Karajans die ermittelten Grundkenntnisse psychologisch auszuwerten und zu hinterfragen, ob nicht der »verzehrende Machthunger« dieses Künstlers etwas Politisches ab ovo sei. Was nämlich initiiert die »imperatorische Gebärde«? Was trägt (neben der handwerklichen Souveränität) außer Berechnung, Ehrgeiz, Fleiß und Fanatismus den Weltruhm? Ist das Prinzip »Macht durch Leistung«, dem Karajan zeitlebens huldigte, nicht ein politisches Prinzip?

Bachmann schreibt über den Standort des Dirigenten in den Jahren 1933 bis 1945: »Nein, Karajan war durch sein Wirken ein kulturpolitischer Faktor und als solcher verantwortlich [...]. Was und wo immer er im Dritten Reich auch dirigierte, es ließ sich nicht abtrennen vom Zweck, der ihm im Sinne der nationalsozialistischen Kulturpropaganda gegeben war.«[12]

Und er fügt hinzu: »Die mit unerhörtem Einsatz von Menschen und Material betriebene Musikpolitik der Nazis bediente sich aller Mittel, die den Zweck heiligten. Daß sich die enormen Investitionen an schöpferischer Energie und Geld letztlich als sinnlos erwiesen, ist die Folge des Mißbrauchs, die Musik als bloßes Mittel zum Zweck der Täuschung des Volkes und der Welt einzusetzen. Zu einem dieser Mittel wurde auch der junge, genialisch aufstrebende Karajan. Wer sich einspannen ließ, mag ›politisch naiv‹ oder gar ›völlig unpolitisch‹ genannt werden, wie die gängigen Formeln des Freispruches von der damit eingegangenen Verantwortung lauten. Aber sein Wirken und Handeln waren eingebunden in die Ideologie des Dritten Reiches und ihre Kulturpolitik und somit eminent politisch.«[13]

Für solche Sätze und für solche »angemaßte« Kompetenz mußte Bachmann, der viele Jahre hindurch dem Maestro über die Schulter geschaut und ungezählte Gespräche mit ihm geführt hatte, kräftige Schelte einstecken. Die Karajan-Apologeten zürnten ihm ob der sachlichen Eloquenz, mit der er »sein« Thema angegangen war. Bachmann hatte ins Schwarze getroffen; die »Hofberichterstatter« erfühlten und erfüllten rasch ihren Sendungsauftrag, leckten dem Maestro die Wunden und erklärten unisono, es sei alles ganz anders gewesen. Gegenbeweise gab es nicht, dafür aber das sakrosankte Wort des Wundermannes. Und das war ihnen genug. Karajan redete ex cathedra. Folglich mußte Bachmann falsches Zeugnis abgelegt haben, ebenso wie Prieberg und Rathkolb.

Als der Maestro gestorben war, wurden die alten, von ihm initiierten Legenden frisch eingefärbt. Die Loblieder auf den Verewigten übertrafen alles, was bisher zur Grandeur großer Dirigenten abgesungen worden ist. Da schlug eine Meldung der Presseagentur Reuter wie eine Bombe in den Kreis der lauttönenden Pompes-funèbres-Beflissenen ein: Sonderermittlungen gegen von Karajan! Wörtlich: »Gegen den verstorbenen Dirigenten Herbert von Karajan liefen in den USA Ermittlungen in Zusammenhang mit seiner Mitgliedschaft in der NSDAP und seinem Verhalten während der Nazi-Zeit. Der Leiter der im Justizministerium angesiedelten Washingtoner Behörde für Sonderermittlungen, Neal Sher, teilte auf Anfrage mit, bis zum Tod Karajans am 16. Juli sei noch nicht darüber entschieden gewesen, ob man ihn wie 1987 Österreichs Bundespräsidenten Kurt Waldheim auf die Liste der in den USA unerwünschten Personen setzen sollte. Karajan war 1933 der NSDAP beigetreten. Sher sagte, die Untersuchung sei mehrere Monate vor dem Tod Karajans eingeleitet worden, nachdem Fragen über seine NS-Vergangenheit und unter anderem über seine Beziehungen zum späteren Reichsmarschall Hermann Göring aufgetaucht seien. Zu den zu überprüfenden Vorwürfen habe auch gehört, daß Karajan ein Agent des Sicherheitsdienstes (SD) der SS gewesen sei. Unklar sei, welche Rolle Karajan bei der Entfernung jüdischer Musiker aus seinen Orchestern in der Nazi-Zeit gespielt habe. Karajan selbst hatte seinen Parteibeitritt später autobiographisch mit Karriereüberlegungen begründet. Der Chef der Sonderermittlungsstelle sagte weiter, Karajan habe es sich damals ›gestattet‹, zu einem ›Kultur-Ausstellungsstück‹ für ein Regime zu werden, das einige seiner besten Künstler verfolgt und ermordet hat. Daß unter den Ermordeten Künstler waren, die Karajan gleichwertig waren oder ihn im Range noch übertrafen, daran, so Sher, könnten kaum Zweifel bestehen.«[14]

Richard Cohen von der Washington Post Writers Group fügte dieser Meldung folgende Zeilen hinzu: »In Prag besuchte ich vor einiger Zeit ein Museum, das den Kindern des von den Nazis in der tschechischen Stadt Terezin [Theresienstadt, A. d. V.] eingerichteten Ghettos gewidmet ist. Die Kinder wurden später nach Auschwitz verfrachtet, wo man sie ermordete. Im Terezin malten die Kinder Bilder. Ich möchte nur eines erwähnen: die wunderschönen, farbenfrohen Schmetterlinge der 11jährigen Gabi Freiova. Sie starb in Auschwitz am 18. Mai 1944. Auch sie hätte eine brillante Karriere machen können.«[15]

Der Mensch Karajan hatte offenbar nicht die Größe des Künstlers Karajan erreicht. Ohne Not hätte er ein öffentliches Bekenntnis, ein wahres, ablegen können, anstatt die Fakten seiner Vergangenheit, die ihn gewaltig, nachruhmzerstörerisch und unerbittlich eingeholt hat, bis zum Ende zu leugnen und zu verdrängen. C. G. Jung meinte, daß sich nichts auf der Welt endgültig verdrängen lasse, daß »es« immer wieder hochkomme und vernichtende Macht ausübe. Warum hat sich Karajan nicht gestellt? Weil es ihm seine Helfershelfer zu einfach machten. Sie tragen Mitschuld an dem verhängnisvollen Verhalten des Maestros, der mit dem Begriff Wahrheit relativ lax umging.

Joachim Kaiser überschrieb seinen Nachruf in der *Süddeutschen Zeitung* mit der ebenso vielsagenden wie anstößigen Parole »Der erfolgreichste Dirigent des Jahrhunderts«. In der Laudatio, die das Leben Karajans en pleine carrière Revue passieren läßt und jedweden kritischen Aspekt meidet, kommen auch folgende Sätze vor: »Daß der junge Karajan so nebenher schnell in die NSDAP eingetreten war (in Österreich und in Aachen, er hat sich gewiß nicht viel dabei gedacht), nahmen ihm nach 1945 viele übel. Der weit vorausschauende jüdische britische Schallplattenproduzent Walter Legge keineswegs […].«[16]

Apropos Legge. Robert C. Bachmann merkt zu dieser schillernden Persönlichkeit, Gatte der Sopranistin Elisabeth Schwarzkopf, folgendes an: »Ein anderer Komplize Karajanscher Geschichtskosmetik ist Walter Legge, ohne den Karajans Nachkriegskarriere anders und wohl weniger erfolgreich und stürmisch verlaufen wäre. Legge verbreitete mit Unterstützung durch seine Frau folgende Version des Karajanschen Parteibeitritts: ›Aachens Möglichkeiten überstiegen seine kühnsten Träume. Aber sie hatten einen Preis. Er mußte der NSDAP beitreten. Politik als solche hat Karajan nie interessiert – nur Musikpolitik, deren unerreichter Meister er später werden sollte. Aus seiner Mitgliedschaft machte er kein Geheimnis.‹ Dies steht in der von der Sängerin Elisabeth Schwarzkopf herausgegebenen und kommentierten Nachlaßsammlung verschiedener Texte ihres Mannes […] Sie hat dabei leider vergessen, darauf hinzuweisen, daß sie selbst ihr Bekenntnis zum Nationalsozialismus nach dem Krieg verschwieg und sogar vor falschen Angaben nicht zurückschreckte […] ein literarisches Konglomerat aus nachgelassenen Texten, das den auch anderswo vorbereiteten Halbwahrheiten und Behauptungen weitere hinzufügt.«[17]

Sicherlich hat es die *Süddeutsche Zeitung*, bei der Joachim Kaiser als Musikchef fungiert, einige Überwindung gekostet (und es zeugt durchaus von einer pluralistischen Einstellung des Blattes), die Anmerkungen des Heidelberger Professors Werner W. Franke zu der opulenten Laudatio abzudrucken. Diese Leserzuschrift spiegelt auf den Punkt die Haltung wider, die jene in Sachen Karajan einnehmen, denen die wuchernde Legendenbildung um den Dirigenten wie ein makabres Märchen aus tausendundeiner Public-relations-Stube vorkommt.

Franke schreibt: »Wahrscheinlich hat der Zufall, daß der Tod des doppelten NSDAP-Mitglieds und Goebbels-Lieblings Herbert von Karajan in die Woche des Gedenkens an den Widerstand des 20. Juli 1944 fiel – und damit die Gleichzeitigkeit der Würdigungen dieses Nazi-Dirigenten und der Opfer des Nazi-Regimes – die schamlose Scheinheiligkeit des Kulturbetriebes im Nachkriegsdeutschland (immer noch) besonders deutlich gemacht. Aber die lässig frivolen Kommentare, mit denen die Liebhaber der klassischen Musik die Unterstützung der NSDAP durch ihren Parteigenossen von Karajan (seit 1933, also als es karriereförderlich wurde, bis zum bitteren Ende 1945) als gedankenlose ›Jugendverfehlung‹ (eines 25- bis 38jährigen!), als Belanglosigkeit beiseite wischen und verniedlichen wollen (›Er hat sich gewiß nicht viel dabei gedacht‹, so Joachim Kaiser), sind für mich und andere, denen Menschlichkeit und Wahrheit – auch die geschichtliche – wichtiger als musikalische Klangästhetik sind, nur mehr unerträglich. ›Nichts dabei gedacht‹: Eigentlich eine posthume Beleidigung eines Mannes, der seine Unterstützung der NSDAP, ihrer Ziele und schließlichen Wirkungen nie auch nur mit einem einzigen klaren, öffentlichen Wort bedauert, geschweige denn Reue gezeigt hat. Hier gibt es nur zwei Möglichkeiten: Entweder hat er die NSDAP aus Überzeugung oder aus Opportunismus unterstützt, das eine wäre erschreckend (bei einem sogenannten Intellektuellen), das andere lediglich mies.«[18]

Werner W. Franke resümiert: »Aber ob KZ-Mengele oder Musik-Karajan: Sie dienten derselben Politik, und die Taten der wenigen Schinder und Mörder wären ohne die Unterstützung der vielen feingeistigen Bildungsbürger nicht möglich gewesen! [...] Offenbar heiligt und entschuldigt der schöne Klang klassischer Musik alles, aber auch alles in diesem Lande (in Österreich natürlich sowieso): vom Antisemitismus Richard Wagners bis zu den Orchester-Fanfaren, mit denen das Krepieren von Millionen Soldaten in den letzten Kriegsjahren zelebriert wurde. Aber was erwartet man eigentlich von einer Musik-Erziehung und einer Musik-Mentalität, die selbst den Gang der Opfer in die Gaskammern von Auschwitz-Birkenau durch ein eigens dafür zusammengestelltes Orchester mit klassischen Klängen untermalt hat? Eine gedankenlose – und offenbar bedingungslose – Verherrlichung der Musik als Eigenwert um jeden Preis: eine verquast-idealisierende Weltanschauung, wie sie auch heute an deutschen Schulen immer noch – trotz aller Gegenbeispiele der Geschichte – gepflegt und verinnerlicht wird. Nein, auch viele Mörder lieben klassische Musik!«[19]

Auch bei Franke eine besonders kritische Anmerkung zu Walter Legge: »Der Verweis von Joachim Kaiser, der ›jüdische britische Schallplattenproduzent Walter Legge‹ habe schließlich Karajans NSDAP-Mitgliedschaft auch nicht ›übelgenommen‹, ist ebenso verfehlt (was soll man daraus folgern, außer daß ein bestimmter ›jüdisch britischer‹ Produzent ein Geschäft mit einem Ex-Nazi machen will?) wie nichts beweisend: Würdeloses Verhalten kann es auch bei Opfern geben!«[20]

III.

Biographie ist stets Dichtung und Wahrheit, setzt sich aus Illusion und Realität zusammen. Wer über sich befindet, wird den Schleier des Soseins nur bedingt lüften und sich das Allerintimste vorbehalten; wer über andere informiert und richtet, kann dieses immer auch nur durch die subjektive Brille. Kritiker von Biographien mögen daher recht haben, wenn sie den effektiven Wahrheitsgehalt für gering erachten und bestenfalls von einer Annäherung sprechen.

Über Herbert von Karajan liegen nun schon etliche Biographien vor. Sie entstanden alle zu seinen Lebzeiten. Nur wenige verdienen das Lob, kritische zu sein, denn in den meisten wird da akribisch kolportiert, was der Maestro den Autoren einbliess. Autoren wie Haeusserman und Löbl rühmten sich sogar der direkten Einflußnahme Karajans, und Franz Endler nennt seine Edition im Untertitel gar *Mein Lebensbericht*, obwohl er nicht in der Ich-Form schreibt und mehr Kommentar abliefert als persönliche Beichte des Porträtierten. Da wird die Biographie ad absurdum geführt; es entsteht ein undefinierbares Gemisch aus Hommage und halbwahrer Erinnerung. Der anbetende Berichterstatter, der zum Paraphagen wird: weder nützt, noch schadet.

Man kommt an solchen Quellen freilich nicht vorbei, sollen bestimmte Lebensräume ausgeleuchtet werden, auch wenn dabei keine genuinen Ergebnisse gezeitigt werden können. Fraglich ist, ob Karajan Tagebücher hinterlassen hat, die nicht unbedingt mit dem Ziel geschrieben wurden, einer späteren Publikation zu dienen (wie etwa die Thomas Mannschen). Da er so häufig (immer mit gespielter Abneigung) bereit war, Kunde über bestimmte Abschnitte seiner Vita zu geben, verschämt beipflichtend, daß das ja eigentlich alles nebensächlich sei, kann man kaum davon ausgehen. Sicherlich schade, denn die Journale hätten womöglich das angehäuft Widersprüchliche in den Aussagen des Maestros geklärt und den Wust an Selbstbeweihräucherung beiseite geschoben, der stets dann das Maß des Unerträglichen erreicht, wenn mit unterbietender Gestik glorifiziert werden soll. Karajan hat selten den »PR-Effekt« außer acht gelassen, wurde er über Herkunfts-, Lebens- und Verhaltensfragen interviewt.

Bringt man die Biographien von Haeusserman, Löbl, Endler und Lorcey zur Deckung, registriert man verblüffend voneinander abweichende Beurteilungen über dieselben Geschehnisse. Natürlich hat jeder Beschreiber das Recht auf subjektive Interpretation; aber darum geht es nicht, sondern um die originären Zitate Karajans, zum Beispiel sein Elternhaus, sein Verhältnis zu dem ebenfalls musikantisch tätigen Bruder, zu den Lehrern und zu den politischen Daten seine Karriere betreffend.

Robert C. Bachmann und Roger Vaughan hatten das Vergnügen und die Qual, jahrelang den Maestro aus unmittelbarer Nähe beobachten zu dürfen. Sie befragten ihn allerorten, stellten ihm bei den Proben und im privaten Bereich nach, sie flogen und segelten mit ihm, protokollierten seine Allüren bis ins Detail, waren wohlgelitten und dann wieder, zumindest Bachmann, persona non grata. Ihr physischer und nervlicher Aufwand war groß, um dem Phänomen Karajan auf die Schliche zu kommen. Sie befanden sich oft in der grotesken Situation, eben etwas aufgenommen und registriert zu haben, das schon im nächsten Moment wieder umgeworfen wurde. Sie mochten noch so zielstrebig und diplomatisch zu Werke gehen, es gerann ihnen nur schwer etwas zum handfesten Beweis.

Der Ausweicher Karajan ist von vielen seiner Biographen beschrieben worden. Er wollte sich nun einmal partout nicht festlegen. Geheimnisvolles und Neugier sollten um seine Persönlichkeit bleiben – auch ein Ingrediens seines obskuren Verlangens, um jeden Preis weiterzuleben. Nicht nur das technische Material, das sich in Panzerschränken seines Anifer Hauses stapelte, würde die Nachwelt davon überzeugen, was er ihr wert zu sein hatte. Auch das – nach Möglichkeit gute – Gerücht sollte permanent entfacht bleiben, ihm Ewigleben zu garantieren. Berechnung schwang in allem mit, was er für seine Person tat. Er war eben der perfekte Selbstinszenator, dessen Maxime besagte: Ein Genie darf alles.

Aber Karajan hat nicht nur solch egozentrische Spuren hinterlassen. Er hat etwas errungen, was in der Geschichte der Musikinterpretation auf der goldenen Seite steht. Er hat die Orchesterkultur um einen Riesenschritt weitergebracht, wie sie einst die Dirigenten Weber und Mendelssohn, dann Bülow, Mahler und Nikisch weiterbrachten.

Inwieweit ein Künstler des allerobersten Ranges Schule machen konnte, ist schwer zu beantworten. Ein Dirigent wie Ozawa – zum Beispiel – wäre wohl kaum in die Lage gekommen, eine internationale Karriere zu starten, wäre er nicht Karajan begegnet, der ihm einerseits »in den Sattel« half, ihn andererseits aber auch von innen heraus prägte, ihm das Wesen der Klassik aus seiner Anschauung erschloß, ihn einwies, ihn »befruchtete«.

Karajan war kein Pädagoge, kein Mann der Vorlesungen und der trockenen Theorie. Abgewinnen konnte ihm jemand, der dazu die Anlagen hatte, nur etwas aus der Praxis. Neben ihm sitzen und erstaunt feststellen, wie er »unlogisch« bei Verdi eine moderate Kantilene zu freier Entfaltung bringt; wenn er da, wo Wagner einfach koloriert, das Ganze mit seinem herrlichen Sensualismus überhöht, erst »echt« macht, lebendig, weg vom Nur-Theatralischen. Oder wenn er die frühen Strauss-Tondichtungen so aufwertet und veredelt, so spiritualisiert, daß kein Mensch mehr daran denkt, wie sie doch eigentlich nicht viel mehr als gehobene Kapellmeistermusik sind, »Ohrwürmer«, Reißer. Er beläßt ihnen das Reißerische, das ihn selber außerordentlich begeistert. Aber wie er den *Eulenspiegel* abfedert, wie das Böcklinsche *Tod und Verklärung* mit Degas-Farben überzieht und den *Don Juan* vom rüden Roué in einen trunkenen Charmeur verwandelt, darauf kam es an.

Er hatte das untrügliche Gefühl dafür, Akzente so setzen zu müssen, daß aus den Partituren etwas herauswirkte, das sein Bedürfnis nach Schönheit und Hochgefühl stillte. Nichts haßte er mehr als »logische« Musik. Konnte er aber die Logik (etwa bei Brahms) in Schönheit einkleiden, eröffnete er sich und seinen Zuhörern einen Kosmos, in den hineinzulauschen nichts als ratloses Erstaunen weckte.

Warum er vor Schubert kapitulierte? Da lag dieser Kosmos gewissermaßen bloß. Da herrschten Dimensionen, die Furtwängler mit seiner Schopenhauer- und Nietzsche-Ideologie besser verstand und deren Gewalten er induktiver und »humanistischer« band – wenn man etwa an die große *C-Dur-Symphonie* denkt. Auch die *Unvollendete* hat Karajan ungelöst und unerlöst hinterlassen, wenn er sich ihrer auch immer wieder annahm. Das letzte Geheimnis hat er ihr nicht zu entlocken vermocht – wie er Gustav Mahlers Symphonien vieles schuldig geblieben ist, was wohl daran lag, daß Mahler nicht zu verstehen ist, wenn man Schubert nicht aufrichtig begegnen kann und ihn nicht recht zu entschlüsseln weiß. Ein Dirigent, selbst wenn er der »Größte« ist, muß nicht alles können. Auch das Genie zeigt sich erst in der Begrenzung.

Joachim Kaiser hat die drei Zeiten Karajans anschaulich zusammenfassend beschrieben: »Als Jüngling Ekstatiker, als Mann faszinierender Brio-Musiker, im Alter, wo die Katastrophensehnsucht nachläßt, Klangzauberer.«[21] Unter diesen Aspekten muß man Karajans künstlerischen Beitrag zur Musikkultur dieses Jahrhunderts erkennen und werten.

Er war gewiß mehr als der »Dirigent des Wirtschaftswunders«, wie ihn Theodor W. Adorno einst charakterisierte, der ihn aus tendenziellen Gründen (als Vater der avantgardistischen Musiksoziologie, die jeglichen Überhang zum 19. Jahrhundert verpönte) nicht mögen durfte.

Er war eine der wenigen prägenden, mitgestaltenden und manifestierenden Persönlichkeiten in der Zeit des Aufbruchs zu einer pluralistisch-gestaltlosen Gesellschaft, in der Individualitäten wie er kalt und zynisch mit dem Bannfluch des Anachronismus belegt wurden. Sein rigoroser Überlebensdrang als Künstler mag auch in dieser Erkenntnis begründet gewesen sein.

Jugend

Karajans Vorfahren stammten aus Mazedonien und schrieben sich Karajoannes, Karajannis oder Karajanopoulos. Die Forscher sind sich da uneinig; der Maestro plädierte für Karajannis. Irgendwann müssen die Leute ihre griechische Endung abgekniffen haben, vermutlich zu der Zeit, als sich der mutige Sproß mit Namen Georg Johann vom unwirtlichen Kosani nach Wien durchkämpfte, dort nicht so recht Fuß zu fassen vermochte, weswegen es ihn ins sächsische Chemnitz verschlug, wo er mit seinem Bruder etliche Kattunwebereien aus dem Boden stampfte, die glänzend florierten, so daß bald die gesamte sächsische Textilindustrie von den Unternehmen abhängig war.

Zu der Zeit regierte Friedrich August III. als Kurfürst von Sachsen. Am 1. Juni 1792 entschied sich der einnahmefreudige Potentat, die beiden Karajans in den Adelsstand zu erheben. Wenige Jahre darauf trennten sich die erfolgreichen Brüder. Während der eine die Fabriken in Chemnitz ausbaute und weiterhin das Monopol für türkische Seidengarne und Zwirne zur Stabilisierung des Hausvermögens nutzte, wandte sich Georg Johann nach Wien zurück, wo er die Kattune vermarktete und Anno 1813 »betucht« selig im Herrn entschlief.

Einer seiner Söhne beließ es nicht beim Stoffhandel. Er war auf Höheres aus und schlug die wissenschaftliche Laufbahn ein, denn sein Interesse galt der Historie und der altdeutschen Philologie. Ehrgeizig war dieser Karajan-Sproß, brachte er es doch zum Kustos der k. und k. Hofbibliothek und zum Präsidenten der k. und k. Akademie der Wissenschaften. Auch politisch betätigte sich Theodor von Karajan; er wurde in das Herrenhaus des Reichsrates berufen und gehörte in den politisch hitzigen Jahren 1848 und 1849 sogar als Mitglied der Konstituierenden Nationalversammlung zu Frankfurt an.

Von strebsamem Wesen, glaubte Theodor von Karajan seine Karriere noch weiter ausbauen zu können. Er hatte viele Freunde an der Universität, und so geschah es, daß ihn seine Fakultät für das vakante Amt des Dekans vorschlug. Freilich gab es ein Hindernis, das ihm nach langem Tauziehen das Avancement verwehrte: Er bekannte sich zur östlichen Orthodoxie, und das war in den Augen des Unterrichtsministeriums gleich schlimm, als hätte er sich zu den Anhängern des mosaischen Glaubens hinzugerechnet. Also wurde er nicht Dekan, was zur Folge hatte, daß der Brüskierte alle Ämter zur Verfügung stellte. Später wurde er mit dem Leopold-Orden ausgezeichnet, wodurch er präsumtiv in die Österreichische Ritterschaft aufgenommen war.

Von Theodor Ritter von Karajan ist überliefert, daß er äußerst kunstsinnig gewesen sei und vor allem der »Frau Musica« in ersterbender Ehrfurcht zu Füßen gelegen habe.

Den innigen Umgang mit der Tonkunst soll auch sein Sohn Ludwig Maria gepflogen haben, der Großvater väterlicherseits des Dirigenten. Er hatte einen Bruder namens Maximilian, den ungenaue Rechercheure auch schon mal als direkten Vorfahren des Maestros ausgaben.

Ludwig Maria erblickte 1835 das Licht des Zweiten Wiener Bezirks, studierte Medizin und brachte es zum Sanitätsreferenten für Niederösterreich. Verehelicht war er mit Henriette von Raindl, deren römisch-katholischem Bekenntnis sich der »Statthaltereirat« anschloß. Als er 1906 starb, war sein Sohn Ernst bereits in seine Fußstapfen getreten.

Ihn, den Vater des Dirigenten, verschlug es nach Salzburg, wo er seine ärztliche Kunst zunächst als Primarius des St.-Johann-Spitals ausübte, in späteren Jahren dann als Direktor der Landeskrankenanstalten mit dem Titel Landessanitätsreferent. 1905 heiratete Ernst von Karajan die um dreizehn Jahre jüngere Grazerin Martha Kosmać, die am 21. Juli 1906 den Sohn Wolfgang zur Welt brachte. Knapp zwei Jahre später, am 5. April 1908, folgte Sohn Heribert, von dem die Welt sprechen sollte.

Vater Ernst habe Klavier und Klarinette gespielt und mit kleinen Gruppen bei abendlichen Gesellschaften musiziert, berichtete später der berühmte Sohn. Papa sei ein gutaussehender Mann gewesen »mit einer geraden Nase, einem klassischen griechischen Profil«. Was Wunder, daß sich die Frauen von ihm angezogen fühlten. Ohne Zweifel habe er seine Patienten geliebt. »Unterlief ihm einmal ein Fehler, sprach er tagelang kein Wort. In mancherlei Hinsicht war er ein weicher Mensch. Wurde im Kollegenkreis schlecht über ihn geredet, war er zutiefst verletzt.«[1]

Die Eigenschaft, stets gut vorbereitet zu sein, habe er vom Vater ererbt. »Er ging immer zu Fuß ins Krankenhaus, das war eine Strecke von fünfundzwanzig Minuten. Einmal fragte ich ihn, warum er das täte. Er erwiderte, er lasse sich dabei jeden Aspekt einer gerade bevorstehenden Operation durch den Kopf gehen. Traf er im Krankenhaus ein, war er gründlich vorbereitet. Sehr viel später stellte ich fest, daß mich dieser Gedanke wesentlich beeinflußt hatte. Ich nehme mir wesentlich mehr Zeit zum Planen, zur Vorbereitung, zum Organisieren als die meisten anderen Menschen. Manchmal sitze ich monatelang über einem Spielplan. So kann mich dann nichts mehr überraschen. Wenn ich darauf verzichte, bin ich nicht gut vorbereitet, und ich kann es nicht ausstehen, unzulänglich vorbereitet zu sein.«[2]

Im Hause Karajan gibt es oft Spannungen. Um die privaten, die familiären Abläufe mag sich Doktor Ernst nicht kümmern. Da soll die Mutter das Sagen haben. Doch sagt sie was, ist's ihm auch wieder nicht recht. Karitativ und hilfreich ist sie gegen jedermann, doch das Wohl ihrer Buben liegt ihr verständlicherweise besonders am Herzen, und wenn es die einmal erwischt hat – zum Beispiel als der zwölfjährige Heribert beim Klettern abstürzt, zwanzig Meter tief fällt, sich das Fußgelenk bricht und sich am Rückgrat verletzt –, kennt ihre Fürsorglichkeit keine Grenzen. Sie will, daß aus den Buben etwas Ordentliches wird, und als ihr Heribert später eröffnet, Dirigent werden zu wollen, gerät sie aus der Fasson und rät ihm händeringend, doch lieber »etwas Anständiges« zu werden. Hypochondrisch macht sie sich stets Gedanken darüber, was werde, wenn … Ein Dirigent, der taub wird wie der Beethoven? Aus ist's dann mit ihm! Sie hat eine starke Einbildungskraft … und oft Höllenvisionen, die sie besorgt ihrer Familie kundtut.

Die Buben müssen ihre Eltern siezen. Das gehört zur gesellschaftlichen Konvention, von der man nicht ein Gran abweicht. Der (gläubige) Mensch hat sich apostolisch zu benehmen. Und wenn dann die Inkarnation des Apostolischen, die Apostolische Majestät allerhöchstpersönlich in Gestalt des greisen Kaisers Franz Joseph, durch Salzburgs Straßen kutschiert wird, stehen die Karajans auf dem »Trottoir« stramm.

Drei Jahre alt muß Heribert gewesen sein, als er dem Patriarchen des österreichisch-ungarischen Vielvölkerstaates Aug' in Aug' gegenüberstand, ein Erlebnis, das er oft in »herziger« Laune erzählte. »Es war zu Kaisers Geburtstag in Salzburg. Die ganze Straße stand voll von Leuten. Da sagte mein Onkel: ›Jetzt kommt der Kaiser‹, und ich wurde etwas hochgehoben, weil ich ja doch winzig klein war damals. Der Kaiser war grad eben zu sehen bis zur Brust. Sein Kopf schwebte über den Köpfen der anderen dahin. Er war für mich nicht mehr Mensch, und als solcher Nicht-Mensch hat er sich wahrscheinlich auch angesehen in irgendeiner Weise.«[3]

Die Habsburger mögen Salzburg nicht, weswegen sie auch höchst selten dort anreisen. Die Gesellschaft der Salzachmetropole ist unter sich, ohne Hofbeobachtung. Der Kleinadel sähe es viel lieber, wenn die Bayern – wie früher – die Landeshoheit hätten. Man denkt eher wittelsbachisch als habsburgisch. Den Ton in der Gesellschaft bestimmt die Honoratioren-Clique; sie setzt sich aus den hohen Landesbeamten, den Akademikern und den Künstlern zusammen. Letztere müssen freilich schon Renomee haben, um mitreden zu dürfen; auf jeden Fall haben sie dem *Dom-Musikverein und Mozarteum* anzugehören, der 1841 von dem Rechtsanwalt Franz von Hilleprandt ins Leben gerufen worden war. Ernst von Karajans Vater hatte den vornehmen Advokaten noch gekannt, mit ihm Umgang gepflogen und durch ihn bei der Enthüllung des Schwanthalerschen Mozartdenkmals auch wohl die beiden Söhne des *Zauberflöten*-Schöpfers kennengelernt: Carl Thomas und Franz Xaver Mozart.

Im Hause Karajan in der Schwarzstraße Nr. 1 verkehrt auch der Finanzrat Carl Freiherr von Sterneck, der mit anderen tatkräftigen Männern 1870 die internationale Stiftung Mozarteum gegründet hatte, die Mozart-Verehrer in aller Welt anzusprechen gedachte und vor allem die Initiative und den materiellen Untergrund für die erste Gesamtausgabe der Werke Mozarts (mit Ludwig Ritter von Köchel) gab. Auch mit dem Leiter der Musikschule Mozarteum, die 1880 vom Dom-Musikverein losgelöst wurde, hielten die Karajans Freundschaft: Friedrich Hummel hieß der Mann, der sich dafür einsetzte, daß ein gewisser Hugo Wolf Korrepetitor am Stadttheater wurde.

Salzburger Gründer-Zeit! Die Wiener Philharmoniker traten zum erstenmal unter Hans Richters Leitung auf. Ein Komitee, dem auch Ernst von Karajan angehörte, bildete sich, um nach dem Mu-

Karajan dirigiert die Berliner Philharmoniker.

Oben links: Die hohe Kunst des Dirigierens: Karajan leitet in Leningrad einen Kurs für Nachwuchs-Dirigenten.

Unten links: Am Mischpult.

Rechts: Die Magie des Taktstocks.

1968 bei Proben zu »Rheingold«.

1957 bei Proben zu »Fidelio«.

ster des Bayreuther Festspielhauses ein solches auf dem Mönchsberg zu errichten. Doch es wurde nichts daraus, denn die Cassa war stets leer und oft »defizitär«, weil die seit 1877 stattfindenden Musikfeste den Etat verschlangen, Musikfeste, dem Genie Mozart gewidmet, das in dieser Stadt so sehr hatte darben und sich schinden müssen. Immerhin verfügte man über das neue Stadttheater (Landestheater), 1893 von den Theaterbau-Routiniers Fellner und Helmer errichtet, in dem die Mozart-Feste abgewickelt werden konnten. Die künstlerische Prominenz drängte sich zu dem Festival: Gustav Mahler und Felix Mottl, Karl Muck und Felix von Weingartner dirigierten. Lilli Lehmann brillierte als *Donna Anna*. Eine andere Primadonna war Anna Bahr-Mildenburg, die Gattin des Dichters Hermann Bahr, der das Benediktinergymnasium in Salzburg besucht hatte und die Mozart-Metropole so sehr liebte, daß er sie zur »Hauptstadt Europas« erklärte.

Bahr versuchte seit 1903, Festspiele »in Permanenz« für Salzburg zu arrangieren. Vor allem setzte er dauernd dem Berliner Theatermann Max Reinhardt zu, seine erfolgreichen Inszenierungen »drunten« zu wiederholen. Er warb Hugo von Hoffmannsthal und Richard Strauss als Helfershelfer an, verhandelte mit Eleonore Duse und Isadora Duncan und hoffte, daß Geld genug gesammelt würde, um Henry van de Velde mit dem Bau eines Festspielhauses beauftragen zu können.

Im Geburtsjahr Heribert von Karajans, 1908 also, hatte Hermann Bahr mit Reinhardt ein Programm für Salzburg entwickelt, das die Inszenierungen von Lessings *Minna von Barnhelm*, Gorkis *Nachtasyl* sowie der Shakespeare-Stücke *Wintermärchen* und *Ein Sommernachtstraum* enthielt. Doch es gab keine ausreichende Finanzierung, und so mußte der schöne und kühne Plan verworfen werden.

Doch die Salzburger Herrschaften überlegten, prüften und träumten unermüdlich weiter, trafen sich am Stammtisch im Gasthof Steinlechner. Mitten im Ersten Weltkrieg, 1916, wurde dann endlich und endgültig beschlossen, die *Salzburger Festspielhaus-Gemeinde* ins Leben zu rufen, die dann die ersten *Salzburger Festspiele* nach Beendigung des Krieges ermöglichte.

Ernst von Karajan war ein eifriger Förderer der Unternehmungen, die einst seinem Sohn als Basis für seine künstlerischen Höhenflüge dienen sollten. Die Praxis, die Ehrenämter, das »Wohl der Stadt« und seine künstlerischen Ambitionen füllten sein Leben aus. Nicht ohne bitteren Unterton konnte Karajan von seinem Elternhaus sagen: »Viel Familienleben kannte ich nicht.«[4] Der Vater habe auch nicht mit jungen Leuten umgehen können, kaum Interesse für seine Anliegen und die des Bruders gezeigt. So sei man oft mit fremden Leuten unterwegs gewesen, ohne den Vater, der im »Stadtpalais« zurückblieb, sich lieber den Mitbewohnern anschließend, dem Zahnmediziner August Schwabe und dem Internisten Max Strohschneider, die den zweiten Stock und das Parterre des neubarocken, kuppelverzierten Stadthauses angemietet hatten, während der Besitzer die Beletage für sich und die Seinen nutzte.

Ein Salon reiht sich an den anderen, üppig ausgestattet mit den Ingredienzen der Belle Époque. Im Musiksalon stehen sogar zwei Flügel. Es scheint alles in diesem großbürgerlich-kleinadligen Idyll zu geben, nur keinen Freiraum für die Kinder, die, wenn sie spielen und herumtollen wollen, zu Freunden gehen müssen. Die Eltern wollen keinen Lärm, und später, als die Buben schon herangewachsen sind, verbieten sie ihnen auch, Mädchen mit in die Wohnung zu bringen. Tabus über Tabus. Was Wunder, daß sie möglichst früh versuchen werden, dem Elternhaus zu entkommen, der barocken Trutzburg, in der Mozart der Vorwand für Musikabende ist, in deren »zweitem Teil« man die Evergreens von Richard Wagner schmettert, für den Mama Karajan ihr Leben lassen würde.

Nicht nur im Verhältnis Eltern – Kinder hat es von früh an gewisse Entfremdungen und Sonderbarkeiten gegeben; auch die Buben untereinander finden nie den rechten Kontakt. Sie bleiben sich fremd. Im Erwachsenendasein wird der Friede nach außen zwar immer gewahrt bleiben, aber Wolfgang und Heribert, der sich bald Herbert nennen wird, haben sich selten etwas zu sagen. Der Erfolg des Jüngeren läßt keinen Brückenschlag zum Älteren zu.

Karajan: »Ich war immer kleiner als er, jünger, und ich gehörte nicht zu seiner Clique. Das hatte auch seine Auswirkungen in der Schule. Da ich Mitte des Jahres geboren war, durfte ich nicht mit ihm zusammen eingeschult werden. Ich hätte aber zur Schule gehen sollen, denn ich war reif dafür. Aber ich mußte warten. Dann waren da die Musikstunden. Meine Eltern wollten, daß Wolfgang Klavierstunden nahm. Ich sagte: ›Ich auch!‹, aber sie erklärten, ich hätte noch ein Jahr zu warten. Also versteckte ich mich hinter den Vorhängen, wenn Wolfgang Klavierunterricht hatte. Und wenn ich dann allein war, versuchte ich es auch. Nach drei Wochen kam man mir auf die Schliche, und ich bekam auch Stunden. Ich holte Wolfgang schnell ein und war sogar bald besser als er.«[5]

Spät noch klingt der Triumph über den Bruder nach. Man muß nicht erst Sigmund Freud bemühen, um das Rivalitätsdenken des Buben wie des reifen Mannes Herbert von Karajan zu analysieren. Sich als der Bessere zu bewähren, das war ihm offenbar von Kindesbeinen an eingegeben. Grillparzer umschreibt das so: »Schon in der Schule bildet sich die Rasse.«

Versuchte der vor allem als Orgelspieler konzertierende Bruder Wolfgang Furore zu machen, war das dem Maestro zuwider, der es schwer verwand, wenn der Name von Karajan auf Plakaten zu lesen stand, nicht aber er gemeint war. Berichtet wird von einer langwierigen Fehde zwischen den beiden, als sich der Orgelvirtuose erdreistete, bei einem Auslandsgastspiel den Familiennamen größer setzen zu lassen als den Taufnamen. Der Jüngere argwöhnte, daß der Ältere auf seine Kosten zu profitieren gedachte. Es kam so weit, daß Herbert von seinen »Verwandten« Wolfgang von aufforderte, sich einen anderen Nachnamen zuzulegen.

Daß es Wolfgang nicht auch zu einer Weltkarriere brachte, pflegte der Maestro »durch die Blume« mit dessen Unzuverlässigkeit zu begründen, die sich schon in jungen Jahren bemerkbar gemacht habe. Nie sei eine Verabredung mit ihm zu treffen gewesen. Karajan: »Kam man zur vereinbarten Zeit, machte er vielleicht gerade einen Ausflug mit seinen Hunden in die Berge.«[6]

Auf jeden Fall war Wolfgang technisch begabt und versiert, baute als Bub ein Radio, das er zum Erstaunen des Publikums mitten in der Stadt installierte und damit die Aufmerksamkeit der Ordnungshüter auf sich lenkte. Später interessierte ihn die Elektronik. Er besaß in Wien ein »mit allen Schikanen« ausgerüstetes Studio, bastelte und forschte, aber er wußte keine Nutzanwendung daraus zu machen, wie er nicht eine Spur von dem Talent seines Bruders besaß, sich zu vermarkten und zu verkaufen.

Wenn die beiden Kinder mit ihrem Bilderbogentheater spielen, steht Wolfgang stets für den »technischen Ablauf« ein. Er ist der Beleuchter, er bewegt die Figuren. Heribert überlegt die Regie, will das nachstellen, was er jüngst im Stadttheater erlebt hat: Wagners *Meistersinger*. Die Mama hatte auf den Opernbesuch gedrungen, um dem Buben auf diese Weise etwas von ihrem Wagner-Enthusiasmus mitzuteilen.

Nicht einmal fünf Jahre alt ist der jüngere Karajan-Sproß, als er sich bei einem Wohltätigkeitsfest produzieren darf. In der Ausflugsgaststätte Morzg vor den Toren der Stadt spielt er etwas von Mozart. Er sei damals nicht sonderlich aufgeregt gewesen, erinnert sich der Maestro; schließlich habe man ihm einen Kuchen versprochen gehabt, wenn er spiele. Doch die Eltern sind sparsam mit solchen Mutproben ihres Jüngsten, halten nichts vom Wunderkinderkult.

Die Knaben sollen vor allem »natürlich« erstarken. Deswegen nimmt man sie mit zu Luft- und Bäderkuren, zum Beispiel auf die Insel Brioni. Und als dann mit den Schüssen von Sarajewo der Erste Weltkrieg ausbricht, bringt Mutter von Karajan ihre Kinder zunächst einmal aufs Landgut Prankh bei Knittelfeld, wo ihre Schwester mit dem Baron Leutzendorff verehelicht ist. Bis in die Steiermark wird das Kriegsgeschehen wohl nicht vordringen, denkt sie; doch nach einiger Zeit wird ihr Salzburg sicherer, und sie holt die Buben zurück.

In Erinnerung bleibt das »elektrische Klavier« der Tante, das Werke von Grieg, Wagner, Rachmaninoff und Tschaikowsky wiedergeben konnte – eine Attraktion für die beiden Karajan-Jungen. Wolfgang untersucht den Apparat von der technischen Seite her, Heribert genießt die Musik, vor allem den schmissigen *Walkürenritt*, den er bald wieder im Stadttheater mit »großem« Orchester hört, denn die Eltern nehmen ihn mit in eine Aufführung der eigentlichen Oper unter den Musikdramen: des *Rings des Nibelungen*. Der Knabe schöpft »lebenslang« aus diesem tief beeindruckenden Ereignis.

Inzwischen ist Heribert Schüler am Konservatorium des Mozarteums geworden. Sechs Stunden am Tag »büffelt« er am Klavier. Professor Franz Ledwinka ist sein Lehrer. Außerdem unterweist ihn Franz Sauer in Harmonielehre, und von Bernhard Paumgartner, der oft mit Vater Ernst und seinen Freunden im Karajanschen Musiksalon quartettiert, erfährt er nebenbei die Grundbegriffe des Komponierhandwerks. Paumgartner hat »ein Auge« auf Heribert geworfen, dessen frühe Talente er einzuschätzen weiß. Aus »dem« will er was machen. »Der« wird was!

Paumgartner ist ein vorzüglicher Pädagoge, verfügt über Weitblick und eine glänzende Allgemeinbildung. Er ist der Sohn eines Musikschriftstellers und der Hofopernsängerin Rosa Papier, auf die Gustav Mahler und Johannes Brahms große Stücke hielten. Auf alle Fragen, die der wißbegierige, »kleine« Heribert stellt, weiß er eine gute Antwort. 1917 wird Paumgartner Direktor des Mozarteums. Zuvor hat Heribert, nämlich am 27. Januar 1917, bei einer Mozartfeier »öffentlich« das *Rondo für Klavier D-Dur* gespielt und den »ungeteilten« Beifall des festlichen Auditoriums gefunden.

Auch das Chorsingen gehört zum Ausbildungsprogramm. Karajan: »Chorgesang hat mich eigentlich mein ganzes Leben begleitet.«[7] Er singt in Salzburger Kirchenchören, auch wenn er kaum sängerische Qualitäten aufweist. Später, wenn er mit den großen Chören – etwa dem *Singverein* in Wien – zusammenarbeitet, kommt ihm das zugute, was er in jungen Jahren praktisch erfahren hat. Man müsse in der Musik irgendwann alles einmal selber gemacht haben, sagt er.

Die Eltern leisten es sich, gelegentlich nach Wien zu fahren, um internationale Gesangsgrößen in der Hofoper zu erleben. Die Buben dürfen mit. Karajan: »Mein Onkel war der technische Direktor der Bundestheater. Das heißt, er war für alle Gebäude zuständig. Für uns bedeutete das, daß wir immer seine Dienstsitze in der Oper benutzen konnten, wenn wir nach Wien fuhren. Und wir kamen immer wieder nach Wien [...] Und ich habe nicht sehr lange gebraucht, bis ich erkannte, daß Wien selbstverständlich das Mekka für uns Musiker war, daß man aber auch nicht jeden Abend ideale Vorstellungen oder Konzerte hörte.«[8]

Nicht nur in Wien kann sich der junge Karajan orientieren; Paumgartner nimmt ihn gelegentlich nach Italien mit. In den norditalienischen Opernhäusern herrscht ein anderer, weniger akademisch-unterkühlter Aufführungsstil als in Wien. Die Orchester spielen »a fresco«, aber die spontane, natürliche, frische Spiellaune der Musiker hat etwas Reizvolles. Kommt da die »Erziehung« durch einen Präzisionsfaktor wie Arturo Toscanini hinzu, ergibt sich ein einzigartiger Effekt. Den berühmten Maestro wird Heribert bald kennenlernen: bei den Salzburger Festspielen.

Paumgartner ist kein Pädagoge alten, verknöcherten Schlages. In den Pausen spielt er Tennis und Fußball mit seinen Eleven. Oft sieht man die Brüder Karajan auf dem Sozius seines vielbestaunten Motorrads. Sie dürfen die Maschine auch selber ausprobieren. Sport wird auch großgeschrieben, wenn die Familie mit Verwandten und Freunden im Sommerhaus am Grundlsee lebt. Karajan: »Das Haus gehörte meinem Vater, seinem Bruder und seiner Schwester gemeinsam. Es gab drei Köchinnen, aber nur einen Küchenherd mit Holzfeuerung. Irgendeiner beschwerte sich immer. Aber dort begann ich mit sechs oder sieben Jahren zu segeln. Der Wind kam direkt von den Bergen herunter, wie in den Fjorden. Die Schönheit war unvergleichlich. Salzburg und Wien waren überfüllt, Massen von Steinbauten. Ich habe die Städte nicht gemocht.«[9]

Ehe er segeln konnte, fuhr er Ski. Der Torwart Karajan war als »kühner Hechter« im Freundeskreis bekannt. Das Bergsteigen betrachtete man im Salzburgischen als etwas Alltägliches. Die Eltern dachten auch praktisch, schickten die Buben zwischendurch nach England, damit sie sich sprachlich ausbildeten.

Alles wurde mit Paumgartner abgesprochen, dem Mentor und Faktotum. Der kam dann auch auf die Idee, aus Heribert einen Dirigenten zu machen. Zwar glaubte noch jeder daran, der ihn klavierspielend gehört hatte, es werde ein erstklassiger Pianist aus ihm. Doch er selber erkannte früh genug, daß ihm Grenzen gesetzt waren. »Ich wollte als Pianist Karriere machen. Es gab nur ein Problem: Die Sehnen meiner Finger sind anatomisch nicht ganz einwandfrei, sie entzündeten sich leicht. Daher mußte ich also von Zeit zu Zeit aussetzen.«[10]

Was den heranwachsenden Heribert über die Maßen fasziniert, sind die Festspiele in seiner Heimatstadt, die nach dem Ersten Weltkrieg Gestalt annehmen. Er ist von Anfang an dabei: im Kinderchor, in der Statisterie. Bald darf er, angeleitet von Paumgartner oder den jeweiligen Abenddirigenten, hinter der Szene Anweisungen für die Choreinsätze geben oder die Bühnenmusiken dirigieren.

Spiritus rector des Festivals war Max Reinhardt, der allmählich seine Bindungen zu Berlin lockerte, sich das nahe gelegene Schloß Leopoldskron kaufte, wo er mit Helene Thimig, seiner zweiten

Gattin, residierte. Hofmannsthal veröffentlichte im November 1919 einen Programmentwurf *Die Salzburger Festspiele*, der viele utopisch anmutete, im Lauf der Jahre aber doch zum Katechismus des Unternehmens wurde. Salzburg wolle dem klassischen Besitz der Welt dienen, schreibt der Dichter. »Geistigen Frieden wollen wir bringen.«[11]

Mit Reinhardt verband den Dichter eine langjährige Freundschaft. Er schreibt: »Seine Gegenwart und nicht nur er selbst, sondern die ganze sonderbare Materie, die in ihm rotiert, sind für mich etwas Anziehendes und Unterhaltendes.« Hofmannsthal bringt auch Richard Strauss ins Gespräch, den Reinhardt längst persönlich kennt, hat er doch in die Schlußphase der *Rosenkavalier*-Uraufführungsinszenierung Anno 1911 zu Dresden kräftig eingegriffen, nachdem ihn der Notruf des Komponisten erreicht hatte, der alle Felle davonschwimmen sah, weil der ursprüngliche Regisseur mit der Materie nicht fertig wurde und ein szenischer Reinfall drohte.

Hofmannsthal war der Dichter der Strausssschen Opern von *Elektra* bis *Arabella*. Die »gemeinsame Sache« sollte nun auch auf die Salzburger Festspiele ausgedehnt werden, zumal Strauss inzwischen (gemeinsam mit Franz Schalk) Leiter der Wiener Staatsoper geworden war, wie nun die Hofoper hieß, die das Hauptkontingent der Mitwirkenden in Salzburg stellen sollte: von den Solisten bis zu den Orchestermusikern, den Choristen und den Tänzern.

Ein »Kunstrat«, bestehend aus Reinhardt, Schalk, Strauss, Hofmannsthal und dem Bühnenarchitekten und Maler Alfred Roller, beschloß gegen mancherlei Widerstände die ersten Festspiele, die am 22. August 1920 mit Hofmannsthals *Jedermann* auf dem Domplatz eröffnet wurden.

Zwei Jahre später gibt es in der Kollegienkirche *Das Salzburger große Welttheater* nach Calderóns religiösem Schauspiel *Das große Welttheater*, eine Nachdichtung von Hofmannsthal. Die Festspielleitung läßt nun rasch in der »gedeckten Reitschule« ein provisorisches Festspielhaus errichten, in dem 1925 Karl Vollmoellers *Mirakel* mit der Musik Engelbert Humperdincks aufgeführt wird. Star der Inszenierung der zweiaktigen Pantomime ist Lady Diana Manners, Gattin des US-amerikanischen Ministers Duff Cooper. Daneben gibt es Max Mells *Apostelspiel*.

Für die Saison 1926 hat Clemens Holzmeister das Festspielhaus gründlich umgebaut. Gozzis *Turandot* in Reinhardts Inszenierung wird zum »eklatanten« Premierenmißerfolg. Auch die Konzerte sind in diesem Jahr schlecht besucht. Getragen wird das Festival allein von den Operninszenierungen. In den ersten Jahren führen die Werke Mozarts die Programme an. *Don Giovanni* (mit Alfred Jerger in der Titelrolle) steht am 14. August 1922 im Stadttheater zur Diskussion, dirigiert von Richard Strauss. Es folgen *Così fan tutte*, *Die Entführung aus dem Serail* und *Figaros Hochzeit*. Nach Hofmannsthal ist *Don Giovanni* die »vor allem nach Salzburg gehörige Oper Mozarts«.

Bis 1927 werden alle Opernaufführungen im Stadttheater gegeben. Erst im Beethoven-Gedenkjahr erklingt zum erstenmal ein musikdramatisches Werk im Festspielhaus: *Fidelio* in der Inszenierung Lothar Wallersteins mit Franz Schalk am Pult, Lotte Lehmann als *Leonore*.

Karajan: »[...] die Salzburger Festspiele waren auch damals immer von einer oder zwei Persönlichkeiten abhängig. Ich weiß, daß man sich von Arturo Toscanini erzählt, wie er tobte, als man auch Furtwängler engagieren wollte. Toscanini erklärte, die Salzburger Festspiele seien seine Stagione, und er diktierte, welche Opern er dirigieren wollte. Und Diskussionen darüber gab es nicht. Man setzte die von ihm gewünschten Opern zu den von ihm gewünschten Terminen auf das Programm. Aber im Grunde war Bruno Walter überhaupt nicht anders. Er kam und erklärte in seiner viel konzilianteren Art, er werde *Oberon* aufführen, ob das in Salzburg genehm sei oder nicht. Und selbstverständlich mußte man auch ihm seinen Willen lassen und die Aufführungen ansetzen, die er sehr still, aber sehr bestimmt wünschte. Man hat in meiner Jugend darüber wenig diskutiert, man hat damals in der Öffentlichkeit überhaupt wenig geredet oder geschrieben. Aber selbstverständlich wurden die Festspiele so gemacht, wie Reinhardt oder Walter oder Toscanini sie wollten. Und jedermann war glücklich, deren Aufführungen erleben zu dürfen. Und ich war selig, alle Proben mitzuerleben und dabei Opern auswendig lernen zu können.«[12]

Am 11. Juni 1927 legt Heribert von Karajan das Abitur »mit Auszeichnung« ab. Gleichzeitig beendet er seine Ausbildung am Konservatorium des Mozarteums. Das Zeugnis der künstlerischen Reifeprüfung enthält folgende Noten: Formenlehre = sehr gut; Klavier = sehr gut; Instrumentenkunde = sehr gut; Harmonielehre = sehr gut; Musikgeschichte = gut. Der Plan, Dirigent zu werden, steht längst fest. Er wird auch von Paumgartner unterstützt, von dem der Maestro später sagen wird, er sei kein guter Orchesterleiter gewesen. Überhaupt kommt in seinen diversen Betrachtungen die Mozarteums-Zeit weniger günstig weg. Es sei eben doch alles recht provinziell zugegangen. Er habe zwar ein gutes Fundament mitbekommen, das notwendige Rüstzeug dann aber doch erst in Wien erhalten, wohin er nun – mit dem Bruder Wolfgang – geht.

Während Robert C. Bachmann herausgefunden hat, daß sich Heribert an der Technischen Hochschule einschreiben ließ, äußert sich Karajan selber pauschalierend über sein Studium dahingehend, Psychologie, Philosophie und allgemeine Pädagogik studiert zu haben.[13] Nach den Jahren der Inflation sind die Zeiten noch ziemlich unsicher. Ernst von Karajan möchte, daß seine Buben etwas Praktisches erlernen, für den Fall des Falles. Das Künstlerische sei doch nichts Halbes und nichts Ganzes. Doch es scheint dann keine großen Konflikte gegeben zu haben. Heribert erfüllt den Wunsch des Vaters eineinhalb Jahre lang; dann wirft er das Technikstudium hin und steuert zielstrebig seiner Dirigentenkarriere entgegen.

Die frühen Wiener Jahre

Wie lange Karajan an der »Technischen« in Wien studierte, ist nicht mehr auszumachen. Er selber erinnerte sich nicht – oder wollte sich nicht erinnern. Großes Mißbehagen beschlich ihn, versuchte ihn jemand auf Daten und Zeiten festzulegen. Neben den Vorlesungen an der Hochschule hört er sich die Vorträge des Musikwissenschaftlers Robert Lachs an der Universität an. Doch dieser musikalischen Spezies kann er nur wenig abgewinnen. Den Hauptteil seiner Freizeit verbringt er im Studio Josef Hofmanns, der ihn weiter pianistisch formen soll. Nach drei Monaten soll ihm der berühmte Virtuose gesagt haben: »Werden Sie lieber Dirigent.« Nun, das wollte er ja ohnehin schon werden.

Er sagt dem Technikum Valet und wird Schüler in der Dirigentenklasse der Wiener Musikakademie. Bis vor kurzem war Clemens Krauss der Leiter dieser Klasse. Er hatte ungeheuren Zulauf, galt als perfekter Pädagoge und war ein konzilianter und weltgewandter Mann, mit Hofmannsthal und Strauss und Schalk befreundet, sehr gebildet, kurz: ein »honnête homme«, dem die Eleven buchstäblich zu Füßen saßen. Nun war er als Generalmusikdirektor nach Frankfurt gegangen, die Dirigentenklasse verwaist zurücklassend. Über eine längere Zeitspanne fand sich kein geeigneter Nachfolger, bis die Direktion einer Verlegenheitslösung zustimmte. Karajan: »[...] wurde der Unterricht einem Mitglied der Wiener Philharmoniker anvertraut, das dirigieren wollte. Aber er konnte uns nichts beibringen, weil er selbst keine Ahnung hatte.«[1]

An anderer Stelle erklärt Karajan, sich weithin widersprechend: »[...] den Unterricht erteilte Alexander Wunderer. Er war Philharmoniker, ein ausgezeichneter Musiker, später auch Orchestervorstand. Aber als Lehrer konnte er selbstverständlich nicht sehr viel mehr vermitteln als das, was man das technische Rüstzeug nennt. Das heißt, ich lernte mein Handwerk wie meine Jahrgangskollegen eigentlich durch Selbsthilfe.«[2]

Was das zu bedeuten hatte, beschreibt er so: »Wir waren eine Art Club. Wir waren ständig in der Oper, bevölkerten den Stehplatz und beobachteten die Dirigenten. Bei einem Kollegen, dessen Eltern begütert waren und zwei Klaviere besaßen, gingen wir einfach das Repertoire durch, das in der Oper auf dem Spielplan war. Zwei von uns spielten Klavier, einer sang die Solopartien, einer den Chor und einer dirigierte. Und wenn wir so eine Oper ganz durchgearbeitet hatten, gingen wir wieder in die Oper, hörten uns die Aufführung an und saßen nachher bei einem Glas Bier und schimpften gemeinsam über die mindere Qualität dessen, was wir gehört hatten.«[3]

Ob es wirklich so »minder« war, was gestandene Dirigenten wie Richard Strauss, Franz Schalk, Felix von Weingartner, Robert Heger, Clemens Krauss und Wilhelm Furtwängler ablieferten? Und die Solisten? Da sind Lotte Lehmann und Maria Jeritza, Richard Mayr und Alfred Jerger, Elisabeth Rethberg und Alfred Piccaver ... die »crème de la crème« der europäischen Sangeskunst. Wer von den drei oder vier Dutzend »Stars« hätte den Tadel »minder« verdient?

Karajan hat stets geringschätzig auf die früheren Generationen zurückgeblickt, sie als altmodisch und erledigt abgehakt, wenn er sie nicht mehr brauchte oder sie sich, seiner Meinung nach, überlebt hatten. Die Lehmann als *Marschallin* im *Rosenkavalier* unersetzlich, unerreicht? Er hatte zu Beginn seiner internationalen Karriere Elisabeth Schwarzkopf dagegenzusetzen. Und sie war gewiß eine der Lehmann gleichwertige *Marschallin*, wenn auch ganz anders, weniger behäbig und mütterlich in ihrem Stil. Aber auch diese Strauss-Assoluta hatte sich dem Verdikt des Maestros zu fügen, nicht mehr »up to date« und »die Beste« zu sein, nachdem er im Spätalter Anna Tomowa-Sintow als die *Dame von Werdenberg* entdeckt hatte. Das war nun die größte aller seiner *Marschallinnen*, die Persönlichkeit, die er sich »zeitlebens« für diese Partie erträumt hatte. Karajan urteilte nach Lust und Launen, nicht nach Verdiensten.

Aus der Schar der Dirigenten an der Wiener Staatsoper in den zwanziger Jahren bevorzugte er Richard Strauss und Clemens Krauss. Der Komponist erschien ihm vor allem als Mozart-Interpret unerreicht; Krauss war der geborene Grandseigneur, der Mann der noblen Geste, ähnlich sparsam wie der Garmischer, aber doch durchglühter und sinnlicher. Bei Strauss trat die Linke kaum in Erscheinung, bei Krauss war sie das Stimulans fürs Brio. Es geschah etwas im Orchester, wenn er mit dem kleinen Finger der Linken »erogene Zonen« in die Luft malte, während die Rechte zwar sehr akkurat, aber doch auch wieder »streichelnd« den Rhythmus schlug. Kraussens Schlagtechnik hatte Jugendstilhaftes an sich. Nicht daß er sich verschnörkelte, aber seine Gesten entwickelten sich zu Arabesken und Ornamenten, die leicht zu deuten waren und den hohen ästhetischen Reiz, das Kultivierte seiner Interpretation zum Ausdruck brachten. Strauss war ein Zeichengeber, Krauss ein Zeichenmaler.

Karajan findet an ihrer Art, Musik zu formen und das Orchester zu lenken, großes Gefallen. Dem sinnenfrohen Inspirateur Krauss möchte er's gleichtun. Das ist einer, der sich an den »schönen Stellen« zu weiden vermag, der im besten Sinne schönfärbt und sich keine Nuance entgehen läßt, die dem Zusammenspiel von Bonhomie und Grandezza, Eleganz und Charme erst das Besondere gibt.

Krauss – das Vorbild! Doch der Studiosus wagt es nicht, ihn anzusprechen. Ebenso schüchtern verhält er sich vor Strauss. Karajan: »Ich habe eigentlich nie einen Kontakt gesucht, weil ich mir immer gesagt habe: Was kann ich denen geben. Ich kann ihnen nur lästig sein.«[4]

Wenn seine Biographen behaupten, Karajan sei »Schüler« von Clemens Krauss gewesen, so stimmt das natürlich nicht. Aber gelernt hat er schon von ihm. Sehr viel, wenn nicht alles. Persönlich lernen sich die beiden erst sehr viel später kennen, in der »bewußten« Zeit, als Krauss neben Furtwängler als das berühmteste Aushängeschild der Nationalsozialisten gilt und mit Gattin Viorica Ursuleac keine Gelegenheit versäumt, dem neuen Regime seine Anhänglichkeit und seinen Patriotismus zu beweisen. Auch er dirigiert, wenn's drauf ankommt, in strammer »deutscher« Haltung vor einer Aufführung das Horst-Wessel-Lied. Wie Herbert von Karajan, dem das ebenfalls keine Skrupel schafft.

Von Furtwängler hält der Studiosus nicht sonderlich viel. Der »Doktor« übernimmt 1927 (bis 1930) die Leitung der Wiener Philharmoniker; auch am Pult der Staatsoper erscheint er häufig. Die »Methode« des »Fuchtlers« ist Karajan zu fahrig. In dem ballt sich zuviel Aggressivität und teutonischer Hochmut. Wenn der »Berliner« auf dem Programm steht, kickt der Akademie-Eleve lieber auf dem Rasen seines Fußballvereins. Die Aversion gegen Furtwängler baut sich schon damals auf. Beide sind sie ausgesprochene Herrschernaturen, Egozentriker und Autokraten. Wenn sie aneinandergeraten und sich messen, bebt die Erde. Erst einmal aber muß Karajan das aufholen, was ihm der »Doktor« voraus hat. In einem Jahrzehnt ist es soweit, dann muß »Wotan« Furtwängler einsehen, daß »Siegfried« Karajan eine scharfe Klinge zu führen weiß.

Mit Bruder Wolfgang hat der angehende Dirigent wenig Kontakt. Man geht sich am besten aus dem Weg, bespricht bei Zufallsbegegnungen das Notwendigste. Daß der Bruder rasch einen »Schein« nach dem anderen macht und früh ins Examen gehen kann, behagt dem Jüngeren nicht. Neidvoll blickt er auf die akademischen Erfolge des »Strebers«. Doch er selber strebt nicht weniger nach frühem Ruhm und Anerkennung. Er entwickelt sich zum Selfmademan par excellence. Freunde hat er kaum. Er sei kein Mensch für Freundschaften gewesen, sagt er im Alter. Nur sehr, sehr wenige habe er einer echten Freundschaft gewürdigt, und dann seien es meist keine Künstler gewesen, eher Piloten, Techniker. »Im eigenen Fach« ergäben sich höchst selten innige Beziehungen.

Von zwei Bekanntschaften spricht er nicht ohne Nachdruck: Auf irgendeiner Wiener Gesellschaft hat er Anton von Webern und Alban Berg kennengelernt. Webern sei damals von den meisten als Narr bezeichnet worden. Wer erkannte schon, was in seiner Musik steckte? Und Berg: »Ein schöner Mensch! Der eine schöne Frau hatte. Wie eine Königin [...].« Das ist alles. Und das ist herzlich wenig, wenn man bedenkt, welche Fixpunkte in der neueren Musik die beiden waren. Ob sich Karajan jemals wirklich für die Schöpfungen Bergs und Weberns interessiert hat? Das eine oder andere führte er gelegentlich von ihnen auf, wie er bisweilen auch nach einem Werk von Schönberg griff – zum Beispiel den *Variationen Opus 31* –, aber das geschah wohl mehr aus opportuner Diplomatie, um bei den Avantgardisten nicht ganz als Reaktionär zu gelten. Mit Engagement und wirklicher innerer Beteiligung hat Karajan nie ein modernes oder modernistisches Opus dirigiert. So weit reichte seine Begeisterung nicht, das Originäre der Zwölftonwelt zu orten oder das Essentielle serieller und aleatorischer Musiken aufzunehmen. Dafür hatte er keine Antennen, dergleichen erreichte ihn einfach nicht. Das ganze elektronische »Getose« war ihm nicht einmal so viel wert, daß er sich darüber mokieren konnte.

Möglicherweise hing seine Bewertung und Einschätzung von (nicht nur moderner) Musik auch davon ab, daß er niemals eigenschöpferisch tätig war. Fast jeder Dirigent seiner Zeit fühlte sich irgendwann als Komponist. Furtwängler meinte sogar, er sei ein viel besserer Tonsetzer denn Dirigent gewesen. Klemperer komponierte im stillen, ebenso Bruno Walter. Karajan dachte nicht im Traum daran, Opern oder Symphonien zu schreiben. Selbst sein gelegentliches Improvisieren am Klavier soll nichts Gescheites erbracht haben.

Am 17. Dezember 1928 ist Eleven-Konzert der Dirigentenklasse Alexander Wunderers. Karajan: »Auf dem Programm standen vor allem Arien und Duette, und wir hatten nur zu begleiten. Ich setzte alles daran, das einzige Werk dirigieren zu können, das wirklich dem Orchester gewidmet war – es war die Ouvertüre zu *Wilhelm Tell* von Rossini. Die Proben fanden vor dem Professorenkollegium statt, Franz Schmidt war der Rektor und führte den Vorsitz. Meine Kollegen vor mir hatten möglichst effektvoll geturnt. Dann kam ich und arbeitete mit dem Orchester. Man erwartete von uns, daß wir die Ouvertüre einfach einmal durchdirigierten, aber ich sagte damals schon: ›Bitte, jetzt jede Trompete einzeln‹, und ›Nein, was Sie spielen, hat keinen Rhythmus‹. So arbeitete ich ungefähr zehn Minuten an dem ersten prägnanten Einsatz der Trompeten. Dann stand Franz Schmidt auf und beendete die Prüfung.«[5] Karajan durfte die Ouvertüre am Konzertabend dirigieren und hatte Erfolg.

Er kam jetzt öfters dran, wenn in der Akademie Prüfungskonzerte zu absolvieren waren. Nach drei oder vier Konzerten habe er gewußt, daß er's konnte, meinte er später, aber so ein Studentenorchester sei gewiß nicht das Richtige für ihn gewesen; daher habe er sich umgetan, sich mit einem professionellen Orchester in der Öffentlichkeit zu bewähren. Was lag näher, als den Mentor Paumgartner in der Heimatstadt zu befragen? Alles Geld, das er kriegen konnte, habe er zusammengekratzt, um den eigenen Abend zu finanzieren: »Ich brauchte ein Jahr, um es zu schaffen.«

Für den 29. Januar 1929 wurde dann das Salzburger Debüt Herbert von Karajans als »außerordentliches Symphoniekonzert« angekündigt. Großer Saal des Mozarteums. Vater Ernst von Karajan verstärkt als Gastklarinettist das Mozarteum-Orchester. Er hat mehr Lampenfieber als der Sohn. Im Saal die ganze Salzburger Hautevolee, angeführt vom Landeshauptmann.

Das Programm: Tschaikowskys *fünfte Symphonie*, Mozarts *Klavierkonzert A-Dur*, Strauss' *Don Juan*. Schon nach der Symphonie brausender Beifall, der sich nach dem Konzert – mit der Solistin Yella Pessl – steigert. Am Schluß viele Hervorrufe, und der Landeshauptmann hängt ihm einen Lorbeerkranz über die Schultern.

Genauso hat sich's der Debütant vorgestellt. Paumgartner findet es »sehr klug«, wie sich sein einstiger Zögling das Programm ausgewählt hat. Nicht nur klug ist es, sondern durchtrieben geschickt. Wie erzeugt man unter Ausnutzung aller Reserven die bestmögliche Wirkung? Diese Frage stellt sich dem Debütanten wie später dem Routinier. Und Wirkung ist existenzwichtig, denn im Parkett des Mozarteum-Saales sitzt Erwin Dietrich, Intendant des Ulmer Stadttheaters. Hat Paumgartner den Theaterleiter herbeigelockt, der »zufällig« ohne ersten koordinierten Kapellmeister ist?

Laut einer Version hatte der Intendant nach dem Konzert nichts Eiligeres zu tun, als auf den umjubelten Pultneuling zuzustürzen, um ihm die Leitung des *Figaro* in seinem Hause anzutragen[6], nach anderer Darstellung wurde ein Probedirigieren vereinbart. Doch halt! Wir vergessen ganz, daß der gewiefte Schlaumeier Karajan, raffiniert, wie er damals schon gewesen sein will, ein regelrechtes Poker mit dem Ulmer Intendanten begann. Nachdem dieser ihn zum Probedirigieren eingeladen hatte, habe er gesagt: »Das hat keinen Zweck. Ich komme sofort, wenn Sie mir Gelegenheit zu einer Neueinstudierung geben. Nach einer Woche können Sie mir sagen, daß ich Ihnen nicht gefalle. Und ich fahre wieder weg, ohne mich zu beschweren. Aber ich möchte das Werk, das ich dirigieren soll, auch selbst einstudieren.«[7]

Erwin Dietrich ist verblüfft, denn so viel Couragiertheit hat ihm ein Anfänger noch nie gezeigt. Er willigt ein. Jung-Herbert triumphiert und liest zu seinem Vergnügen und seiner Befriedigung am nächsten Tag im *Salzburger Volksblatt*: »Herr Herbert Karajan hält als angehender Dirigent die Versprechungen, die er als Wunderkind am Klavier gab. Sein erster öffentlicher Schritt auf das Dirigentenpodium, den der an der Wiener Musikhochschule Studierende an einem Dienstag abends im Großen Saal des Mozarteums veranstalteten außerordentlichen Symphoniekonzert machte, zeigt einen starken, gezügelten Dirigentenwillen, der sich durchzusetzen versteht. Musik aus Instinkt und aus Intellektualismus heraus. Diesem Willen liegt ein tektonisches Formgefühl zugrunde, das ja alle Geistesrichtungen unseres Ingenieur-Zeitalters beherrscht – Vertiefung und Verfeinerung werden durch geistige Mittel erreicht, exzessive Temperamentsausbrüche, demagogische Haltung, Schauspieltum sind abgelehnt. Die Konstruktion des Werkes liegt offen da. Stabführung und Haltung ruhig. Kein Deklamationsdirigent, sondern Führer von suggestiver Kraft. Suggestion einer Überzeugung, die nicht gemacht, sondern erlebt ist. Und vor allem kein jugendlicher Durchbrenner, der sich in unnötigen Gewaltsamkeiten ergeht oder im eigenen Pathos ertrinkt. Beispiele seiner Überlegung: die vorsichtigen Crescendi, das Maßhalten der Mittel, die feinhörige Klangempfindung, die unmerklichen Tempowechsel, die Zäsuren in den Phrasen, kurz: die ruhige Entschlossenheit in Entwicklung, Gliederung und Durchführung. Der verlebendigten musikalischen Formung kommt die Intelligenz des Mozarteum-Orchesters zustatten, das in der Präzision des Zusammenspiels, in der rhythmischen Schwung- und Schlagkraft, in der Akzentuierung der Dynamik und in der Gabe des Erfühlens der Intentionen des Dirigenten in den letzten Jahren große Fortschritte gemacht hat. Tschaikowskys *fünfte Symphonie* und Strauss' *Don Juan* lösten zündende Wirkungen aus. Der Abend war, ohne Lokalpatriotismus gesagt, eine kleine überraschende Sensation. Vieles an Auffassung des Dirigenten mag sich im Laufe der Entwicklung ändern, geläuterter, souveräner werden. Auch die Form der Gedankenübermittlung mag Änderungen unterliegen. Maßgebend aber bleibt die Urkraft der Musikalität Karajans und die Intuitivität, mit der er auf das Orchester wirkt. Diese Eigenschaften geben den inneren Beruf zum Kapellmeistertum. Karajan besitzt und benützt sie aus gesundem Instinkt heraus, und damit wird er sich wahrscheinlich durchsetzen. Nach welcher Richtung hin, ist schwer zu sagen. In der Unverborgenheit und durchsichtigen Klarheit der starken Empfindung erinnert er vorläufig an den jungen Clemens Krauss. Aber aufs Nachahmen wird er es gar nicht anlegen. Er geht wahrscheinlich seine eigenen Wege, denn der Jugend gehört die Welt, und der Sohn dirigiert nun einmal den Vater. Besonders wenn dieser beglückt im Orchester Klarinette bläst.«[8]

Karajan: »Während der zwei Jahre in Wien tat ich alles, was ich tat, weil ich wußte, daß ich zu lernen hatte. Alles, was ich wollte, war arbeiten, arbeiten, arbeiten, um irgendwann etwas in der Hand zu haben, was mir gehörte. Ich war verrückt danach.«[9]

Ulm

Wo Ulm liegt, muß Karajan auf der Landkarte ermitteln. Daß es dort recht provinziell zugehen wird, ahnt er. Doch der Schock, der ihn trifft, als er zum erstenmal das Stadttheater besichtigt, in dem Erwin Dietrich regiert, geht tief, bewirkt jedoch keineswegs Resignation. Er zwingt sich, Wien und Salzburg zu vergessen. Alles in Ulm zeigt sich auf niedrigstem Niveau. Er will es heben, soweit er's kann, doch vor allem will er aus den Fehlern, die an der Klitsche gemacht werden, lernen. Ulm bedeutet für ihn, wie er rasch erkennt, auch eine große Chance: Er wird in den Teich geworfen und muß sehen, wie er sich an Land rettet.

Karajan: »Man kann sich heute wirklich nicht mehr vorstellen, wie klein und primitiv unser Theater war. Der Bühnenausschnitt hatte eine Breite von sechs Meter. Die ganze Bühne war nicht größer als ein respektables Wohnzimmer. Der Chor war klein, das Orchester hatte zweiunddreißig Mann, es ließ sich nur in Ausnahmefällen vergrößern. Das Repertoire konnte nie lange gespielt werden. Wir mußten Premiere auf Premiere herausbringen.«[1]

Neben ihm ist Otto Schulmann »koordiniert« als Kapellmeister. Der Wiener Bankierssohn ist nur wenige Jahre älter als Karajan, kennt den »Bau« aber bereits seit einigen Jahren. Man teilt sich das Repertoire auf. Nach Möglichkeit dirigiert jeder die Inszenierungen, die er auch einstudiert hat.

Mit welchen Solisten! Entweder sind die Fächer mit unbedarften Anfängern oder mit alten, von besseren Theatern ausrangierten Sängern besetzt. Manche können nicht einmal Noten lesen. So besteht die Haupt- und Grundarbeit zunächst im Korrepetieren und Repetieren.

Karajan versucht, das Ensemble auf Vordermann zu bringen, die Leute so vorzubereiten, daß sie einigermaßen Linie und Ton halten. In jeder Aufführung gibt es ungezählte Schmisse, und die müssen irgendwie überwunden werden. Wenn Gustav Mahler erzählt, er habe im Hamburger Stadttheater einstmals die ausfallende *Carmen*-Sängerin dadurch ersetzt, daß er ihre *Habanera* vom Pult aus gepfiffen habe, so kann man sich vorstellen, daß Karajan in Ulm Ähnliches begegnete.

Intendant Dietrich hält Wort. Karajan darf den *Figaro* einstudieren und am 2. März 1929 die Premiere dirigieren. Der Kritiker des *Ulmer Tageblatts* bescheinigt ihm Temperament und Feinfühligkeit. Das Publikum scheint ihn zu akzeptieren. So wird er für den Rest der Spielzeit und für die Saison 1929/30 fest als Opernkapellmeister verpflichtet.

Karajan: »Ich war heilfroh, daß ich jetzt dieses Theater hatte. Es war zwar klein, und ich hatte mit Sängern zu tun, die entweder ihre Stimme bereits verloren hatten oder noch ganz jung waren, aber – es war mein. [...] Wir hatten keine Korrepetitoren. Als ich das erste Mal den *Rosenkavalier* dirigierte, mußte ich die sehr lange Rolle des Ochs einstudieren, um sie dem Sänger zu vermitteln. [...] Ich arbeitete so intensiv mit dem Mann, daß ich am Ende die Oper fürs ganze Leben im Kopf hatte. Wecken Sie mich um drei Uhr morgens und sagen Sie mir, ich soll die Passage auf Seite vierzehn der Partitur pfeifen, ich werde es auf der Stelle tun.«[2]

Achtzig Mark Gage erhielt Karajan im Monat. Dafür war er »Mädchen für alles«, mußte in den Pausen auch mal die Kulissen mit aufstellen und allzu grobe Regiefehler korrigieren, vor allem in den *Meistersingern*, in denen die Mini-Chöre des Theaters durch städtische Vereins- und Schulchöre aufgestockt wurden. Nie hielt der hauseigene *Sachs* die langen Strecken durch, irgend etwas ging immer schief, und manchmal mußte sich das Orchester allein mühen, die Indisposition der Protagonisten zu überbrücken. Karajan lernte, »wie man's macht«, und hat seine Ulmer Zeit, in der er vierzig Opern einstudierte und dirigierte, stets als seine Haupt-Lehrzeit bezeichnet, »ohne die spätere Erfolge nicht denkbar gewesen wären«.

Intendant Dietrich hatte Ehrgeiz. Er wollte seinem Publikum nicht nur einfache Kost wie *Martha*, *Don Pasquale*, *Der Wildschütz* oder *Die lustigen Weiber von Windsor* bieten, nein, er, der Wagner-Enthusiast, stellte auch *Tannhäuser* und *Lohengrin* und den *Fliegenden Holländer* auf die Bühne; am liebsten hätte er sich an den *Ring* herangewagt.

»Zwei Harfen!« soll er immer wieder ausgerufen haben. »Woher kriege ich zwei Harfen für den *Siegfried*? Zwei Harfen brauchen wir, alles andere ist ein Klacks!« Karajan dirigierte auch *Arabella*, den *Rosenkavalier* und *La Bohème*, *Rigoletto* und den *Troubadour*.

Der Stagione-Betrieb in Ulm verlangt ihm ein unerbittliches Training ab. Kollege Schulmann ist da weniger emsig und genau, läßt manches durchgehen, weswegen die Musiker ihn eigentlich vorziehen. Aber Karajan hat recht bald das Heft in der Hand. Nachlässigkeiten duldet er nicht, übt mit den Musikern außerhalb der Proben, was sie als Strafexerzieren empfinden.

Sie versuchen, den Ehrgeizling beim Intendanten anzuschwärzen, der immer wieder vermittelt und klug genug ist, es nie zum Eklat kommen zu lassen. Dietrich erkennt, daß er kaum einen besseren Allround-Kapellmeister für sein Haus finden kann. Der Junge ist mutig und kann was, läßt sich all das aufbürden, was andere mit Ausflüchten beiseite schieben, zum Beispiel auch die lukrativen Auswärtsgastspiele.

In den »Dörfern« kann man natürlich nur *Martha* oder *Tiefland* spielen, ansonsten Operetten, das ganze billige »G'schnas« von Suppé bis Zeller, von Fall bis Lehár. Karajan ist von Abscheu und Zynismus über die musikalische »Kebs-Kunst« erfüllt, und auch später kann er sich nur selten für das seichte Metier erwärmen, bestenfalls für den *Zigeunerbaron*, die *Fledermaus* und wenn's hochkommt, die *Lustige Witwe*. Den Wiener Operetten-Schmäh verpönt er, streicht er endgültig aus seinem Repertoire, nachdem er Ulm verlassen hat.

Einen Ausgleich zu der Ulmer Fron findet er im Sommer während der Stadttheaterferien. Dann nämlich kehrt er heim nach Salzburg und beteiligt sich aktiv an den dortigen Festspielen. Er ist Assistent mehrerer Dirigenten und darf Lovro von Matacic und Lajos von Rajter in den Dirigentenkursen unterstützen. Gelegentlich springt er als Korrepetitor ein und lernt dabei den bezaubernden *Octavian* Jarmila Novotna und die quicklebendige *Sophie* Adele Kern kennen. Von den großen Dirigenten, die er bei Proben bestaunt und in den Aufführungen hautnah als Zaungast im Orchestergraben erlebt, profitiert er mehr als zuvor. Jetzt ist er ja schon selber Praktiker. Wie machen es Bruno Walter, Clemens Krauss und der vergötterte Arturo Toscanini?

Der Maestrosimo hat sich endlich breitschlagen lassen, auch auf dem lieblichen Hügel in Bayreuth zu dirigieren. Siegfried Wagner hat ihn überreden können. Toscanini dirigiert in der Wagner-Metropole 1930 den neuinszenierten *Tannhäuser* und *Tristan*, im

Jahr darauf *Tannhäuser* und *Parsifal*, womit er eine Kultfigur der Alt-Wagnerianer verdrängt: Karl Muck, dessen Domäne Jahrzehnte hindurch das Bühnenweihfestspiel gewesen war.

Nun teilt sich das Lager der Bayreuth-Besucher in »Muckisten« und »Toscaninianisten«. Die Atmosphäre ist gespannt, es liegt viel Politik in der Luft, zumal Siegfried Wagner Anno 1930 das Zeitliche gesegnet hat und Witwe Winifred offen mit den Nationalsozialisten sympathisiert, deren Favoriten künftig das Regime in der fränkischen Festspielstadt übernehmen sollen: Heinz Tietjen und Wilhelm Furtwängler aus Berlin.

Toscanini wird auf dem lieblichen Hügel von der jungen Generation als Reformer begrüßt, der den Muff und das Verkalkte aus dem Orchestergraben verdrängt. Sein *Tannhäuser* wird enthusiastisch gefeiert. Einer, der schier außer Rand und Band gerät, ist Herbert von Karajan. Er sei mit dem Fahrrad von Salzburg nach Bayreuth geradelt, weiß er zu erzählen, um das »Wunder« Toscanini zu erleben. Irgend jemand habe ihm die Karten besorgt, vielleicht sogar der alte Karl Muck. Er weiß es nicht mehr so genau. Ist schließlich auch gleichgültig. Der Eindruck von Toscanini sei überwältigend und kolossal gewesen. »Was da kam!« Allerdings die Sänger: nicht immer vom Niveau des göttlichen Dirigenten. Die Maria Müller ... ganz in Ordnung. Aber der Tenor ...! Wie er doch gleich noch hieß ...? Sigismund Pilinsky hieß er. Also manchmal wurde in Bayreuth auch nur mit Wasser gekocht. Aber Toscanini machte alles wett. Er war einfach vollkommen. In Bayreuth wie in Salzburg. Der *Falstaff* von 1935, das Nonplusultra! Eine der glänzendsten Aufführungen in der Salzburger Festspielgeschichte überhaupt.

Als er nach den Bayreuther Festspielen wieder in Ulm vor seinen Musikern gesessen habe, da hätten die Leute einfach besser gespielt. Karajan: »Weil sie spürten, daß ich mit größeren Ansprüchen vor sie hintrat.«[3] Von solchen Höhenflügen wollte inzwischen Intendant Dietrich nichts mehr wissen. Zwar sah er ein, daß Karajan für sein Unternehmen ein absoluter Gewinn war, aber desto schärfer fielen die anderen Kapellmeister neben jenem ab. Es gab dauernd Querelen und Intrigen, die Sänger meuterten, daß ihnen zu viel abverlangt werde, der Herr von und zu sei anmaßend, durch die Salzburger Erfahrungen zu verwöhnt. Der

Mann passe nicht in die Provinz. Dietrich bat seinen »ersten Koordinierten« ins Büro und eröffnete ihm, den Anstellungsvertrag über die Saison 1932/33 nicht verlängern zu können.

Das trifft Karajan wie mit einer Keule. Doch er faßt sich rasch und macht Dietrich plausibel, daß allzu vieles angefangen daliege, was aus künstlerischen Erwägungen erst noch abgeschlossen werden müsse. »Nun gut«, sagt Dietrich, »dann bleiben Sie noch eine Saison, aber dann ist's endgültig Schluß.« Er hat bereits mit einem Nachfolger Verbindung aufgenommen.

Karajan legt das später so aus, als habe ihm der Ulmer Intendant »anempfohlen«, baldigst das Stadttheater zu verlassen und sich nach einer besseren Pfründe umzusehen. Karajan: »Er kam zu mir, und es war einer der eindrucksvollsten Augenblicke meines Lebens. ›Ich habe Ihre Arbeit fünf Jahre lang verfolgt‹, sagte er, ›Sie sind besser, und erfahrener geworden. Wir sind eine Kleinstadt, und Leute, die hier arbeiten, werden nicht berühmt. Gastdirigenten sind selten. Sie sind in Gefahr, hier zu versauern. Ich meine, Sie sind für größere Dinge geboren, und wir werden Sie fürs nächste Jahr nicht mehr engagieren. Sie müssen jetzt schwimmen oder untergehen.‹«[4] Sagte er ...

Der Nachfolger Karajans muß hundertprozentig auf der NSDAP-Linie liegen. Das ist jetzt in deutschen Landen wichtig geworden, denn Adolf Hitler hat die Macht übernommen. Da gibt es neue Regularien für Einstellungen und Postenbesetzungen. Das Künstlerische zählt erst in zweiter Linie. Die Hauptsache, man kann sein Engagement für die »Bewegung« nachweisen und ist »Pg.« geworden. Das muß Herbert von Karajan einsehen, der sich bisher (wie er später zu berichten nie müde wird) nicht sonderlich für die politischen Entwicklungen interessiert hat. Aber nun wird er das nachholen, mit Eifer und Spontaneität. Die sollen mal sehen, was er für ein Pg. sein wird! Gleich zweimal tritt er kurz hintereinander in die NSDAP ein. Um seiner Karriere willen tut er alles.

In den Märzwochen hat Karajan miterleben können, daß die Nationalsozialisten in der Stadt die tollste Greuelpropaganda gegen die Juden verbreiten und den von Berlin erwünschten Boykott jüdischer Geschäfte emsig vorbereiten.

Robert C. Bachmann hat herausgefunden, daß schon längst vor dem 1. April, dem offiziellen Beginn des Judenboykotts, der

»Volkszorn gegen Juda« in Ulm kochte. Der *Ulmer Sturm* berichtete am 13. des Monats: »Schon in den Morgenstunden demonstrierten viele Volksgenossen vor dem Warenhauspalast Wohlwert und den anderen ostjüdischen Schacherer- und Ramschläden und verlangten die Schließung dieser Stätten. [...] Dem erregten Verlangen der Massen mußte sich zuerst das Warenhaus Wohlwert fügen. Später folgten noch einige weitere jüdische Ramschläden.«[5]

Seinen fünfundzwanzigsten Geburtstag will Karajan daheim in Salzburg feiern. Auch dort schlägt ihm der blanke Judenhaß entgegen, zumindest aus den Gazetten. Das *Salzburger Volksblatt* ist dem »Führer« der Deutschen besonders ergeben. In Schlagzeilen auf der ersten Seite berichtet es täglich über die neuesten Errungenschaften des Hitler-Regimes in Berlin, über »Gleichschaltungen« und Arisierungen, Boykottmaßnahmen und das »Gesetz zur Wiederherstellung des Berufsbeamtentums«, das für »arische« Künstler besonders interessant ist, denn es enthält den Paragraphen, daß die Juden aller ihrer Ämter und Posten verlustig gehen würden und daß den Gefolgsleuten des »Führers« auf der künstlerischen Szene Hunderte von vakanten Stellen zur Verfügung stünden.

Das klingt denen, die nicht wissen, wo sie unterkommen sollen, wie Schalmeienton in den Ohren. Flink treten sie der NSDAP bei, und ebenso rasch eilen sie nach Berlin, um in den Vorzimmern von Agenten und Politikern die Klinken zu putzen. Beim Betreten der Anmelderäume hat man deutlich sichtbar den Parteiausweis hinter dem Hutband stecken. Außerdem klebt ja das »Bonbon« am Revers, das Parteiabzeichen, dessen Rand manche mit Phosphor beschichten lassen, damit es auch in der Nacht leuchtet.

Gleich nach seinem fünfundzwanzigsten Wiegenfest besucht Karajan die Ortsgruppe V Neustadt der NSDAP in Salzburg, um sich in die Aufnahmeliste als Pg. eintragen zu lassen. Er bekommt die Mitgliedsnummer 1 607 525. Geworben hat ihn ein gewisser Herbert Klein aus der Sigmund-Haffner-Gasse 16, der Sohn vom »Gummi-Klein«, der nach dem Zweiten Weltkrieg mit dem begehrten österreichischen Titel Hofrat Karriere als Leiter des Landesarchivs Salzburg macht.

Bachmann berichtet davon, daß die Ortsgruppe Neustadt ihre Anmeldestelle in der Schwarzstraße 1 gehabt habe.[6] Das aber war die Hausnummer des Karajanschen Elternhauses, in dem man sich also dem Fluidum der neuen Zeit faktisch schon beim Entree hinzugeben vermochte.

In der Barockvilla gab es denn auch bald nur noch Bewohner, die der »Bewegung« angehörten, deren Maxime in puncto Österreich lautete: Heim ins Reich! Herbert Klein kassiert für die Anwerbung Herbert von Karajans fünf Schillinge. Die Nationalsozialisten sind höchst pingelig bei ihren Abrechnungen und Verbuchungen, und so geht der Nachwelt nichts verloren. Auch nicht die Geschichte vom Eintritt Herbert von Karajans in die NSDAP, die er so oft zu manipulieren versuchte, wobei ihm seine »Hofberichterstatter« liebend gern halfen.

Kein anderer Grund als der, durch die Nationalsozialisten Karriere machen zu wollen, läßt sich dafür entdecken, warum Karajan, der Österreicher, sich auf die braune Komplizenschaft einschwören ließ. Seine Jugend, die Verteidiger gern anführen, ist gewiß kein Motiv. Mit fünfundzwanzig trifft man für gewöhnlich keine kindlichen Entscheidungen mehr, und wenn es sich um eine solche gehandelt hätte, wären wir heute in der glücklichen Lage, irgendeine Art von Widerruf Herbert von Karajans zu finden. Aber das ist nicht der Fall. Immerhin rechnete er sich tatsächliche Chancen durch die Mitgliedschaft bei der NSDAP aus. Wie sonst wäre er wenige Wochen nach seinem Ersteintritt ein zweites Mal in die braune Partei eingetreten?

Dieses geschah am 1. Mai 1933 in Ulm. Befürchtete Karajan, daß die österreichischen Genossen seinen Entschluß, sich ihnen anzuschließen, nicht recht zu würdigen wüßten? Oder war er inzwischen vom Programm der Nazis so überzeugt, daß er nicht anders konnte, als seine Genossenschaft ein zweites Mal – und diesmal in Deutschland – zu festigen und seine Treue gegenüber dem »Führer« zu beweisen? Auch die Frage muß erlaubt sein, ob er glaubte, aus der Verjagung der Juden profitieren zu können, zumal nach 1933 ganze Scharen von Dirigenten, Sängern, Tänzern und Regisseuren aus Österreich und der Tschechoslowakei das Reich überfluteten und plötzlich nicht die unwichtigsten Posten an den Theatern besetzten, wobei sie sich meist als die wildesten Handlanger Hitlers, Görings und Goebbels' erwiesen, indem sie bekundeten, wie deutsch sie waren und wie getreu dem neuen Regime.

Karajan kommt es sehr darauf an, auch wirklich als Parteigenosse in Erscheinung treten zu können. Von Salzburg nach Ulm zurückgekehrt, erfährt er, daß nach dem 1. Mai 1933 eine Aufnahmesperre Neuzugänge in die NSDAP verhindern soll. In wenigen Wochen sind nämlich fast eine Million Menschen der Partei beigetreten. Dieser Ansturm muß erst einmal verkraftet werden, denn man prüft die Kandidaten sehr genau. Ehemalige Kommunisten und Sozialdemokraten, Sektenangehörige und strichweise auch Katholiken werden besonders scharf unter die Lupe genommen. Wer weiß, wie lange die Aufnahmesperre dauert. Karajan jedenfalls überlegt nicht lange, füllt ein zweites Mal seinen Aufnahmebogen aus und erhält am 1. Mai den Ausweis mit der Mitgliedsnummer 34 09 14.

Jugendliche Verführung? Beim Maiumzug sind einflußreiche »Bonzen« zugegen. Vielleicht merken sie sich den Namen des jungen Kapellmeisters, der sich mit so begeisterten Gesten in der Schar der Künstler drängt und mit einem Kollegen im Wechsel die flotten Märsche der Stadtkapelle dirigiert? Bezeichnend, daß Karajan – auch nach der Vorlage eindeutiger Dokumente durch Prieberg, Rathkolb und Bachmann – bei seiner Version bleibt, er sei erst 1935 in Aachen zur NSDAP gestoßen, und dies eigentlich nur unter dem Zwang, seinen Posten als Generalmusikdirektor zu sichern.

Noch Endler kolportiert 1988 (als er's besser hätte wissen müssen) die hartnäckig und stupide zusammengeklaubte und verteidigte Darstellung, die schon bei Haeusserman und Löbl dem Publikum als die »wahre« Lesart aufgetischt wurde. Karajan: »Vor meiner bevorstehenden Ernennung zum Generalmusikdirektor von Aachen kam der Kreisleiter zu mir und sagte: ›Gut, Sie sollen General werden. Aber dann müssen Sie auch Parteimitglied werden...‹ Und das ist, was immer man später auch daraus zu machen versuchte, im Grunde die ganze Geschichte meiner Parteimitgliedschaft. Ich kann auch heute nicht anders darüber reden und werde vielleicht auch heute noch mißverstanden, wenn ich es zu erklären versuche. Aber nach den hoffnungslosen Monaten, in denen ich in Berlin auf ein Engagement wartete, nach meinen großen Anstrengungen, dieses in Aachen zu bekommen, und angesichts der erhofften Position hätte ich wahrscheinlich noch ganz andere Bedingungen erfüllt, um sie auch wirklich zu bekommen. Man sagt manchmal leichthin, dafür wäre ich auch über Leichen gegangen. Aber dieser Satz sagt ziemlich genau, wozu ich damals als junger, hungriger Kapellmeister fähig gewesen wäre.«[7]

Diese nachweislich falsche Aussage ist eine Ungeheuerlichkeit. Was heißt »andere Bedingungen«? Und was bedeutet »über Leichen gehen«? Sollte doch etwas dran gewesen sein an der Reuter-Meldung in der *Süddeutschen Zeitung* vom 5./6. August 1989, Karajan habe sich als Agent des Sicherheitsdienstes der SS verdingt und an der Entfernung jüdischer Musiker aus den vom ihm geleiteten Orchestern mitgewirkt? Es wäre grauenvoll, wenn sich diese Mutmaßungen eines Tages bestätigen ließen, aber sie wären nicht verwunderlich bei jemandem, der formuliert, er wäre »über Leichen« gegangen, wenn es seiner Karriere hätte förderlich sein können.

Für denjenigen, der zumindest manchen Karajan-Produktionen etwas abgewinnen konnte und der ihm gar nicht streitig machen kann oder will, daß er einer der wichtigsten und interessantesten Dirigenten dieses Jahrhunderts war, ist es ziemlich traurig, erkennen zu müssen, daß es der Maestro nicht schaffte, über seinen Schatten zu springen, schuldhaftes Handeln anzuerkennen, und daß es ihm, der so oft bekundete, welch ein gläubiger Katholik er sei, offensichtlich nichts ausmachte, mit Lebens- und Geschichtslügen zu leben. Zu Robert C. Bachmann sagte er sogar: »Ja, also, ich hätte einen Mord begangen!«[8] (Gemeint ist: um den Aachener Posten zu kriegen.)

Ist das nun ein Faust, der seine Seele verkauft, oder ein Mephisto, der ganz durchtrieben weiß, wie man zum Ziel seiner Wünsche gelangt?

In *The New Yorker* hat Karajan am 2. Dezember 1967 rigoros erklärt: »Ich würde jedes Verbrechen begangen haben, um diesen Posten zu erhalten.« Und das nach Auschwitz!

Man muß das nicht erst analysieren und psychologisch zu erklären versuchen. Das ist eine so unglaubliche Selbstbezichtigung, wie sie nur ein Mensch aussprechen kann, der in Wirklichkeit jeden christlich-moralischen Anspruch von vornherein verneint, skrupellos und würdelos an seinen Mitmenschen handelt, achtlos jedes humanistische Prinzip beiseite schiebt und dabei auch noch geschmacklos vorgeht. Seine Sympathisanten müssen vom gleichen rüden Schlag sein und sein politisches Verhalten akzeptieren, denn sonst hätten sie ihn doch bewegen müssen, solche abenteuerlich unmoralischen Bekenntnisse zu unterlassen, die dem Selbstdenkmal, an dem er sein Leben lang zimmerte und meißelte, einfach den Sockel wegreißen.

Was im Frühsommer des Jahres 1933 im Deutschen Reich an Demonstrationen des Hitlerschen Machtwillens geschieht, muß auch den (nach seinen Biographen Haeusserman und Löbl) unbedarften »Jüngling« Karajan beeindruckt haben. Oder sollte er zum Beispiel, was in allen Zeitungen tagelang die Spalten der Titelseiten füllte, von den Bücherverbrennungen in den Großstädten nichts gelesen haben? Nichts von der Inhaftierung Carl von Ossietzkys und anderer Literaten, von den sich immer mehr füllenden Konzentrationslagern, die allerorten eingerichtet werden, um mißliebige Personen in »Schutzhaft« zu nehmen? Sollte er nichts davon erfahren haben, daß seine weltberühmten Kollegen Fritz Busch, Bruno Walter und Erich Kleiber längst ins Ausland geflohen sind? Daß man Thomas und Heinrich Mann und Bertolt Brecht und viele andere ausgebürgert hat? Daß Arnold Schönberg mit Mühe und Not den Häschern entkommen ist und ein Herr Hinkel in Berlin damit begonnen hat, alle Institutionen und Verbände von »Nichtariern« zu säubern?

Wer davon und von den Folgetaten, den »Nürnberger Gesetzen« und der späteren »Endlösung«, nichts gewußt haben will, muß schon das Niveau eines Analphabeten gehabt haben oder paranoisch gewesen sein. Es gibt kaum einen pejorativen Begriff, um solch eine Haltung zu umschreiben.

Aus dem Pelemele der Karajanschen Aussagen geht immer wieder hervor, daß er nichts erfahren haben will von all den perversen und kriminellen Vorgängen da draußen in der fürchterlichen Provinz, in die – angeblich – kein völkischer Laut drang (und in der es auch keine Gefolterten und keine Opfer der Nazi-Häscher gegeben haben soll).

Karajan, der Überhebliche, muß seine Gefolgsleute und seine Leserschaft für ziemlich dumm und frivol gehalten haben, daß er annehmen konnte, sie würden ihm seinen Sermon glauben. Frivol an der Sache ist freilich, daß sie ihm die Ammenmärchen wirklich abnahmen, weswegen die Rede von den vielen, vielen Unverbesserlichen und Ewiggestrigen in unseren Landen in der Tat nichts Absurdes ist.

Die letzte Saison in Ulm muß Karajan mit dem Kollegen Maximilian Kojetinsky abwickeln, der für den entlassenen Schulmann engagiert worden ist. Alle »Musikschaffenden« haben sich inzwischen den verschiedenen Abteilungen der Reichsmusikkammer anzuschließen, der als Präsident Richard Strauss vorsteht. Das deutsche Musikleben soll fortan zentralistisch gelenkt und beeinflußt werden.

Ein fürchterliches Denunziantentum beginnt, denn die Herren in Berlin haben offene Ohren für die Einflüsterungen »ehrlicher« Parteigenossen, die neidvoll über ihre besseren Kollegen herfallen und in den örtlichen »Kampfbünden für Kultur« dafür Sorge tragen, daß nur »arteigene« Künstler auftreten dürfen (was eben auch heißt: linientreue). Und wer seine Beziehungen zu Berlin besonders intensivieren möchte, der kann dies am besten durch »stille« Mitgliedschaft beim Sicherheitsdienst, der sich gern karrieregeiler Konjunkturritter annimmt und ihre Dienste mit prächtigen Anstellungen, Blutorden und Vereinsämtern belohnt.

Natürlich verfolgt Karajan, wie sich die Großen verhalten, die er zu seinen künstlerischen Vorbildern zählt. Richard Strauss zeigt als einer der ersten Flagge. »Wenn seit der Machtübernahme durch Adolf Hitler sich nicht nur auf dem politischen, sondern auch auf dem Kulturgebiet schon so vieles in Deutschland geändert hat, und wenn schon nach wenigen Monaten der nationalsozialistischen Regierung ein Gebilde wie die Reichsmusikkammer ins Leben gerufen werden konnte, so beweist das, daß das neue Deutschland nicht gewillt ist, die künstlerischen Angelegenheiten wie bisher mehr oder weniger auf sich selbst beruhen zu lassen, sondern daß man zielbewußt nach Mitteln und Wegen sucht, um zumal unserem Musikleben einen neuen Auftrieb zu vermitteln«[9], sagt der Komponist des *Rosenkavaliers* und der *Frau ohne Schatten*, der sich bald schämen muß, mit Hofmannsthal einen halbjüdischen und mit Stefan Zweig einen volljüdischen Librettisten beschäftigt zu haben.

Daß der »neue Auftrieb« einen Schönberg und einen Franz Schreker die Existenz kosten wird, bekümmert den Präsidenten nicht, der denn auch seinem »Führer« und dem Propagandaminister Goebbels für die »aufrichtigen« Glückwünsche zu seinem siebzigsten Geburtstag dankt, weil er weiß, daß Hitler derjenige ist,

»der das deutsche Volk und seine Musik wieder so innig miteinander verbinden wird, wie das früher schon einmal verwirklicht war«.

Damit erteilt Strauss denen eine Rüge, die dafür verantwortlich zu machen sind, daß sich »das deutsche Volk mehr und mehr von der höheren Kunstmusik entfremdete«.[10]

Das geht gegen Zwölftonmusik und Jazz, gegen Berg, Webern, Schönberg und Křenek (*Jonny spielt auf*) und gegen die modernen Amerikaner.

Findet der junge Herbert von Karajan nicht gelegentlich auch Gefallen daran, populäre Themen auf dem Klavier zu »verjazzen«? Setzt er sich nicht beim »Après-Tennis« an die Bierklaviere der Sportheime, um *New Orleans* und dergleichen herunterzuklimpern? Gesagt hat er das jedenfalls; aber er mag das nach 1933 auch unterlassen haben, weil es ja nicht »arteigen« war, so undeutsch und pervers.

Das andere Vorbild Karajans, Clemens Krauss, macht ebenfalls eine atemberaubend steile Karriere unter Hitler, der ihn – im Glauben, der Dirigent sei ein Abkömmling des Kaisers Franz Joseph von Österreich – besonders hofiert und ihm imponiert. »Der einzige wahrhafte Gentleman unter den deutschen Dirigenten«, soll Hitler gesagt haben, der sehr dafür war, den Chef der Wiener Staatsoper nach Berlin zu locken, zumal auf Furtwängler kein Verlaß zu sein schien. Der hatte über Nacht alles hingeschmissen, weil man es ihm verargte, für Paul Hindemith eingetreten zu sein, der zur Zeit Persona non grata bei den braunen Kulturstrategen war.

Und Krauss kam, samt parteipolitisch höchst engagierter Gattin Viorica Ursuleac, die zwei Jahre lang an der Lindenoper wie eine Assoluta herrschte, alle nur möglichen Partien an sich riß und den »engsten« Umgang mit den Damen des Regimes pflog, mit Emmy Göring und Magda Goebbels, denen sie auch schon mal bei der Ausgestaltung ihrer Winterhilfsabende aushalf.

Krauss wurde rasch zum Reichskultursenator ernannt, erhielt ein »großzügiges« Gehalt, neben dem sich das des entlaufenen Furtwängler wie ein Kutscherlohn ausnahm. Doch Krauss spürte, daß ihn das alte Ensemble der Lindenoper nicht mochte, daß seine konziliante und manchmal auch devote Wiener Art kein Echo fand. Unter Tietjen und Furtwängler herrschte »gesunder« preußischer Befehlston. Und die Dominanz der Ursuleac mißfiel erst recht. Zum Eklat kam es nicht, aber Krauss tat gut daran, sich 1936 aus Berlin zu verabschieden. Ein Jahr später war er Intendant in München, wo er bis Kriegsende »diente« (und oft unter den Malträtierungen der Anhänger des entthronten Knappertsbusch zu leiden hatte). 1939 wurde Krauss auch Chef der Salzburger Festspiele und des Mozarteums.

Und Toscanini, das dritte und wichtigste Vorbild für Karajan? Der fiel aus der Reihe und machte weder bei den italienischen noch bei den deutschen Faschisten mit. Noch 1931, als er in Bayreuth *Tannhäuser* und *Parsifal* dirigierte, hatte man fest damit gerechnet, daß er in den folgenden Jahren wieder auf dem lieblichen Hügel Wagners in Erscheinung träte. Doch er entzweite sich mit Festspielleiterin Winifred Wagner, die Heinz Tietjen und Wilhelm Furtwängler insgeheim mit der Abwicklung des Festivals betraut hatte. Denen war Toscanini nicht grün; er zieh sie der Konspiration mit dem nationalsozialistischen Regime.

Bei den Festspielen des Jahres 1933 sollte der italienische Maestro in Bayreuth die *Meistersinger* und *Parsifal* dirigieren. Winifred Wagner glaubte fest daran, daß sie das Zugpferd Toscanini für den Sommer in ihren Stall bekäme. Doch es kam anders. Am 1. April 1933 ging bei Hitler ein von einem Dutzend ausländischer, überwiegend US-amerikanischer Dirigenten verfaßtes Telegramm ein, worin diese »Seine Exzellenz den Kanzler« dringlichst aufforderten, die Verfolgungen »aus politischen oder religiösen Gründen« zu unterbinden und dafür Sorge zu tragen, daß keinem Künstler Unrecht geschehe, der seine Kraft der deutschen Kultur zur Verfügung stelle.

Die besorgten Musiker irrten sich gründlich, wenn sie meinten, nicht der »Führer«, sondern irgendwelche obskuren Cliquen stünden hinter den Austreibungen und Desavouierungen. Hitlers Antwort: Der Deutschlandsender durfte die Kompositionen beziehungsweise die Schallplatten der betreffenden Künstler nicht mehr ausstrahlen.

Unter den mit diesem Verbot Behafteten war auch Arturo Toscanini, der ergrimmt und nun wissend, wer im »neuen« Deutschland wirklich den Ton angab, am 5. Juni Winifred Wagner mitteilte, er denke nicht daran, noch einmal in Bayreuth aufzutreten. Die Diskriminierung jüdischer und andersdenkender Musiker in Deutschland, vor allem seiner Freunde Fritz Busch und Bruno Walter, mache seine Mitwirkung bei den Wagner-Festspielen unmöglich. Auch sonst gedenke er nicht mehr in deutschen Landen aufzutreten.

In der Berliner Reichskanzlei hielt man die Absage des italienischen Maestros für eine Zeitungsente. Doch Hitler, Göring und Goebbels mußten einsehen, daß sie sich Toscanini zum Feind gemacht hatten. Richard Strauss und Karl Elmendorff übernahmen auf dem lieblichen Hügel *Parsifal* und *Meistersinger*. Ohne Skrupel. Dem einen brachte die Sache materiellen Zugewinn, worauf er sein Leben lang erpicht war, dem anderen kam die Übernahme zum Ausbau der eigenen Karriere sehr gelegen.

Karajan konnte den geliebten Maestro nunmehr an »deutscher Weihestätte« nicht mehr erleben, dafür aber weiterhin in Salzburg, dem Toscanini seine Anwesenheit so lange schenkte, bis auch dort die faschistischen Kräfte die Oberhand gewannen und Österreich »heim ins Reich« geführt wurde.

Als der weltweit gefeierte italienische Maestrosimo die Bayreuther vor vollendete Tatsachen stellt, hat Karajan noch eine Spielzeit in Ulm gut, die er mit Kojetinsky »abklappert«. Im Frühjahr 1934 endet die Ulmer Zeit des jungen Salzburgers. In der Oper verabschiedet er sich mit *Figaros Hochzeit*; das Konzertpublikum versammelt sich noch einmal anläßlich eines Strauss-Abends zu seinen Ehren.

Im *Ulmer Tagblatt* steht am 31. März 1934 zu lesen: »Mit seinem Weggang ist für Ulm ein Stück Kulturarbeit abgeschlossen. [...] Seine Verdienste in unserer Stadt sind mehrfacher Art. Einmal führte er unserem Orchester junge, talentierte Musiker zu und leistete bewußte Erziehungsarbeit, so daß mit der Zeit ein Klangkörper entstand, der in der Oper und im Konzert ruhig den Vergleich mit Orchestern weit größerer Städte aushielt. [...] Ein besonderes Ereignis bildete die letzte große Veranstaltung mit einem Orchester von 90 Musikern. Der Strauss-Abend mit *Don Juan*, den *Orchesterliedern* und *Heldenleben* bleibt unvergessen.«

Karajan: »Als die Spielzeit vierunddreißig vorüber war, verließ ich Ulm. Die einzige Stadt, in die ich gehen konnte, war Berlin. Dort waren Sänger, Dirigenten, Musikagenten ... eben das Geschäft, die Verbindungen. Ich schloß mich den Leuten an, die die Sänger begleiteten, Abschlüsse machten – machte mit bei der Rangelei um Direktoren, die uns eventuell engagieren konnten.«[11]

Er probiert es überall und wird überall abgewiesen. Zu Robert C. Bachmann sagt er: »Dieses Gefühl, daß die anderen mich nicht wollten, das hat relativ lange angehalten. Man ließ mich nicht einmal probedirigieren.«[12] Haeusserman berichtet, der Stellungslose habe in Berlin »unter schwierigsten Verhältnissen« gelebt und sich bis zu »schwerer nervlicher Erschöpfung« verausgabt.[13] Doch er weiß, wie es wirklich war, zumal auch bekannt geworden ist, daß die »Kampfbünde« und ähnliche parteipolitische Institutionen sehr viel für arbeitslose Genossen taten, die sich ansonsten »willfährig« und »kulturbewußt« zeigten.

Irgendwie hatte Karajan erfahren, daß in Aachen der Posten des Ersten Opernkapellmeisters vakant war. Es traf sich, daß Dr. Edgar Groß, gerade zum Intendanten in der Karlsstadt gewählt, in Berlin auftauchte, um den einen oder anderen Solisten bei den Agenten anzuhören und auch nach einem geeigneten Dirigenten Ausschau zu halten. Karajan meldet sich bei Groß, und es gelingt ihm mit erheblichem rhetorischem Aufwand, ein Probedirigieren im Aachener Haus zu erreichen, das am 8. Juni 1934 stattfindet.

Der junge Dirigent Herbert von Karajan mit seiner Frau Anita auf dem Züricher Flughafen im März 1949 vor seinem Start zu einer Amerikatournee.

Oben links: Karajan als Dirigent der Berliner Staatsoper 1941.
Unten rechts: Der fünfzigjährige Dirigent mit seiner jungen Frau Eliette.
Unten links: Wolfgang und Wieland Wagner 1950 bei einer Besprechung mit den beiden Dirigenten Hans Knappertsbusch und Herbert von Karajan in Bayreuth.

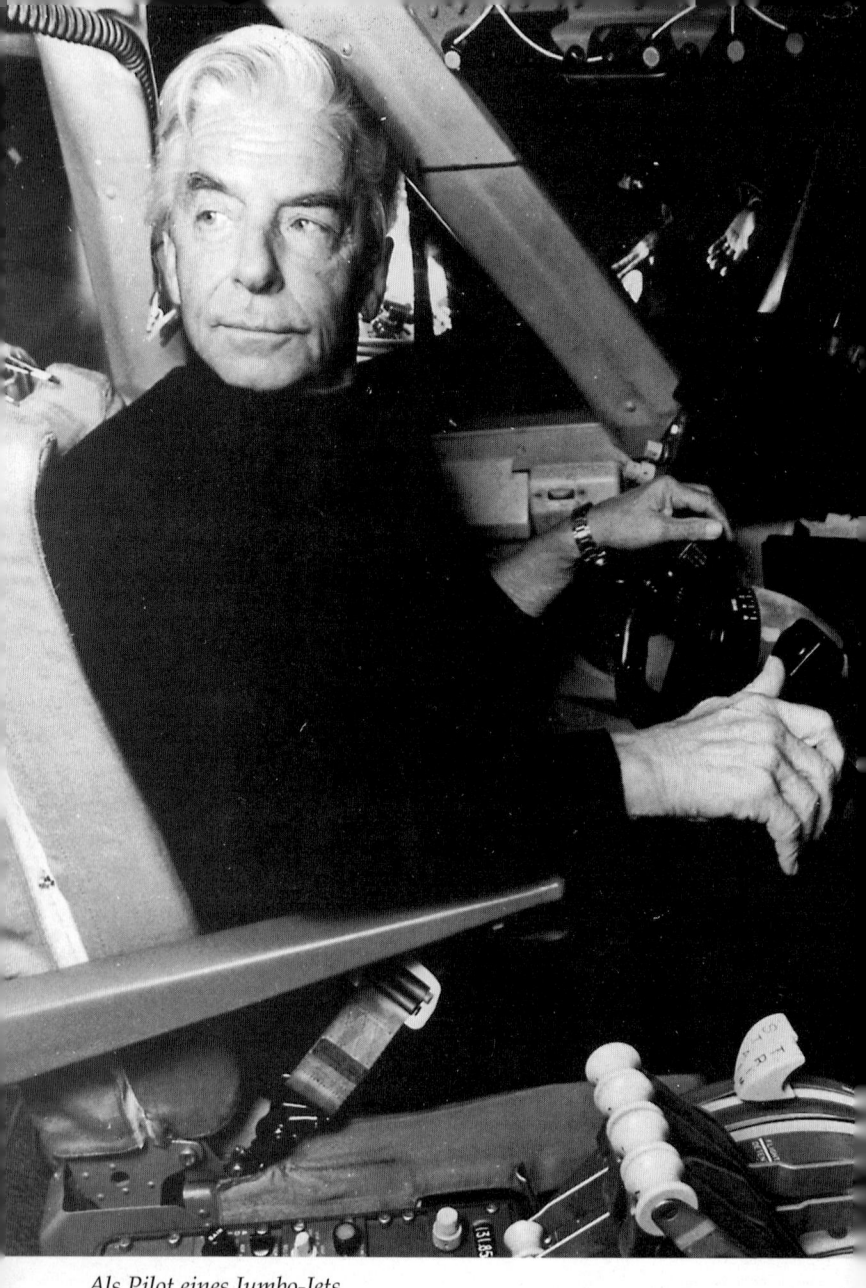

Als Pilot eines Jumbo-Jets.

Aachen

Ob es die Überredungskünste des verzweifelt nach einer adäquaten Beschäftigung suchenden, arbeitslosen Karajan allein waren, die Intendant Dr. Groß dazu bewogen, den jungen Mann auszuprobieren, mag dahingestellt bleiben. Nicht nur Robert C. Bachmann äußert Zweifel. Spielte das Treuegelöbnis zu Hitler, das der Aspirant mit seinem zweimaligen NSDAP-Eintritt abgelegt hatte, womöglich auch eine Rolle? Auf jeden Fall konnte Groß gar nicht anders, als die Vakanz mit einem Pg. auszufüllen, der ganz stabil zur neuen »Ära« stand und dessen Solidarität mit den braunen Kulturträgern unbestritten war. Das hatte sich im Verlauf einer Aachener Intrige gezeigt, die darauf abzielte, in der deutschen Grenzstadt die sogenannte Gleichschaltung mustergültig durchzuführen und so Berlin zu beweisen, wie ehern man hinter der Politik des »Führers« und seiner Strategen stand.

Als Oberbürgermeister Aachens fungierte damals ein Träger des »Goldenen Ehrenzeichens der Partei«, Altgenosse Quirin Jansen, ein rüder Ehrgeizling, der alles daransetzte, sich bei Hitler lieb Kind zu machen. Bald nach der Machtübernahme hatte er Francesco Sioli als Intendanten angeworben, der – wie er glaubte – alle Voraussetzungen für nationalsozialistisches Kunstschaffen mitbrachte. Es hatte Gegenstimmen gegeben, aber die damalige NS-Fraktion setzte den »goldrichtigen« Mann durch, zumal ihm der Parteiobmann des Theaters, Baßbuffo Albert Hoff, amtierender Kreiskulturwart, als Operndirektor beigesellt werden sollte; der würde streng darauf achten, daß alle theaterfunktionalen und politischen Bestimmungen und Gesetze aus Berlin en détail eingehalten würden.

Sioli sah sich gleich nach seinem Amtsantritt nach geeigneten neuen Kräften für das Aachener Haus um. Er bot dem renommierten Hans Swarowsky den Posten des Ersten Kapellmeisters an, womit er offensichtlich in den Kompetenzbereich des Generalmusikdirektors Peter Raabe eindrang, der seit 1920 in Aachen wirkte und sich engster Beziehungen zu den führenden Nationalsozialisten rühmte. Die Spannungen zwischen Raabe und Sioli wuchsen ins Unerträgliche. Die meisten Sänger, die den neuen

Kurs des wenig diplomatisch agierenden Intendanten nicht unterstützten, schlugen sich auf Raabes Seite, so der Sprecher des Ensembles, Anton Ludwig, der den Kollegen Hoff beschwatzte, für eine Abwahl Siolis zu stimmen. Swarowsky hatte von dem Aufstand gegen seinen künftigen Chef gehört und trat sein Amt erst gar nicht an. Das war Raabe nur recht, der in dem an der Berliner Lindenoper und gleichzeitig an der Städtischen Oper in Charlottenburg wirkenden Kapellmeister eine harte Konkurrenz befürchtete.

Oberbürgermeister Jansen ließ sich eingehend von den Kulturfunktionären in der Reichsmusikkammer und von der zuständigen Gauleitung beraten, wen er als Nachfolger Siolis ins Auge fassen dürfe. Ihm wurde »einstimmig« der aus Lübeck stammende Dr. Groß angepriesen, dessen führertreue und völkisch standfeste Gesinnung über jeden Zweifel erhaben schien. In seinem Parteibuch stehe es schwarz auf weiß: Angehöriger des NS-Fliegerkorps, förderndes Mitglied der SS. Auch Groß' Ehefrau sei ganz fanatisch in der Bewegung und könne die NS-Frauenschaft der Region endlich auf Vorder-»Mann« bringen. Was sie dann auch nach Kräften tat, als ihr Gatte den Aachener Posten erhalten hatte und nun dabei war, den westlichen Grenzraum in die »deutschvölkische Kulturbewegung« einzubinden.

Groß holt Karajan nach Aachen, zunächst für einen Gastabend. Er überzeugt Quirin Jansen, Buffo Hoff und die übrigen Genossen davon, daß Karajan für das Orchester der »richtige Mann« sei. Nach dem Probekonzert mit Carl Maria von Webers *Oberon*-Ouvertüre, dem ersten Satz von Mozarts *Haffner-Sinfonie* und dem Vorspiel zu den *Meistersingern* ist auch der Kritiker Wilhelm Kemp der Meinung, Karajan sei als Erster Kapellmeister eine »respektable Lösung«.

Doch das Orchester ist gegen den jungen Mann. Die wenigen Proben mit ihm haben gezeigt, daß er wenig bequem sein wird: ein Feuerkopf, ein Hitzkopf, der alles anders machen will. Der würde sie aus dem gewohnten Schlendrian unter Raabe herausreißen. Bei dem müßten sie wirklich etwas tun. »Der kann was«, sagen sich die Orchestermusiker, aber gerade darin liegt eine Gefahr, und so lehnen sie ihn mehrheitlich ab.

Sie wollen einen Orchesterleiter, der sich anpaßt, der nicht fordert und »arbeitet« und den Ehrgeiz hat, das Niveau zu heben.

Doch Dr. Groß setzt sich durch, bringt Hoff und Ludwig gänzlich auf seine Seite. Er lege schon jetzt für den Pg. Karajan die Hand ins Feuer; er sei zuverlässig und »rassisch einwandfrei«, und man werde seine helle Freude an ihm haben.

Groß soll nicht enttäuscht werden. Er ahnt gar nicht, was es für Karajan bedeutet, nicht mehr arbeitslos in Berlin antichambrieren zu müssen und mit einem siebzig Mann starken Orchester wirken zu können, das bei Sonderkonzerten sogar um zwanzig Musiker aufgestockt werden kann. Dazu der hervorragende Opernchor, den Wilhelm Pitz (neben einer Reihe anderer Chöre) leitet, der später im neuen Bayreuth als einer der profiliertesten Interpreten und Kenner des Wagnerschen Œuvres gefeiert werden wird.

Im Überschwang der neuen Berufung mag Karajan tatsächlich das eine oder andere auf der politischen Reichsszene übersehen und überhört haben, aber man sollte meinen, daß die gravierendsten Ereignisse auch von den Genossen in Aachen diskutiert und gefeiert wurden. Der »Röhm-Putsch« wurde in den Zeitungen wochenlang breitgetreten, und neugierig las man die täglich erscheinenden Ausbürgerungslisten, in denen prominente Namen enthalten waren. Sollte Karajan nicht aufmerksam verfolgt haben, was sich in seiner Heimat vollzog, als Kanzler Engelbert Dollfuß ermordet wurde? Und dann der Tod Hindenburgs, nach dem sich Hitler zum »Führer und Reichskanzler« und zum »Obersten Befehlshaber der Wehrmacht« erhob... Das alles kann man nicht verdrängen und ohne Aufmerksamkeit beiseite schieben.

Bevor Karajan in Aachen planmäßig seine Arbeit aufnimmt, erholt er sich in Salzburg. Die alten Berater, unter ihnen Paumgartner, geben ihm »Eizes«, doch eigentlich bedarf er der Bevormundung und der Hilfestellung nicht mehr. Längst hat er die Lehrmeister überrundet und im Geist jene kühnen Pläne vorbearbeitet, nach denen er sein künftiges Leben einrichten wird, sein Leben im Zeichen des absoluten Erfolgs. Sein fast schon krankhafter Ehrgeiz stachelt ihn zu allen künstlerischen Unternehmungen an. Auffallen um jeden Preis. Dabei aber auch das Beste anbieten.

In Salzburg treibt sich damals eine meschuggene US-amerikanische Witwe herum, die nicht weiß, auf welche Weise sie ihr vieles Geld unter die Menge bringen soll. Irgend jemand hat ihr den Floh ins Ohr gesetzt, die Wiener Philharmoniker zu einem Privatkonzert einzuladen, das im Großen Saal des Salzburger Mozarteums stattfinden soll. Mrs. Moulton heißt die Dame, der Karajan vorgestellt wird in der Absicht, das besagte Konzert dirigieren zu dürfen. Die Witwe ist von seinem Charme entzückt. Er darf.

Sie stellt mit seiner Hilfe das Programm zusammen: *Fantasie für Klavier und Orchester* von Claude Debussy, darauf *La Valse* von Maurice Ravel. Damit wäre der erste Teil abgedeckt. Nach der großen Gesellschaftspause wird man in das Heckentheater des Mirabellgartens ziehen, wo Debussys *Prélude à l'après-midi d'un faune* vertanzt werden soll. Ausführende sind Eleven des Balletts der Wiener Staatsoper und der renommierte Danseur noble Willy Franzel.

Die Veranstaltung, zu der Karajan eine Auftrittsgenehmigung aus Berlin einholen muß, findet am 21. August statt. Tagelang spricht die Gesellschaft in der Salzachmetropole von dem »Ereignis ersten Ranges«. Es ist Zufall, daß Toscanini am Platze wenige Abende später auch den Debussyschen *Faun* dirigiert. Nicht nur im engsten Freundeskreis Karajans gibt es Leute, die der Ansicht sind, Jung-Herbert habe den italienischen Maestro eigentlich schon erreicht und ebenso »molto preciso« das schwierige Werk zum Klingen gebracht.

Nach dem Privatkonzert in der Heimat muß sich Karajan sputen, nach Aachen zu kommen, denn für den 18. September ist mit ihm die Eröffnungsvorstellung im Stadttheater geplant: *Fidelio*. Er weiß, was auf dem Spiel steht, strengt sich ungemein an, probt vom frühen Morgen bis in die Nacht. Der Einstand gelingt bravourös.

Die Nationalsozialisten haben Beethovens einzige Oper längst okkupiert, den darin erschallenden Ruf nach Freiheit und Frieden umfunktioniert zu einem Werberuf aus der Kampfzeit der Bewegung. *Florestan* steht für die nationalistische Symbolfigur Horst Wessel ein, im Gefangenenchor vereinigen sich die von den Bolschewisten geknechteten »Urzeugen« des Hitlerismus, und *Leonore*, die stolze deutsche Gattin, gilt nunmehr als das Abbild des nordischen Frauenideals, das der Maler Ziegler so häufig auf seine Leinwand pinselt und der Steinmetz Breker mit Vorliebe in den karibischen Marmor haut.

Nach dem *Hohenlied der Gattentreue* studiert Karajan die *Walküre* ein. Weihnachten 1934 dirigiert er den *Rosenkavalier* und wenige

Wochen darauf den *Tannhäuser*. Zwischendurch übernimmt er für Peter Raabe einige Sinfoniekonzerte. In kurzer Zeit wissen die Aachener Musikfreunde, daß der »Junge« dem »Alten« über ist, und auch Raabe selbst merkt, daß sich neben ihm ein ernst zu nehmender Konkurrent tummelt. Karajan spielt immer Grand Hand, auch wenn er weiß, daß er eigentlich das Spiel überreizt hat. Aber er vertraut darauf, daß er bisher Glück gehabt hat. Warum nicht auch hinkünftig?

Er bringt in Erfahrung, daß in Karlsruhe demnächst der Thron des Generalmusikdirektors neu zu besetzen sein wird. Prophylaktisch spricht er mit einigen badischen Funktionären, die Lust hätten, ihn zu engagieren. Kaum haben sie ihm Avancen gemacht, läßt Karajan gegenüber Dr. Groß den Hinweis fallen, daß man sich in Karlsruhe für ihn interessiere. Der Intendant eilt sofort zum Oberbürgermeister: Es sei Gefahr im Anzug, Karajan zu verlieren. Quirin Jansen spricht unverzüglich mit den Kulturoberen in Berlin und erwirkt ein neues, höchst lukratives Arrangement für den klugen Taktiker Karajan.

Den Berlinern paßt es außerordentlich gut in den Kram, daß in Aachen ein so befähigter Mann in den Startlöchern sitzt, denn sie haben längst vor, Peter Raabe »abzuziehen« und ihm – nach der Demission von Richard Strauss – das Amt des Reichsmusikkammerpräsidenten zu übertragen. Daneben soll er Chef in Weimar werden.

Am 12. April 1935 läßt das Städtische Presseamt Aachen folgende Meldung verlautbaren: »Eine junge, außergewöhnlich begabte Persönlichkeit von ausgeprägter Eigenart wird in Zukunft unter voller Beibehaltung ihres bisherigen Wirkungskreises auch das Konzertleben führend betreuen, zwei gewichtige Aufgaben, die Professor Raabe vorübergehend zwei Jahre lang übernommen hatte und die früher stets auf zwei Männer verteilt waren. Aachen darf sich zu dieser Lösung der nicht leichten Frage, wer Nachfolger Raabes werden könne und solle, beglückwünschen. Herr von Karajan, durch Intendant Dr. Groß ›entdeckt‹ und von den maßgebenden Persönlichkeiten Aachens in seinem Wert voll erkannt, ist auf drei Jahre dem Musikleben Aachens gesichert – gegen teilweise recht starke Strömungen, die ihn uns zu entführen trachteten. […] Schon im Dezember suchte die Charlottenburger Reichsoper ihn für die führende Stellung zu gewinnen, und ein paar Karlsruher Gastspiele im März ließen auch in dem badischen Minister für Kultur und Unterricht den Wunsch erwachen, den Gastdirigenten aus Aachen als Generalmusikdirektor für Karlsruhe wirken zu sehen. [...] Herr von Karajan, dem Aachen als Tätigkeitsfeld lieb geworden ist, konnte die Entscheidung [...] vertrauensvoll in die Hände unseres Oberbürgermeisters legen.«[1]

Dieser hängt der Pressemeldung, wie Robert C. Bachmann herausgefunden hat, noch einen politischen Sermon an: »Die nationalsozialistische Weltanschauung und Bewegung, die nicht zuletzt durch die Kraft ihrer kulturellen Einsichten und Forderungen groß geworden ist, verlangt von uns, daß wir eben diesen kulturellen Notwendigkeiten die gleiche Aufmerksamkeit widmen wie den politischen. [...] Das Theater unserer Grenzstadt hat darüber hinaus eine höhere Mission: nämlich die, Bollwerk zu sein für alle künstlerischen Kräfte des Dritten Reiches gegen Einflüsse fremder Art, die nicht unseres Wesens sind. Es schließt somit den kämpferischen Ring der deutschen Grenztheater im Westen des Reiches.«[2]

Peter Raabe wechselt nach Berlin über, um das »hohe Amt« des Reichsmusikkammerpräsidenten zu übernehmen, das er weidlich dazu nutzen wird, Intimfreunde in glänzende Positionen zu hieven und maßlose Tiraden gegen diejenigen loszuwerden, die nicht eindeutig dem Regime ergeben sind.

Damit kann Karajan offiziell das Amt des Aachener Generalmusikdirektors übernehmen. Am 1. Juli 1935 darf er sich bestätigen, schon wieder einen gewaltigen Sprung nach vorn (besser: nach oben) getan zu haben. Den nächsten Sprung, auch darüber ist er sich bereits jetzt im klaren, wird er an die Spree wagen, denn nur in Berlin kann er seine kühnsten Pläne verwirklichen und der Welt beweisen, daß er der Größte ist.

Das Pensum, das er in Aachen zu bewältigen hat, ist immens. Karajan: »Ich hatte in der Saison sechs Abonnementkonzerte und acht Volkssymphoniekonzerte zu probieren und zu dirigieren. In der Oper leitete ich vier bis fünf Neuinszenierungen pro Saison und dirigierte alle Vorstellungen selbst. Für die Programme der Konzerte war ich ebenso verantwortlich wie für die Auswahl der Opern: Im Theater war selbstverständlich der Intendant für den Etat verantwortlich. Aber davon einmal abgesehen, mischte er sich nicht in meine Pläne ein. Gastdirigenten, wie sie heute in jedem Konzertzyklus üblich sind, gab es damals bei uns kaum. Ich erinnere mich, daß ich einmal Willem Mengelberg einlud, weil überall in Deutschland von ihm viel gesprochen wurde. Wir haben uns bei einem Gastspiel angefreundet und dann immer gut verstanden – besondere Auswirkungen aber hatten solche Ausnahmen nicht. Das Orchester war gewohnt, in einer Hand zu sein, und ganz so war das System eines Generalmusikdirektors damals auch gedacht: Da war ein Musiker, den man gewählt hatte, und der wiederum war für das Musikleben der Stadt verantwortlich.«[3]

Der neue Herr Generalmusikdirektor hat allerdings auch parteipolitische Aufgaben zu erfüllen. Ende Juni 1935 hält die NSDAP in Aachen einen Kreisparteitag ab. In Gegenwart des Reichsinspekteurs Schmeer und des Gauleiters Grohé führt Karajan bei einer Feierstunde »auf dem Katschhof mit 750 Sängern und über 100 Instrumentalisten unter anderem den Hitler gewidmeten Zyklus *Feier der neuen Front* auf; Text: Baldur von Schirach. Titel der einzelnen Sätze: ›Hitler‹, ›Des Führers Wächter‹, ›O, Land‹, ›Horst Wessel‹ [...]«[4] Komponist ist Richard Trunk, der damit sein *Opus 65* vorstellt. Schirach ist inzwischen vom Reichsjugendführer der NSDAP zum Jugendführer des Deutschen Reiches avanciert. Er übt sich des öfteren als Lyriker und findet als solcher sogar den Beifall des Kritikers Theodor W. Adorno.

Die »nationale Gemeinschaftsfeier« wird für Karajan ein großer Erfolg, und der *Westdeutsche Beobachter* rühmt ihn, weil er der Mann sei, »der die Neuorganisation unseres Kunstlebens in dem Sinne und in der Richtung, wie es der Nationalsozialismus fordert, in die Wege leiten kann.«[5] Am Schluß des Weiheaktes läßt Karajan von Chor und Orchester das Horst-Wessel-Lied schmettern. Die Hitlerjugend erhellt durch Hunderte von Fackeln die »eindrucksvolle« Szenerie.

Gauleiter Grohé schüttelt dem Dirigenten die Hände. Er kennt den jungen, alerten Generalmusikdirektor bereits vom *Tannhäuser*, der zu »Führers Geburtstag« gegeben worden war, und vom *Fidelio*, den es als geschlossene Aufführung für die Gemeinschaft »Kraft durch Freude« gegeben hatte.

Und so geht das flott weiter. Herbert von Karajan ist jederzeit dazu bereit, sich in den »Dienst der Sache« zu stellen, zum Beispiel wenn es darum geht, den Einmarsch Hitlers in Österreich gebührend zu feiern. Als seine Heimat »heim ins Reich« geholt wird, »begrüßt« Karajan das grandiose Ereignis mit Beethovens *Fidelio*, dem Freiheitsdrama, das allein angemessen sei, »im Augenblick der großen geschichtlichen Stunde« zu erklingen.

Das Aachener Orchester blüht auf, es wird allmählich auch für bekannte Solisten attraktiv. Die dem »Führer« zutiefst ergebene Pianistin Elly Ney gastiert; ihr folgt der Geiger Georg Kulenkampf. Die Städte im belgisch-niederländischen Grenzgebiet werden bereist. Einmal treten die Aachener auch in Brüssel auf.

Und immer wieder hat Gauleiter Grohé ein »Anliegen«. Der Tonsetzer Heinrich Gemacher sähe gern seine Kantate *Kameradschaft* aufgeführt. Karajan macht das. Gemachers Musik ist ja auch keineswegs »neutönerisch«. Dieser Komponist zählt zu den Gemäßigten – wie Werner Egk, Rudolf Wagner-Régeny und Carl Orff –, von denen Karajan bei Gelegenheit das eine oder andere Werk ins Programm setzt. Auch von Paul von Klenau und Paul Graener gibt es ab und an ein Stück, sogar von Wolfgang Fortner, der damals noch höchst konventionell schreibt.

Karajan: »Unsere Konzertprogramme in Aachen waren keineswegs, was man heute konservativ nennen würde. Aber: Sie waren für ein in der Regel konservatives Publikum zusammengestellt, das sich in Wahrheit für zeitgenössische Musik nicht begeisterte und ungefähr so reagierte, wie wir es ja bis in die jüngste Vergangenheit beobachtet haben. Das heißt, die Abonnenten kamen auch damals absichtlich zu spät und verzichteten auf das erste Stück, denn sie wußten, daß das neuere Musik war. […] Selbstverständlich habe ich diese Musik ebenso ernsthaft einstudiert wie alle anderen Programmpunkte, selbstverständlich habe ich mir damit niemals Freunde eingehandelt.«[6]

Auf die Frage nach dem politischen Anteil seiner Arbeit in Aachen hat der Maestro stets ausweichend geantwortet oder behauptet, die Nationalsozialisten hätten auf die Programme »keinen besonderen« Einfluß genommen. »Selbstverständlich gab es die allgemeinen Beschränkungen, selbstverständlich waren die verantwortlichen Stellen in der Hauptstadt Berlin etwas weltoffener als die örtlichen in Aachen. Aber hier wie dort konnte man sich mit Erfolg gegen einmal ausgesprochene Restriktionen wehren. Ich weiß, daß das vielleicht nicht das beste Beispiel ist, aber ich erinnere mich daran, daß der Kreisleiter uns einmal in Aachen auch die Aufführung der *Matthäus-Passion* verbieten wollte. Damals reagierte ich ganz rasch, fragte um das Schriftstück der Reichsmusikkammer, mit dem sie sich gegen die Aufführung einer Passionsmusik ausgesprochen hätte: Es gab kein solches Schriftstück, und wir konnten ungehindert musizieren.«[7]

Der junge Ruhm Karajans verbreitet sich rasch. Er wird nach Amsterdam und Stockholm eingeladen. Im Juni 1937 kann er triumphieren: Der Chef der Wiener Staatsoper, Erwin Kerber, hat ihn für einen Gastabend engagiert – mit dem *Tristan*. Musikalischer Direktor ist damals noch Bruno Walter, der es auch nicht verhindern kann, daß dem jungen Kollegen nur eine Art von Arrangierprobe zugestanden wird. Die Vorstellung geht recht und schlecht über die Bühne. Walter erinnert sich später, Karajan nach dem Schlußakt gesagt zu haben: »Sie beherrschen die Partitur, aber Sie müssen noch viel tiefer in sie eindringen.«[8]

Immerhin ist die Wiener Staatsoper das erste große Haus, das sich ihm öffnet. Intendant Kerber möchte ihn engagieren. Aber Karajan lehnt ab. Einer unter vielen Kapellmeistern zu sein, dazu hat er keine Lust. Das wäre vergeudete Zeit und seinen Intentionen völlig zuwider.

Ob ihn der wohlgemeinte Ratschlag Bruno Walters gekränkt hat? Ein Jahr später, nach dem Einmarsch Hitlers in Wien, hat dieser das Land längst verlassen. Nun werden auch hier die »Fahnenträger« das Niveau der Vorstellungen bestimmen. Wer was kann und ein strammer Pg. ist, möchte auch im legendären Haus an der Ringstraße reüssieren.

Nach dem Wiener Debüt überlegt Karajan mit Fleiß, wie er von Aachen wegkommen und die nächste Hürde nehmen könne. Er streckt die Fühler nach Berlin aus, und es gelingt ihm, für den 8. April 1938 als Dirigent der Berliner Philharmoniker verpflichtet zu werden. Die *Philharmonischen Blätter* kündigen den Abend mit folgenden Worten an: »Am 8. April findet ein Sonderkonzert unter Leitung Karajans statt, dem man in Musikkreisen mit besonderer Spannung entgegensieht, da dem in Aachen lebenden Dirigenten ein besonders großer Ruf vorausgeht. In Berlin ist Karajan noch nicht hervorgetreten. Die Wahl der Werke – siehe Inserat – läßt auf einen Musiker schließen, der Anspruch auf ernsteste Beurteilung macht.«[9]

In der *Deutschen Allgemeinen Zeitung* wird das Debüt am 9. April wie folgt besprochen: »Ein für Berlin bisher fremder Name gewann über Nacht lebendigen Klang. Herbert von Karajan, der junge Generalmusikdirektor, hat sich das Publikum der Philharmonie im Sturm erobert. Und auch dem mit Elan sich einsetzenden Orchester merkte man das Bewußtsein an, daß dieser noch nicht Dreißigjährige ein Berufener ist. Schon jetzt stellt sich Karajan als völlig eigenständige, scharf umrissene Persönlichkeit dar: Als eine elementare Leidenschaft des musikalischen Erlebens. Als ein Wille von männlicher Kraft und geistiger Konzentration. Der Prägnanz der musikalischen Anschauung entspricht die Sicherheit der Beherrschung. Er dirigiert auswendig. Hand in Hand mit der Ursprünglichkeit der Phantasie geht die durch keine Begrenzung beengte innere Beweglichkeit. Sein Programm umfaßt Mozart, Ravel und Brahms. Karajan ist ein ausgesprochen moderner Dirigent. Er sucht den klaren Aufbau einer strengen, in sich ruhenden Form. Aber dieses Darstellen der Gestalt im herben Abstandnehmen von sich selbst ist durchglüht von der Leidenschaft des Aufgehens im Werk. Im blühenden Klang durchdringen sich Geist und Sinnlichkeit in schönstem Gleichgewicht. Die Sammlung, das Erfülltsein spiegelt sich in der Art des Dirigierens. Mit geschlossenen Augen stellt Karajan das innerlich erschaute Bild aus sich heraus. Seine sehnige, geschmeidige Gestalt ist aufs Äußerste angespannt. Aber er diszipliniert sich auf ein Mindestmaß sichtbarer Äußerung. [...] Die Leistung dieses Abends schlug geradezu wie eine Bombe ein. Das Publikum feierte den jungen Dirigenten mit einer Begeisterung, die im Erkennen seines Ranges zugleich auch eine nicht mehr verrückbare Forderung aufstellte.«

Karajan kann zufrieden sein. Intendant Hans von Benda hat ihm versprochen, ihn im kommenden Herbst im Rahmen der Zusammenarbeit mit der Konzertgemeinde und »Kraft durch Freude« erneut in der Philharmonie auftreten zu lassen. Programm: *Sinfonie Nr. 6* von Sibelius, Beethovens *Fünfte* und das *Cellokonzert* von Haydn (Solist Arthur Troester).

Im Sommer des für ihn so erfolgreichen Jahres 1938 ist Karajan glücklicher Ehemann geworden. Er hat am 26. Juli die Sängerin

Elmy Holgerloef in Aachen geheiratet. Sie stammt aus Hannover und ist elf Jahre älter als der Herr Gemahl. Aber sie ist ungemein attraktiv. Die Adresse des Paares lautet: Eupener Straße in Aachen-Burtscheid. Nicht mehr lange; denn es steht nun wohl schon fest, daß die nächste Anschrift eine in Berlin sein wird.

Das Debüt Karajans in der Berliner Philharmonie mit dem günstigen Presseecho hat Hermann Göring mobilisiert, der als Chef der Staatstheater, darunter der Berliner Staatsoper, fungiert und ständig in Hader mit dem Reichspropagandaminister Joseph Goebbels liegt, der auch ein gehöriges Wort in Sachen deutscher Kultur und Theaterarbeit mitreden will. Görings ganzer Kummer ist, daß ihm Wilhelm Furtwängler so unzuverlässig erscheint.

Nach dem »Fall Hindemith« (als der Komponist von den Nazis geschaßt wurde, legte Furtwängler von heute auf morgen alle seine Ämter nieder) ist Furtwängler zwar rasch wieder in Berlin aufgetaucht, hat auch den philharmonischen Thron erneut bestiegen und wird bald seine Kräfte »nach Maß der Dinge« abermals der Unter den Linden beheimateten Staatsoper zur Verfügung stellen, doch Göring bezweifelt, ob Furtwänglers Rückkehr ruhige und vor allem dauerhafte Verhältnisse in der Berliner Musikszene bescheren wird.

Auch Hitler scheint häufig zu monieren, daß Furtwängler kein Pg. ist und »so unstet und unentschieden«. Dennoch favorisiert der »Führer« den Chef »seiner« Philharmoniker, läßt ihn gern bei den Veranstaltungen der Reichsparteitage in Nürnberg auftreten und will ihn um jeden Preis halten. Ein Verlust Furtwänglers ohne Aussicht auf halbwegs gleichwertigen Ersatz wäre, nach Hitler, ein unerhörter Prestigeverfall. Kleiber ist weg, Fritz Busch ist weg, von Leo Blech hat man sich gerade getrennt ... Es gibt nur noch wenige Spitzendirigenten auf der deutschen Szene.

Man hat es Göring und auch Goebbels suggeriert, daß Karajan der Ersatzmann für Furtwängler werden könnte. Der Generaloberst sagt es seinem »Führer«, der hellhörig wird, aber Beweise verlangt. Ein Konzert in der Philharmonie besage noch gar nichts. Offensichtlich bespricht sich Hitler im internen Kreis. Dazu gehört auch sein Lieblings-Heldenbariton Rudolf Bockelmann, Parteiobmann der Sängerschaft bei den Bayreuther Festspielen, großartiger *Hans Sachs* und *Wotan*, *Holländer* und *Amfortas*. Der soll Karajan mal auf den Zahn fühlen. Nicht in Berlin, sondern an Ort und Stelle in Aachen, mit dem kleinen Orchester und dem Ensemble in der Provinz. Bockelmann gastiert in Aachen als *Wotan* in der *Walküre* und berichtet voller Zufriedenheit davon in Berlin.

Göring bittet nun Staatsopernchef Heinz Tietjen zu sich und verlangt von ihm, er möge Karajan gastverpflichten, damit Stimmung für den »Neuen« gemacht werde. Tietjen ist ein Filou und hat längst seine Fühler ausgestreckt, um Karajan abzutasten. Da er, Tietjen, selber dirigiert, vermag er das Niveau des jungen Mannes einzuschätzen. So wittert er den Konkurrenten und beschließt, Görings Wünsche zwar zu respektieren – er könnte ja auch gar nicht anders –, die Sache aber hinauszuzögern. Vielleicht ergäben sich noch andere, für ihn günstigere Konstellationen. Als enger Freund Karl Elmendorffs würde er diesen auch gern versorgt sehen. Der Diplomat Tietjen jongliert hin und her. Wenn er dem Günstling gewisser Parteikreise eine moderne Inszenierung andrehte, mit der er sich garantiert übernähme?

Tietjen ließ durch seinen Stellvertreter von Prittwitz die Einstudierung der neuen Oper Wagner-Régenys, *Die Bürger von Calais*, anbieten. Karajan: »Es war ein Brief, dem man ansah, aus welchen Höhen er geschrieben worden war. [...] Ich reagierte, indem auch ich nicht antwortete, sondern antworten ließ. Sehr höflich, selbstverständlich, schrieb meine Vertretung, das Angebot sei eine Auszeichnung für mich. Aber bevor ich eine Uraufführung in Berlin dirigiere, würde ich mich gern dem Publikum vorstellen. Und zwar mit drei Opern: *Fidelio*, *Tristan und Isolde* und *Die Meistersinger von Nürnberg*. Darauf kam wieder ein Stellvertreterbrief aus Berlin, ein Vordirigieren käme nicht in Frage, vor allem seien diese drei Opern Werke, die der Herr Generalintendant persönlich inszeniert und geleitet habe. Darauf ließ auch ich wieder einen Brief schreiben, ich danke sehr, aber unter diesen Umständen würde ich die Uraufführung in Berlin lieber nicht dirigieren.«[10]

Hin und her ging es. Tietjen bot Karajan *Carmen* an. Karajan: Nein! Tietjen: *Tannhäuser*! Karajan: Nein! Inzwischen wurde Göring ungnädig. Tietjen blieb nichts anderes übrig, als persönlich nach Aachen zu schreiben: »Sie sollen Ihren Willen haben.«[11]

Der *Fidelio* ist für den 30. September angesetzt. Wolfgang Stresemann schreibt dazu: »[...] ein historisches Datum für Hitler-

Deutschland, da am gleichen Tag in München das Schicksal der Tschechoslowakei besiegelt wurde, ein gleich wichtiges Datum für die Berliner Staatsoper, da sich an diesem Tag ein neuer Operndirigent von allererstem Format in der Reichshauptstadt vorgestellt hatte. ›Herbert von Karajan ist der Mann, den die Staatsoper braucht‹, hieß es in der Presse, ›das Publikum verließ das Theater erst, nachdem Karajan endlich auf der Bühne erschienen war.‹ Damals geschah dies nur in Ausnahmefällen.«[12]

Am 21. Oktober dirigiert Karajan dann in der Staatsoper zum erstenmal den *Tristan* und erlebt damit einen Triumph sondergleichen. Karl Westermayer erklärt in der *Deutschen Allgemeinen Zeitung*: »Seine Kraftentfaltung verliert sich nicht im lärmenden Pathos, seine Gefühlsströmung beseelt die Musik von innen her in Verhaltenheit und der Stärke höchster Verdichtung.«[13] Die Überschrift der *B.Z. am Mittag* aber läßt auch die aufhorchen, die nicht in der Lindenoper dabei waren: »In der Staatsoper: Das Wunder Karajan.«[14]

Wolfgang Stresemann: »Der Kritiker Edwin v. d. Nüll, ein Nachfolger der bekannten Musikschriftsteller Adolf Weismann und H. H. Stuckenschmidt, überstürzte sich mit Lobeshymnen im damals hochgeachteten Feuilleton seiner Zeitung, pries Tietjens ›großen Griff‹ und erklärte, nun sei der Mann gefunden, ›der schon heute alle Wünsche erfüllt, die man an einen Dirigenten von Weltrang stellen muß. Was er (Karajan) gestern zeigte, grenzt ans Unbegreifliche‹, hieß es weiter in dem enthusiastischen, fast ekstatischen Bericht, der größtes Aufsehen erregte. [...] Sicherlich vollbrachte der Gast aus Aachen eine großartige, ungewöhnliche Leistung. Zu jener Zeit galt der *Tristan* nicht zu Unrecht als schwerste Aufgabe, auch für den gereiften Dirigenten. [...] Schon die Tatsache, daß er auswendig dirigierte, mit seinen 30 Jahren eine Souveränität an den Tag legte, die an Richard Strauss, Leo Blech oder Wilhelm Furtwängler erinnerte, erregte mit Recht das Staunen der gesamten Musikwelt. Etwas Großes hatte sich in der Staatsoper ereignet, auch hier war Karajans Leistung, wie vor knapp einem halben Jahr in der Philharmonie, wie eine Bombe eingeschlagen. Auf der anderen Seite verbreiteten sich sehr schnell Gerüchte, wonach die Nazi-Kulturstellen der von ihnen abhängigen Presse nahegelegt hätten, Karajan besonders herauszustellen. Furtwängler war nach der

›Hindemith-Krise‹ zur Philharmonie, aber nicht zur Staatsoper zurückgekehrt, und Tietjen suchte händeringend einen großen Dirigenten. Daher das Bestreben, wenn nicht die ›Weisung‹, Karajan aufzubauen, ihn als Konkurrenten von Furtwängler hinzustellen. Dies sangen damals die Spatzen von den Dächern. Von wo ihr garstig Lied kam, ob es zutraf, wer kann es sagen?«[15]

Karajan: »Selbstverständlich war auch mir selbst von Anfang an klar, daß Tietjen und der Kritiker van der Nüll mich gegen Wilhelm Furtwängler ausspielten. Es wurde mir ja in der Oper auch deutlich genug gesagt. Tietjen, der selbst eine außergewöhnliche Persönlichkeit war und sich als eine besondere Instanz sah, hatte seine Schwierigkeiten mit Furtwängler und erklärte mir, er sei nicht mehr bereit, diese zu ertragen. Er sagte: ›An dem Tag, an dem Furtwängler in die Staatsoper zurückkommt, verlasse ich das Haus durch die Hintertür.‹ Er hat dieses Versprechen selbstverständlich nicht gehalten, er konnte sich das gar nicht leisten. Aber seine Animosität war groß und immer spürbar. Und beinahe alle Geschichten, die man sich aus dem Berlin 1938 heute noch erzählt, sind völlig wahr. Furtwängler hatte sehr zu kämpfen, und mich benützte man, um ihm das Leben schwerzumachen. Es gab böse Intrigen gegen ihn, und ich diente seinen Gegnern als der junge, unverbrauchte Konkurrent. Es ist das nicht zu leugnen. Und ich glaube, es ist auch ganz selbstverständlich, daß Furtwängler darunter sehr viel mehr litt als ich. Er war bis dahin der unangefochten erste Mann gewesen. Und ich kam und war der junge Mann, der nichts zu verlieren hatte. Allein mein Alter mußte ihn aufregen.«[16]

Anfang November 1938 ging durch die Presse die Meldung, Göring habe Karajan an die Staatsoper verpflichtet. In dem Blatt *Deutsche Zukunft* hieß es: »Wie in diesen Tagen bekannt gemacht wurde, hat Ministerpräsident Generalfeldmarschall Göring den hochbegabten Aachener Generalmusikdirektor Herbert von Karajan an die Berliner Staatsoper verpflichtet. […] Als musikalisches Zentrum des Reiches und als Musikstadt von Weltgeltung hat Berlin seit den Tagen Hans von Bülows das große Glück gehabt, fast alle bedeutenden Dirigenten in seinen Mauern zu erleben und eine außerordentlich große Reihe von ihnen fest an sich zu binden. […] Herbert von Karajan, nach einigen ungewöhnlich erfolgreichen Gastspielen nun also der Jüngste in unseren Reihen, leitet ein Konzert des Deutschlandsenders mit Mozart, Beethoven und Richard Strauss. Karajan, der nun bei uns ans Opernpult tritt, hat in Aachen ebenso im Opern- wie im Konzertleben gewirkt. Mit dreißig Jahren ist Karajan einer der jüngsten unter den Berliner Dirigenten – doch alt genug, um an Erfahrung und Rüstzeug eine geprägte Persönlichkeit zu sein. Aber diese Prägung ist ungewöhnlich scharf profiliert. [...] Seine Berufung an die Staatsoper bestätigt den damaligen Eindruck, daß ihm wesentliche Aufgaben im deutschen Musikleben gestellt sein dürften. Sein Musizieren ist, um es in einem Wort zusammenzufassen, ein betont klassizistisches, es erwächst – ebenfalls generationsmäßig begründet – aus den Grundlagen der sinnlichen Linie und des seelischen Affekts. Sein Musizieren hat eine Präzision, die noch die Pausen in einer Genauigkeit ausführt, wie sie sonst wohl den Noten zugewendet wird. Doch es darf nicht zu der Vermutung führen, daß sein Stil eine bloße ›Sachlichkeit‹ sei. Denn er ist erfüllt von einer Energie, die in jedem einzelnen Ton kondensiert ist. Wie ein Bildhauer aus dem Block seine Figuren, so modelliert er aus dem Klangganzen des Orchesters seine Partituren heraus.«[17]

Doch die »Verpflichtung« durch Hermann Göring bedeutete nicht etwa, daß Tietjen nun den Vorschlag machte, Karajan zum Generalmusikdirektor in der Nachfolge von Leo Blech, Erich Kleiber und Clemens Krauss zu ernennen. Die »graue Eminenz« trug dem erfolgreichen Neuling das Amt und den Titel eines Staatskapellmeisters an – und damit war Karajan keineswegs zufrieden.

Wolfgang Stresemann beobachtete damals sehr genau, was hinter den Kulissen in Berlin vor sich ging. Karajan hatte sich bereit erklärt, als Dauergast an der Staatsoper zu wirken.

»Das bedeutete ein ewiges Hin- und Herpendeln zwischen Aachen und Berlin, eine physische Belastung, der gerade ein jüngerer Dirigent auf die Dauer kaum gewachsen sein konnte. Aachen wählte sich schließlich einen neuen Generalmusikdirektor, und dennoch ging Karajan eine feste Bindung an die Berliner Staatsoper nicht ein. War es Angst vor dem Betrieb, sträubte er sich gegen eine Unterordnung dem allmächtigen Tietjen gegenüber, der selbstverständlich nicht im geringsten daran dachte, eigene Befugnisse an Karajan abzutreten? [...] Tietjens Wege blieben undurchsichtig. Machthunger, Ehrgeiz, vielleicht auch eine gewisse Angst vor dem stürmisch-unbändigen Mann aus Aachen mit seinem deutlich erkennbaren Anspruch auf Führung hielten den Generalintendanten von diesem naheliegenden Schritt ab. Er offerierte ihm zwar die auf sechs reduzierten Konzerte der Staatskapelle, aber bald spielte er eine andere Karte aus: Wilhelm Furtwängler ante portas. Lange Zeit hatte Tietjen nichts von Furtwängler wissen wollen. Nun hieß es ›Furtwängler redivivus‹, plötzlich war Karajan ausgebootet und blieb auf die (für Furtwängler uninteressanten) sechs Konzerte der Staatskapelle beschränkt!«[18]

Berlin

Wie es zu der Verpflichtung Herbert von Karajans an die Berliner Staatsoper kam, darüber gibt es die widersprüchlichsten Angaben. Der nationalsozialistische Brain-Trust hätte ihn offensichtlich gern in einer der verantwortlichen Positionen des Berliner Musiklebens gesehen, doch der Gegenspieler Furtwängler hatte seine Position abermals erstarken lassen, war 1936, im Jahr der in Deutschland abgehaltenen Olympischen Spiele, als Star unter Stars in Bayreuth gefeiert worden, wo er nun Saison für Saison wieder auftrat (nachdem er 1933 den Hut genommen hatte), und als Aushängeschild bei den Reichsparteitagen in Nürnberg war er unersetzbar. Karajan mochte sich noch so abstrampeln, dem Bonus Furtwänglers konnte er (noch) nichts entgegensetzen.

Das Machtgerangel zwischen Göring und Goebbels und das undurchsichtige Spiel solcher Gestalten wie Heinz Tietjens und dessen Stellvertreters Prittwitz, die sich niemals in einer Sache festlegten, nie Farbe bekannten und kaum etwas schriftlich fixierten, um nicht zur Rechenschaft gezogen werden zu können, standen Karajans Plänen im Wege. War es ihm nicht möglich, wenigstens einen der Einflußreichen ganz auf seine Seite zu ziehen, konnte er das Spiel nicht machen. Er befand sich in einer Zwickmühle. Aachen lag hinter ihm, aber in Berlin schien das große Los noch nicht für ihn bereitzuliegen. Mit dem irritablen Tietjen war kein Geschäft zu machen, und die Kohorte Furtwängler war so auf ihren »Doktor« eingeschworen, daß für einen anderen nicht der geringste Freiraum blieb.

Inzwischen liegen Aussagen von Beobachtern der damaligen Szene vor, die ein wenig Licht in die verworrenen, geheimnisvollen Abläufe jener Jahre bringen. Diese Dokumente hat Robert C. Bachmann zusammengetragen, der in den Besitz von Kopien des Protokolls der Berliner Entnazifizierungskommission für Künstler gelangte, die sich mit der Vergangenheit Wilhelm Furtwänglers beschäftigte.

Am 17. Dezember 1946 kam vor besagter Kommission auch der ehemalige Chefdramaturg der Staatsoper, Dr. Julius Kapp, zu Wort, der behauptete, auch er habe Karajan in Aachen testen müssen (ähnlich wie Rudolf Bockelmann). Kapp freilich fuhr als Agent Tietjens in die Grenzstadt und war auch wohl eine Art Agent provocateur, dessen Interesse und Anwesenheit Karajan auffallen sollten. Ob es zu einem Gespräch zwischen Kapp und Karajan kam, ist nicht mehr auszumachen. Es steht jedoch zu vermuten, daß eine solche Unterredung stattfand, denn daß sich der Chefdramaturg des »ersten« Hauses im Reich nicht bei demjenigen gemeldet haben sollte, um dessen Karriere es schließlich ging, ist auszuschließen.

Reiste Kapp allein im Auftrag seines »Generals«? Der Chefdramaturg stand bei Göring in höchster Gunst. Möglich, daß er auch in dessen Auftrag mal in Aachen vorbeisah.

Kein Zweifel, daß Furtwängler durch die sensationelle Kritik van der Nülls aufgeschreckt wurde. Der nachträgliche Eindruck läßt sich kaum ausräumen, daß Nülls hymnische Kritik mehr bewirkte als die Dirigiertat Karajans selbst. War das Haus beim *Fidelio* und selbst bei dem erwähnten *Tristan* nach Kapps Aussage nur halb mit Besuchern gefüllt, so drängte sich die Koterie nach dem Bericht in der *BZ* bei einem neuerlichen *Fidelio* wie zu einer politischen Veranstaltung mit einem der Nazi-Prominenten.

Furtwängler glaubte offensichtlich an eine »Lenkung von oben«. Die Kritiken über Karajans Konzerte in der Philharmonie seien »nicht besonders« gewesen, »sachlich«, aber mehr nicht. Und nun mit einem Mal dieser Überschwang, diese Vergötterung! Furtwängler hat es bis zu seinem Tod immer wiederholt: Göring wollte ihn durch gezielte Stimmungsmache »erledigen«. Es war sicher etwas Wahres an dieser Behauptung. Nur vergaß Furtwängler dabei stets zu erwähnen, daß er nach der Versöhnung mit dem Reichsmarschall dessen ausgesprochenes Hätschelkind geworden war und auch Adolf Hitler zwei Dutzend Karajans hätte fallenlassen, um einen Furtwängler zu halten.

Wie das so ist: Wo man sich fett in die Geschichte einschleichen kann, tut man's – ohne Rücksicht auf den Verlust der Wahrheit. Bockelmann und Kapp waren ausgesandt, Karajan zu auskultieren... Schallplattenproduzent Walter Legge wollte auch seinen Anteil an dem Einstieg in des Freundes Karriere dokumentieren und behauptete flottweg, Tietjen habe Karajan auf seinen Rat hin eingeladen, *Fidelio* und *Tristan* in Berlin zu dirigieren. Als wenn der mächtige Berliner Generalintendant auf die Sprüche eines kleinen Elektrola-Produzenten gehört haben würde!

Und Legge hatte natürlich auch keinen Einfluß bei den Nationalsozialisten. Anders war das bei dem Agenten Rudolf Vedder, einer »großen Nummer« im Vertrieb von nationalsozialistisch gesinnten Künstlern, die um jeden Preis Karriere zu machen gedachten. Vedder setzte sehr früh auf Karajan. Das wußte auch Furtwängler, dem es durch Freunde zugetragen worden war. Vedder hatte zudem Einfluß auf die Presse, so daß nicht auszuschließen ist, daß er van der Nüll zu der »Wunder-Kritik« animierte, über die sich Furtwängler selbstredend auch bei der vorgesetzten Stelle beschwerte.

Vor der Berliner Entnazifizierungskommission sagte Furtwängler 1946: »Wenn Goebbels meine Interessen so vertreten hätte wie die Interessen seines Instituts, d. h. ich möchte mich so ausdrücken: meine Interessen und die Interessen der Berliner Philharmoniker als ein Ganzes angesehen hätte, hätte Goebbels das damals verhindert. Goebbels war immerhin derjenige, der über die Presse als Oberster die offizielle Herrschaft hatte, und selbst wenn die Interessen Görings dahin gingen, den Herrn von Karajan herauszustreichen, so hätte Goebbels verhindern können, wenn er gewollt hätte, daß das in diesem Maße auf meine Kosten geschah.«[1]

Furtwänglers Verdacht, daß die ganze Sache »von oben gelenkt« sei, verdichtete sich durch eine Aussage der BZ-Kolumnistin Annalise Theiler: »Es war nun ohne Zweifel so, daß Herr Dr. v. d. Nüll tatsächlich davon überzeugt war, daß der Dirigent von Karajan die temperamentvolle Förderung verdiente, die er ihm angedeihen ließ. Er war von Karajans Leistungen in der Tat über alle Maßen begeistert [...]. Er hatte eine jungenhafte Freude daran, davon zu erzählen, in wie guten Beziehungen er zum Ministerium Hermann Görings stand. Er nannte es stets nur ›Hermann-Ministerium‹ [...]. Dr. v. d. Nüll äußerte sich nun mir gegenüber öfters dahingehend, daß dieser ›Kampf für Karajan‹ bzw. dieser ›Kampf gegen Furtwängler‹ – beides war nicht voneinander zu trennen! – mit Unterstützung der Kreise um Hermann Göring vor sich ging, d. h., daß er, Nüll, in diesem ›Kampf‹ von den genannten Kreisen nicht nur ermutigt werde, sondern daß es sozusagen die eigene Sache des ›Hermann-Ministeriums‹ sei, wenn Karajan gegen Furtwängler ausgespielt werde! [...] Überschwengliches Loben, das möchte ich betonen, war nur möglich, wenn eine ›hohe Stelle‹ dies extra sanktionierte bzw. direkt forderte.«[2]

Der Wankelmut Hermann Görings ist oft beschrieben worden. Demnach hätte er sich zunächst für Karajan interessiert (solange er sich nicht sicher war, ob er mit Furtwängler wieder rechnen konnte), ihn dann aber abrupt fallengelassen, nachdem Furtwängler seine Dirigiergeschäfte in vollem Umfang wiederaufgenommen hatte.

Daß Furtwängler »rehabilitiert« und unter dem Jubel des ihm zu Füßen liegenden Berliner Publikums wieder auf der Berliner Szene erschien, daran konnten weder van der Nüll noch Agent Vedder etwas ändern, die damit ihre Pläne für Karajan nicht zu realisieren vermochten. Delikat ist, daß Vedder engste Verbindungen zur SS pflegte. Und wenn US-amerikanische Sicherheitsstellen und Zeitgeschichtsforscher dahintergekommen sein wollen, daß auch Karajan gewisse Beziehungen zu den schwarzen Standarten Adolf Hitlers ausgenutzt haben soll, dann möchte der zwielichtige und skrupellose Rudolf Vedder seine Hand im Spiel gehabt haben.

Ein gewisser Lucas, ehemaliger Produktionsleiter der Telefunken, sagte jedenfalls 1946 vor der Entnazifizierungskommission (zweite Verhandlung über Furtwängler) aus, daß sich Vedder bereits 1936/37 mit Karajan getroffen und sich sofort mit allem Elan für ihn eingesetzt habe.

Lucas: »Vedder war in seinen Mitteln, die er anwandte, nicht außerordentlich wählerisch, und ich weiß genau, daß er vor allem seine Verbindung zur SS benützte, vor allen Dingen zu Herrn von Alvensleben, der, glaube ich, damals persönlicher Adjutant von Himmler war, mit dem er sehr oft zusammen war, der ihn sehr oft in Konzerte begleitete und mit dem ich ihn öfters gesehen habe, um dessen Einfluß vor allen Dingen für Karajan einzusetzen [...]. Vedder hatte sich mit Hilfe der SS eine sehr starke Stellung geschaffen. [...]. Durch seine Skrupellosigkeit eckte Vedder ja auch im Dritten Reich letzten Endes überall an.«[3]

Furtwängler fügte dieser Aussage hinzu: »Herr Vedder ist einer der Hauptpunkte in dem ganzen Spiel, um das es sich handelt. Er ist von dem Fall v. d. Nüll und von dem Fall ›Wunder‹-Kritik überhaupt nicht zu trennen. Er ist Agent von Karajan gewesen, er ist an der Staatsoper gewesen – persona gratissima dort –, und sein

Kampf gegen mich war zwar zum Teil ein privater Kampf, [...], aber er bildete ein Hauptglied in dieser ganzen Kamarilla gegen mich als Nationalsozialist, nicht wahr.«[4]

Wie gänzlich anders hat Karajan Vedder und seine kulturpolitischen Machenschaften beschrieben: »Es gab zwei Vedders, Vater und Sohn. Sie waren mitunter etwas rauhbeinig, aber auch gute Geschäftsleute. Der eine war im Verkauf des Steinway-Unternehmens tätig. Der andere besorgte mir eine Einladung zu einem Gastspiel bei den Berliner Philharmonikern, jedoch ohne vorhergehende Proben. Ich wollte aber wenigstens vier Proben und sagte deshalb mit der Begründung ab, ich sei noch nicht der richtige Mann für sie. Ich wartete ab, und es funktionierte. Vedder war ein persönlicher Freund. Gegen Ende des Krieges erfuhr ich plötzlich, daß er SS-Angehöriger war, und ich verstand auch warum. Seine Künstler waren für ihn wie seine Kinder, und es war seine Pflicht, sie zu beschützen. ›Wenn alles glattgeht, braucht ihr mich nicht, nur wenn es Schwierigkeiten gibt‹, pflegte er zu sagen. Doch die Reichsmusikkammer schickte Spione in die verschiedenen Orchester. Sie hörten zu, worüber sich die Musiker unterhielten und schrieben dann böse Berichte über sie, durch die die Musiker in Schwierigkeiten gerieten. Als SS-Angehöriger konnte Vedder diese Dinge unterbinden und seine Klientel beschützen.«[5]

Ende des Jahres 1938 kann sich Karajan in der Hoffnung wiegen, daß er in Berlin planmäßig seine Karriere fortsetzen wird. Noch ist Tietjen bereit, ihm in der Staatsoper besondere Aufgaben zuzuweisen. Dazu gehört, daß er Karajan mit Gustaf Gründgens bekannt macht, der seit Anfang der dreißiger Jahre im Haus Unter den Linden inszeniert, mal Mozart, mal Meyerbeer.

Gründgens ist inzwischen Herr der Berliner Sprechtheater geworden, Schützling und Günstling von Joseph Goebbels, der große Stücke auf ihn hält und weiß, daß Gründgens zu den wenigen Schauspiel-Koryphäen gehört, die dem Reich nach dem Exodus der jüdischen und »kulturbolschewistischen« Künstler verblieben sind. Seit langem möchte der Herr Staatsrat Gründgens Mozarts *Zauberflöte* inszenieren. Herr Staatsrat Furtwängler scheint ihm nicht dazu geeignet, sich seinen Vorstellungen von einer Inszenierung des Mozart-Stückes anzuschließen. Natürlich hatte Gründgens von der Wunderwirkung des Herrn von Karajan gehört, wenn er nicht selber im *Tristan* gewesen war. Den wollte er sich näher besehen, das mochte der richtige *Zauberflöten*-Dirigent werden: jung, aufgeweckt, selbstbewußt und der ihm anvertrauten Musik gegenüber integer.

Karajan: »[...] unmittelbar nach dem *Tristan* stellte mir Tietjen Gustaf Gründgens vor. Der suchte seit vier Jahren nach einem Dirigenten, mit dem er die *Zauberflöte* machen wollte. Und bot diese Gelegenheit mir an. Ich war von diesem Angebot begeistert, sah aber keine Möglichkeit, es mit meinen Aufgaben in Aachen zu vereinbaren. Und Tietjen, der erklärte, das ließe sich mit einem einzigen Anruf im Ministerium erledigen, verstand meine Situation nicht. Es ging für mich nicht um die Termine für Proben oder Aufführungen, sondern darum, daß ich zwei Monate Zeit haben wollte, um über ein so wichtiges Projekt nachzudenken. Als Gründgens das erfuhr, gefiel ihm meine Einstellung sehr. Wir fanden die notwendige Zeit, und dann begannen Proben, die eine einzige Freude waren.«[6]

Karajan hatte trotz der emsigen Proben Zeit genug, dem Regisseur Gründgens bei seiner Arbeit über die Schultern zu sehen. »Ich habe von Gründgens vor allem gelernt, daß man hinreißende szenische Wirkungen ganz still, ganz ohne große Geste erzielen kann. [...] Selbstverständlich aber ist, daß man als Dirigent nach der Zusammenarbeit mit einem Meister wie Gründgens keine Freude mehr daran hat, mit Regisseuren zweiter Wahl zu arbeiten. Ich muß also einen Mann wie Gustaf Gründgens dafür verantwortlich machen, daß ich seither immer wieder selbst der Regisseur meiner Produktionen bin.«[7]

Die Neueinstudierung der *Zauberflöte* – Premiere am 18. Dezember 1938 – wurde sowohl für Gründgens als auch für Karajan ein triumphaler Erfolg. Heinrich Strobel schrieb im *Berliner Tageblatt* über das Ereignis: »Wenige Wochen nach der bewegenden Uraufführung von Egks *Peer Gynt* bringt die Berliner Staatsoper eine neue Glanzleistung: Mozarts *Zauberflöte*. Drei Männer arbeiten zusammen, um eine Aufführung zu verwirklichen, die einen Gipfel der Kunst bedeutet: Gründgens, Traugott Müller und Karajan. Eine Aufführung, die aus einer geistigen Vision des Theaters entsteht. Musik und Gebärde, Bild und Gesang sind nicht (wie so oft) verschiedenwertige Elemente der Aufführung. Sie fügen sich scheinbar von selbst zu einer Einheit, eins bedingt das andere, und alles dient doch nur dem Ganzen. [...] Das Zauberspiel, aus dem das Werk geboren wurde, tritt wieder in seine Rechte. [...] Alle Erwartungen, die wir seit seinem ersten Erscheinen in der Philharmonie auf Herbert v. Karajan setzten, erfüllen sich an diesem Abend in der herrlichsten Weise. Hier ist ein Musiker, der in gleicher Stärke dem Theater wie dem Geist verbunden ist. Ein Musiker von einer Nervigkeit und zugleich von einer Präzision ohnegleichen. Ein Musiker von einem natürlichen Formsinn und zugleich von einem untrüglichen Instinkt für die Ausdruckswerte, welche die Form schaffen. Karajan musiziert die Partitur mit der Durchsichtigkeit und Zartheit von Kammermusik. Er musiziert aber bei aller geistigen Zucht mit einer inneren Spannung, die sich ebenso in der Konsistenz der Begleitfiguren, ja eines einzigen melodischen Ornaments wie in den spitzen rhythmischen Akzenten und in den hochschnellenden Geigenfiguren mitteilt. Karajan ›begleitet‹ mit einer Geschmeidigkeit, so daß Gesang und Orchester in einer nie gehörten Weise wirklich ›eins‹ werden, und doch gibt seine Begleitung der musikalischen Form den Umriß. Der Klang des Orchesters hat jene Transparenz, jene gläserne Helle, die dem Gleichnis gemäß ist, und zugleich eine dramatische Intensität, die über alle Dialoge hinweg die musikalische Einheit der Oper schafft. Man müßte jede der einzelnen Nummern analysieren, um die Vollendung solchen Musizierens zu kennzeichnen. Diese Einfachheit, hinter der höchste Erkenntnis von Mozarts Wesen steht, diese Natürlichkeit, die himmelweit vom Liebenswürdig-Niedlichen entfernt ist, mit dem man Mozart so gern schmückt, diese stählerne Härte der Zucht des Temperaments, diese Helligkeit des Klangs (in der Feuer- und Wasserprobe), in der sich alle musikalischen Energien verdichten. Dieses Sotto Voce, diese jenseitige Beschwingtheit des Ensembles, diese Plastik der Deklamation, bei aller Leichtigkeit der Tongabe. Es ist der Triumph des Geistes über das Stoffliche, der Zucht über die Willkür. Und es ist doch ein Musizieren aus innerer Fülle, einmalig, herrlich, beglückend.«[8]

Klang und Stimme sind schwer zu beschreiben, daher in ihrer Effizienz auch so flüchtig. Doch durch Strobels Bericht über Karajans und Gründgens' *Zauberflöte* hat man einen festen Eindruck von dem musikalischen Geschehen jenes Abends, an dem sich zwei

Männer der Kunst produzierten, deren Zusammenwirken, auf Dauer gesehen, der Oper gewiß eine bewegte Zukunft beschert haben würde. Doch dazu ist es nicht gekommen. Dies zu verhindern, agierte mit seinen krummen Touren im Hintergrund die »graue Eminenz« Tietjen. Was wäre, bei einer Fortsetzung der gemeinsamen Arbeit durch Gründgens und Karajan, aus seinen eigenen Produktionen geworden, die meist im Breker-Pathos der Zeit steckenblieben?

Natürlich trug zu dem *Zauberflöten*-Erfolg auch die glänzende Besetzung bei: Tiana Lemnitz als *Pamina*, Erna Berger als *Königin der Nacht*, Helge Rosvaenge als *Tamino*, Josef von Manowarda als *Sarastro* und Rudolf Bockelmann als *Sprecher*.

Die Erfolge Karajans in Berlin erzeugten Mißstimmung bei den kulturellen Instanzen in Aachen. Zunächst hatte der Dirigent geglaubt, beides unter einen Hut zu bekommen: die musikalische Oberleitung in der Grenzstadt und seine neue Tätigkeit in der Reichshauptstadt. Doch die Aachener wußten ohnehin, daß es nur eine Frage der Zeit sein würde, bis sie ihren »General« ganz an Berlin verlören. Und so engagierten sie – hinter dem Rücken Karajans – einen neuen Musikchef. Karajan: »[...] ich erfuhr das in Berlin. Ich war rasend verletzt und selbstverständlich vor allem, weil man das ohne ein Gespräch mit mir getan hatte.«[9]

So blieb er an der Spree. Doch in Aachen – oder zumindest von dort aus – ergab sich noch ein seltsames politisches Nachspiel. Karajan hatte, als er sich verheiraten wollte, ein sogenanntes Mitgliedsbuch bei der Gauleitung der NSDAP beantragt. In solch ein Buch wurden, amtlicherseits, alle »Bewegungen« des Genossen eingetragen, alle Veränderungen und vor allem: alle Leistungen für die Partei. Die Parteileitung prüfte den Antrag. Man forschte auch in Salzburg nach, wo Karajan ja zuerst der Hitler-Riege beigetreten war. Dort stand er bei der Parteikasse wegen ungezahlter Beiträge in der Kreide.

Überhaupt macht den Instanzen Sorge herauszufinden, ob die 1933 ausgestellte Mitgliedskarte Gültigkeit habe. Nach langem Hin und Her beschließt die Gauleitung Salzburg, daß der Parteieintritt vom 8. April 1933 keine Wirkung hat und daß somit lediglich der Eintritt vom 1. Mai 1933 die Berechtigung zur Mitgliedschaft bei der NSDAP ergibt. Karajan erhält sein Mitgliedsbuch und kann nun alle seine Ruhmestaten für die Partei auf dessen Seiten verewigen lassen. Was mag wohl alles in diesem Buch gestanden haben!

Am 28. Januar 1939 steht auf dem Programm der Berliner Staatsoper die Uraufführung des Musikdramas *Die Bürger von Calais*. Komponist ist der Schreker-Schüler Rudolf Wagner-Régeny, der allerdings peinlich darauf achtet, daß in seiner Vita der Name seines halbjüdischen Lehrers nicht mehr auftaucht. Auch seine Beziehungen zu dem Bühnenbildner Caspar Neher, die er in der Frühzeit so gern in Interviews herausstrich, hat er längst vergessen. Stramm und aufrecht steht er in der Reihe der »Kunstdiener am Dritten Reich«, die von seinem Kollegen Paul Graener angeführt wird.

Ein gewisser Rudolf Mirbt hat seinen Text *Die Männer von Calais, Spiel des Volkes* zur Verfügung gestellt. Wagner-Régeny hat zu dem Stoff, der »würdig als Unterlage einer Oper im Sinne des neuen Deutschlands« ist und »mit hohem Ethos und Heimatliebe«[10] durchsetzt sein soll, eine heroische Musik geschrieben. Er meidet »perverse« Atonalität, borgt manches von Hans Pfitzner und verfällt, wenn der Text sentimentalisch wird, in die gefühlsträchtige chromatische Akrobatik Schrekers: ein merkwürdiges Gemisch aus konventionellen und modernistischen Zutaten, gegenüber der Musik verfemter Neutöner ein Konglomerat aus mahlerschem Zierat, lehárscher Pseudo-Exotik und bachscher Fugentechnik.

Tietjen hat Wagner-Régeny die Uraufführung zugesagt. Das ganze Unterfangen wird von den Parteioberen in Berlin mit sehr gemischten Gefühlen betrachtet. Daß die meisten modernen Werke großdeutscher Prägung gleich nach der Premiere wieder abgesetzt werden, ist das Alltägliche. Keiner der NS-Tonsetzer ernsthafter Richtung schafft es, mit seinen Werken »repertoirewürdig« zu werden. Lediglich die Operettenmacher, wie zum Beispiel Fred Raymond mit der *Maske in Blau*, können Serienerfolge verbuchen. Und doch versucht es Tietjen immer mal wieder, ein ideologisches Musikdrama herauszubringen, damit der Schein gewahrt bleibt, es gebe in deutschen Gauen so etwas wie eine Weltanschauungsmusik des Dritten Reiches.

Die *Bürger von Calais* werden sechsmal aufgeführt und verschwinden dann vom Spielplan der Berliner Staatsoper. Daß dieses Werk überhaupt ein halbes dutzendmal vor halbleerem Haus gespielt werden kann, verdankt die Intendanz der Neugier des Publikums auf Herbert von Karajan, der sich mutig in den Dienst der Sache gestellt hat, wohl wissend, daß ein solches Werk lediglich Propagandazwecken dient und in der Musikhistorie kaum einen Niederschlag finden wird. Er hat ja schon in Aachen gern der Gauleitung unter die Arme gegriffen. Warum nun nicht auch den musikdramatischen Ideologie-Verbreitern an der Spree? Die sitzen ohnehin in den Logen und schnarchen, erheben sich lediglich beim *Horst-Wessel-Lied* oder zeigen dann Interesse, wenn der »Führer« auftaucht. Der aber ist bei einem »Fetzen« wie dem neuesten Wagner-Régeny-Werk garantiert nicht in Görings Musentempel.

Wenn Karajan geglaubt hatte, durch die Übernahme eines Werkes wie *Die Bürger von Calais* (das nach dem Zweiten Weltkrieg, wie viele Wagner-Régeny-Opern, in der DDR zu einem »kommunistisch-manifesten« Volksdrama umfunktioniert wurde) bei Hitler oder Göring Eindruck schinden und seine Sache vorantreiben zu können, so hatte er sich geirrt. Es blieb im großen und ganzen bei den sechs Konzerten pro anno mit dem Orchester der Staatsoper.

Nur sehr gelegentlich durfte er eine Oper dirigieren, zum Beispiel am 2. Juni 1939 die *Meistersinger*, als der Prinzregent Paul von Jugoslawien Berlin besuchte und Hitler ihm die »deutscheste aller deutschen Musikkomödien« vorführte. Natürlich mit Rudolf Bokkelmann als *Hans Sachs*, mit jenem Sänger also, dem Karajan es später in die Schuhe schob, daß Hitler ihn »mit Ungnade überfiel«. Bockelmann, so Karajan, sei einmal in einer *Meistersinger*-Aufführung in Gegenwart des »Führers« völlig betrunken gewesen, habe die Aufführung geschmissen und sich obendrein noch über ihn, den auswendig dirigierenden »Snob«, ereifert und beschwert. Hitler habe daraufhin Furtwängler befragt, ob man überhaupt eine Partitur wie die der *Meistersinger* auswendig dirigieren vermöchte, worauf dieser mit einem klaren Nein geantwortet habe. So sei sein Schicksal an der Berliner Oper und im Nazi-Reich besiegelt worden. Sagte Karajan.

Aus dem Repertoirebuch des Sängers geht hervor, daß er am 25. Dezember 1939 in Berlin den *Sachs* unter Furtwängler sang, am 6. April 1940 und am 14. Juni 1940 (Tag des Einmarsches der deutschen Wehrmacht in Paris) ebenfalls unter Furtwängler. Bliebe noch der *Sachs* vom 13. Februar 1941 übrig, kurz vor dem dritten Gesamtgastspiel der Staatsoper in Rom. Da war aber der »Führer«

nicht dabei. Wenn dieser nämlich das Haus »mit seiner hohen Anwesenheit beehrte«, was höchst selten vorkam, vermerkte Bockelmann das stets mit dick unterstrichenem Sondereintrag in seinem Repertoirebuch.

Am 5. Oktober 1941 dirigierte Furtwängler die *Meistersinger*, am 22. Januar 1942 vermutlich Elmendorff. Lediglich am 5. April 1942 hat Bockelmann keinen Dirigenten vermerkt. Aber auch keinen »Führer«. Und da waren die Weichen an der Staatsoper längst zugunsten Furtwänglers gestellt. Aus dieser »Rübenzählerei« geht jedenfalls nicht hervor, wann sich der Vorfall ereignet haben soll, der Karajan bei Hitler in Mißkredit brachte.

Interessant ist die Tatsache, daß Bockelmann auch in seinen sonstigen Notizen nie auf einen Zusammenprall mit Karajan eingeht. Im Gegenteil: Er lobt ihn, wo er nur kann. So schreibt er im Tagebuch der Rom-Reise vom Februar 1941 mit der Staatsoper: »Was ich aus den Zeitungen über unsere Vorstellungen herauslese, ist nicht so bedeutend. Die solistischen Leistungen werden nur kurz gewürdigt. *Fidelio* und *Entführung* sind hier so gut wie unbekannt. Jedenfalls ist von einem tollen Enthusiasmus nichts zu lesen. Das gestrige Konzert (Karajan) scheint bis jetzt der Höhepunkt zu sein. Auch die Berichte über ihn sind ausführlich und, soviel ich las, ausgezeichnet. Er ist für Rom ein neuer Mann und wirkt ja auch sensationell.«[11]

Diese Wirkung hat Karajan auch damit erzeugt, daß er sich der Schallplattenindustrie zur Verfügung stellt. Tschaikowskys *Pathétique* in seiner Einspielung wird rasch zum Reißer. 1939 nimmt er noch vier weitere Stücke auf, denen in den Jahren bis 1944 dreiundzwanzig Titel folgen. Viel mehr Einspielungen hat Furtwängler in der Zeitspanne auch nicht bewerkstelligen können.

Die Erfolge Karajans registriert Heinz Tietjen mit Argusaugen. Der kommt ihm zu schnell nach oben. Also: kleinhalten. Karajan: »Die Spannungen mit Tietjen […] sind leicht zu erklären. Er konnte sein Wort nicht halten und mußte Furtwängler wieder dirigieren lassen. Er konnte nicht mit einem Dirigenten glücklich sein, der selbst inszenieren wollte und damit in die Domäne des Generalintendanten eindrang. Er war selbstverständlich auch nicht zufrieden, daß ich auf die Besetzung Einfluß nehmen wollte und auch da wieder ihm und vor allem ihm in die Quere kam. Tietjen war bis dahin eine unangefochtene graue Eminenz des Musiklebens gewesen – in der Öffentlichkeit meist so unsichtbar, daß man scherzhaft oft fragte, ob Tietjen überhaupt existiere. Zugleich war aber er im Umgang mit der Macht, mit Ministerien, mit wichtigen Persönlichkeiten in der Partei ein Meister und nicht gewohnt, daß man in irgendeiner Frage seine eigene Meinung hatte und durchsetzen wollte. Ich weiß zwei Beispiele, wie Tietjen mir wirklich ernsthaft geschadet hat. Als Karl Böhm von Dresden nach Wien übersiedelte, wollte ich mich um die Nachfolge bewerben. Ich ging zu Tietjen und sagte ihm das. Ich wäre bereit gewesen, weiter in Berlin zu dirigieren, aber ich wollte erproben, was ich allein aus einem großen Opernhaus vom Rang und der Kapazität der Dresdener Oper herausholen könne. Ich glaubte damals, ich hätte das richtige Alter und auch die notwendige Reife für diese Position. Tietjen hörte sich meinen Wunsch an, erklärte begeistert seine Zustimmung und daß er mit den richtigen Leuten reden und mir den Weg ebnen werde. In Wahrheit sabotierte er meine Bewerbung.«[12]

Um die Dresdener Pfründe entbrannte ein heftiger Konkurrenzkampf. Der eifrigste Bewerber war Tietjens Busenfreund Karl Elmendorff. Der hatte auch Furtwängler und Goebbels auf seiner Seite. Irgend jemand spannte Gerdy Troost ein, eine Dame der Gesellschaft, der man »nähere« Beziehungen zu Adolf Hitler nachsagte. Als Karajan tätig wurde, schrieb Elmendorff an die Troost: »Eine große Gefahr droht. Man teilt mir mit, daß Karajan mit allen Mitteln Dresden erstrebe und dabei von gewissen Berliner Kreisen unterstützt werde. Es wäre nicht auszudenken, wenn er mich ein zweites Mal und dann vielleicht für immer um die Früchte meiner Lebensarbeit bringen würde.«[13]

Goebbels entscheidet schließlich den Konkurrenzkampf: Karl Elmendorff macht das Rennen. Karajan schiebt Tietjen dieses für ihn katastrophale Ergebnis in die Schuhe. Tietjen sorgt insgeheim auch dafür, daß Karajans Gastspieltätigkeit eingeschränkt wird. Karajan: »Ich dirigierte damals schon viel in Italien, war in Florenz und an der Scala tätig und hatte viele Freunde dort. Plötzlich aber erfuhren sie, sie dürften nicht mehr mit mir über Engagements verhandeln. Und die entsprechende Auslandsstelle der Reichsmusikkammer, an die sie sich wenden mußten, lehnte immer ab, wenn wegen Engagements für mich angefragt wurde. Ich hätte zuviel in

Berlin zu tun, ich hätte keine freien Termine, hieß es da. In Wahrheit steckte hinter diesen Auskünften immer Tietjen. Und damals genügte eine einzige derartige Auskunft aus Berlin, und man war faktisch isoliert. Mein Kontakt zu Tietjen, der mit einem seltsamen Briefwechsel begonnen hatte und sich dann in Berlin selbst so gut anließ, war damit endgültig zu Ende. Wir haben ihn nie wieder aufgenommen.«[14]

Goebbels notierte ungefähr zu der Zeit, der »Führer« habe von Karajan eine »sehr niedrige Meinung...«.[15] Die Meinung Hitlers dürfte noch niedriger gesunken sein, als er erfuhr, daß sich der Herr Staatskapellmeister von seiner ersten Frau hatte scheiden lassen, um die »Vierteljüdin« Anita Gütermann aus der bekannten Nähseidefabrikanten-Dynastie zu ehelichen. Das ging nicht so ohne weiteres, da die Behörden ihm, zumal als Pg., Schwierigkeiten wegen der »Rassengesetze« machten. Doch auch in seinen privaten Angelegenheiten war Karajan zäh und unnachgiebig. Im Oktober 1942 heiratete er Anita Gütermann. Die Ehe hatte bis 1958 Bestand.

Zuvor aber kämpfte er mit enormer Anstrengung um seine künstlerische Existenz in Berlin, fast jeden Strohhalm ergreifend, um sich aus dem Loch zu ziehen, in das er nach seiner Entlassung aus der Aachener Position gefallen war. Er brauchte etwas Festes. Doch er bekam nichts in die Hand. Vielleicht war er als Proselytenmacher für die Nazis nicht engagiert, nicht scharf genug. Während die anderen, wie Karl Böhm, Elly Ney, Backhaus, Krauss und Elmendorff, stets und ständig Bekenntnisse zum »Führer« ablegten, schwieg sich Karajan lieber aus. Er tat etwas für das Regime, aber er hofierte es nicht mit rhetorischem Aufwand. Er war ein stiller Diener des Diktators, der ihm seine Dienste offenbar nicht lohnte.

Der Eindruck, daß es ihm leid getan haben könnte, sich von Aachen abgewandt zu haben, entsteht, wenn man bedenkt, daß Karajan bis zum Ende des Zweiten Weltkriegs nicht viel unternehmen konnte, was seinem Können adäquat war. In Aachen brachte er im Spätsommer 1939 seine erste Inszenierung heraus: die *Meistersinger*. Bevor am 1. Mai 1940 auf die Grenzstadt die ersten Fliegerbomben niedergehen, führt er dem dortigen Konzertpublikum Hans Pfitzners Kantate *Von deutscher Seele* vor, ein Werk, das so recht in die Stimmung der Zeit paßt.

Von Aachen aus macht er Abstecher in das besetzte Paris, dann gastiert er in Rom mit der Berliner Staatsoper, dirigiert im Palais Garnier die *Walküre*, kehrt nach Aachen zurück, um den *Rosenkavalier* zu leiten.

Der Städtische Gesangsverein reist im Januar 1942 nach Berlin, um unter seiner Leitung in der Philharmonie Beethovens *Missa solemnis* aufzuführen. Im April des Jahres beendet er offiziell seine Arbeit in Aachen mit der Bachschen *Matthäuspassion*. Sein Nachfolger am Ort wird Paul van Kempen.

In Berlin bleiben ihm jährlich die sechs Konzerte mit dem Orchester der Staatsoper, die am 10. April 1941 bei einem Bombenangriff in Flammen aufgeht.

Notgedrungen müssen jetzt die Konzerte der Staatskapelle in der Philharmonie abgehalten werden – gegen den Widerstand Furtwänglers. Das Haus Unter den Linden wird rasch wiederaufgebaut und am 12. Dezember 1941 mit einer festlichen Aufführung der *Meistersinger* unter Furtwängler wiedereröffnet. Gleichzeitig feiert man den zweihundertsten Geburtstag des Opernhauses.

An den sich anschließenden Festlichkeiten ist auch Karajan mit einigen Konzerten beteiligt. Er möchte, daß die Regelung beibehalten wird, die Konzertveranstaltungen der Staatskapelle im Saal der Philharmonie durchzuführen. Furtwängler opponiert schriftlich: »Staatsrat Tietjen hat mich davon unterrichtet, daß er für die nächste Spielzeit Herrn von Karajan eingeladen hat, 6 Konzerte der Staatskapelle wie bisher zu leiten. Wie ich höre, soll Karajan den Wunsch haben, die Konzerte von der Staatsoper in die Philharmonie zu verlegen. Dieser Forderung, die schon einmal anläßlich des Brandes der Staatsoper gestellt worden war und damals vorübergehend bewilligt wurde, stehen heute dieselben Bedenken gegenüber wie seinerzeit. […] Ich war stets der Meinung, daß es wünschenswert sei, eine bedeutende Kraft wie die des Herrn von Karajan dem Berliner Musikleben zu erhalten, und habe erwogen, ihm in der Philharmonie ein angemessenes Tätigkeitsfeld zu bieten. Nun aber, da er von seiten der Staatsoper ein weitgehendes Angebot erhalten hat, so sehe ich mich im Falle seiner Absage – schon aus Loyalität gegenüber dem Schwesterinstitut der Staatsoper – außerstande, ihn zu Konzerten mit dem Philharmonischen Orchester heranzuziehen, zumal seine Haltung in solchem Fall geradezu eine Brüskierung der Staatsoper, ja – des ganzen Berliner Musiklebens bedeuten würde.«[16]

Furtwängler-Diplomatie! In seinen weiteren Ausführungen schwingt auch ein wenig Furcht mit, sich dem Vergleich mit Karajan sozusagen auf demselben Podium aussetzen zu müssen. »Wenn daher die Staatsoper Konzerte durchaus in einem Saal geben will, so muß sie das in einem anderen Saal tun. Die Philharmonie ist seit dem Bestehen mit dem Philharmonischen Orchester durch Praxis und Vertrag verbunden, und es muß alles geschehen, um das Meisterorchester der Berliner Philharmoniker in seinen besonderen Leistungen auch innerhalb des Musiklebens der Reichshauptstadt immer wieder ins richtige Licht zu setzen, d. h. dem Orchester den Rahmen zu erhalten, der seinen Leistungen seit 50 Jahren die richtige Folie gegeben hat; ein Abgleiten des Niveaus des Berliner Musiklebens auf das Gebiet des amerikanischen, allzu persönlichen, muß vermieden werden. Man stelle sich vor, daß Dr. Furtwängler verlangte, in der Staatsoper mit dem Philharmonischen Orchester große Opern aufzuführen. Selbstverständlich würde in einem solchen Fall das Hauptinteresse auf eine Vergleichung der beiden Orchester hinauslaufen, sehr zum Nachteil des Werkes und der Kunst überhaupt, und schließlich auch der beiden Orchester selber. Aus diesen Gründen muß die Gepflogenheit, daß beide Orchester an verschiedenen Orten konzertieren, bestehen bleiben.«[17]

Bei aller Rivalität kann Furtwängler es offensichtlich aber doch nicht ganz verhindern, daß Karajan auch mit den Philharmonikern musizieren darf – und sei es bei Schallplattenaufnahmen. Er spielt mit ihnen den *Kaiserwalzer* von Johann Strauß ein, ebenso dessen Ouvertüren zur *Fledermaus* und zum *Zigeunerbaron*. Auch zu Sonderkonzerten der Philharmoniker wird er immer wieder herangezogen. Einmal dirigiert er ein Werkkonzert in Borsigwalde bei Berlin, ein andermal einen Johann-Strauß-Abend unter dem Motto »Beschwingte Musik«.

Nicht lange währt es, und Karajan erhält einen Einberufungsbefehl der Wehrmacht. Seiner Erinnerung nach war es gleich nach der Hochzeit mit Anita Gütermann. Er liest den Befehl und eilt zu einem ihm bekannten Fliegergeneral. Haeusserman spinnt die Anekdote so weiter: »[...] ich wollte ja brennend gern fliegen. Der hat mir gesagt: ›Ich kann Sie nicht mehr zum Jagdflieger ausbilden lassen, weil Sie zu alt sind. Aber Kurierflieger können Sie werden. Wenn Sie sich entschieden haben, lasse ich Sie für mich anfordern.‹ Nachdem die ganze Situation so ungut geworden war, habe ich sofort ein Telegramm an diesen Luftwaffen-General geschickt. Am nächsten Tag ging ich zu Tietjen. Er ließ sich verleugnen. Durch die Sekretärin ließ ich ihm sagen: ›Ich melde mich ab und gehe zur Wehrmacht. Ich wünsche Ihnen viel Glück auf Ihrem weiteren Lebensweg‹. Und damit war ich draußen. Dann bin ich zu meinem Zahnarzt gegangen und habe ihn ersucht, meine Zähne nachzusehen, weil ich in zwei Tagen weggehen würde. Der Zahnarzt hat das seiner Tochter, die die persönliche Sekretärin von Goebbels war, erzählt, die hat es ihrem Chef erzählt, und der hat dann alles sofort unterbunden... Ich wurde also wieder freigestellt, aber in der Oper habe ich nicht mehr dirigiert. So hatte ich nach 1942 nur mehr sechs Konzerte im Jahr mit der Staatskapelle.«[18]

Ein Karajan bleibt aber nicht untätig sitzen. In Amsterdam nimmt er mit dem Concertgebouw-Orchester verschiedene Platten auf. Und dann gibt es da eine makabre Geschichte, die Roger Vaughan kolportiert. Der Generalintendant des Deutschlandsenders hieß Glassmeyer. Als Konkurrenz zu den Bayreuther Wagner-Festspielen gedachte er so etwas wie ein Bruckner-Festival ins Leben zu rufen. Karajan: »Er wußte, daß Hitler Bruckner liebte. In der Nähe von Linz kannte er ein Kloster, zu dem eine Kirche und eine große Bibliothek gehörten. Dieses Kloster hatten die Nationalsozialisten säkularisiert, und jetzt wurde es von Glassmeyer mit Beschlag belegt. Er ging zu Hitler und schilderte ihm die Vorzüge dieses ehemaligen Konvents in höchsten Tönen. [...] Hitler war Feuer und Flamme. Er stellt Geldmittel in unbegrenzter Höhe in Aussicht. [...] Glassmeyer stellte sein persönliches 25-Mann-Orchester zusammen. Er lebte dort, und wie! Er trug eine zobelbesetzte Mönchskutte, einen Doktorhut auf dem Kopf und einen silbernen Spazierstock in der Hand. [...] Dann fiel ihm ein, daß er ein größeres Orchester gebrauchen könnte, und nichts war leichter als das. Schließlich war er Intendant des Deutschlandsenders; ihm standen jede Menge Rundfunkorchester zur Verfügung, aus denen er seine Auswahl treffen konnte. Er ließ alle Orchester vorspielen und suchte sich die Leute aus, die ihm gefielen. Täglich waren Proben angesetzt, jeweils unter einem Gastdirigenten, und jeden Sonntag fand vor dem Altar der Kirche ein Konzert statt, in dessen Mittelpunkt ein Stück von Bruckner stand. Ich lernte Glassmeyer in Berlin kennen. Er fragte mich: ›Wollen Sie kommen?‹, und ich sagte […] ja, ich sei zufrieden. ›Sind Sie in der richtigen Stimmung?‹ Ich bejahte auch das. Um jedoch ganz sicherzugehen, sagte er, er wolle mich in die Krypta unter der Kirche führen. Dort war es dunkel und feucht, und in den Wänden waren Nischen voller Knochen und Totenschädel. In der Mitte des Raumes lagen Bruckners Gebeine. ›Sie befinden sich jetzt genau unter der Stelle, wo das Orchester spielen wird‹, sagte der Mann. ›Bruckner hat seine *Achte Symphonie* niemals selber gehört. Sie haben die Möglichkeit, sie für ihn zu spielen. Ich lasse Sie jetzt zehn Minuten mit ihm allein.‹ Er schloß die Tür und ließ mich dort im Dunkeln zurück.«[19]

Bruckners *Achte* steht auch auf dem Programm eines Konzerts der Funkreihe *Unsterbliche Musik deutscher Meister* am 19. November 1944. Zweiunddreißig Aufnahmestunden soll Karajan dafür bewilligt bekommen haben. Immer wieder unterbricht Fliegeralarm die Proben und Aufzeichnungen. Längst liegt die Philharmonie in Schutt und Asche. Bomben haben sie am 30. Januar zerstört. Nun muß Furtwängler darum nachsuchen, daß seine Konzerte in der Staatsoper abgehalten werden.

Die Theater sind im Zuge des »totalen Krieges« sämtlich geschlossen worden. Oper darf szenisch nicht mehr gespielt werden. Es gibt nur noch Konzerte, die philharmonischen und die der Staatskapellen in einem Haus.

Furtwängler quengelt, macht dem jüngeren Kollegen das Leben schwer. Karajan: »Ich bin ein sehr toleranter Mensch. Ich würde sagen, es ist eines meiner obersten Gebote: die Toleranz, die geistige Freiheit, zu tun, was ich will. Und ich sehe nicht ein, warum ich jemand kritisieren soll. Er macht es so, ich mach' es so. Es ist Platz für beide. Aber daß man jemand verfolgt, weil er etwas anders macht? Erinnern wir uns doch bei Furtwängler: Wenn ich ein Stück gemacht habe, dann kam er zwei Wochen später, als wollte er sagen: das muß man doch feststellen, wie das gemacht ist. So wie der Goethe den Newton mit seiner Farbenlehre verfolgt hat. Ich habe das nie verstehen können. Diese Art von Eifersucht gegen einen anderen.«[20]

Lange braucht Karajan die Launen Furtwänglers nicht mehr zu ertragen. Im Januar 1945 setzt dieser sich in die Schweiz ab. Er hat in Wien einen Sturz auf den Hinterkopf erlitten. Robert Heger übernimmt die Leitung der letzten geplanten Konzerte der Philharmoniker. Am 3. Februar brennt die Staatsoper erneut im Bombenhagel ab. Am 18. Februar dirigiert Karajan im Beethovensaal die Staatskapelle, in der Tasche ein Visum für eine Reise nach Mailand, wo er ein Rundfunk-Propagandakonzert leiten soll. Rechtzeitig bevor das Reich untergeht, sitzt er mit Frau Anita im Salon des Architekten Aldo Pozzi unweit der Scala.

Karajan pflegte die Flucht nach Italien so zu beschreiben: »In Italien dachte allerdings niemand mehr daran, Rundfunkkonzerte zu veranstalten. Das Kriegsgeschehen war schon viel zu nahe, man hatte wirklich andere Sorgen. Aber: Wir wohnten in einem Hotel, wir hatten die Möglichkeit, essen zu gehen, wir waren nicht mehr im Zentrum des Schreckens. Wir lebten in einer Art Endzeitstimmung. [...] Und als es für Deutsche auch in Mailand bedrohlich wurde, luden uns Freunde zu sich nach Como. [...] Auch in Como waren wir offensichtlich nicht unauffindbar. Mich erreichte dort der Stellungsbefehl. Ich sollte in letzter Minute zur Wehrmacht. Ich mußte zu dem General, der mir erklärte, er habe mich nach Berlin zurückzuschicken. Aber er sah mich außerdem sehr ruhig an und meinte, jetzt müsse er erst einmal einen Platz in einem Flugzeug für mich finden, und das könne ziemlich lange dauern. Frühestens in zwei Wochen sei da etwas zu machen, ich solle mich einstweilen bereithalten – und da wußte ich auch schon, daß er keinen Platz für mich frei haben würde. [...] Er hat mir 1945 vielleicht das Leben gerettet, es ist nicht auszudenken, was alles hätte geschehen können, wenn ich in letzter Minute wieder nach Berlin zurück hätte müssen.«[21]

Die Entlastung

Karajan war nach dem Zweiten Weltkrieg nicht der einzige, der versuchte, mit allen Mitteln seine politische Vergangenheit zu vertuschen. Dabei tauchte bei vielen, auch enger mit ihm verbundenen Musikfreunden die Frage auf, ob er's denn nötig hätte, den Realitäten auszuweichen und sein Wohlverhalten gegenüber den Nationalsozialisten zu verschweigen oder ein solches in Abrede zu stellen. Ähnlich wie Wilhelm Furtwängler konnte sich Karajan nicht überwinden, Fehler einzugestehen und so etwas wie ein reumütiges Bekenntnis abzulegen. Das hat Zweifel an menschlicher Größe bei den Genannten aufkommen lassen. Mit höchsten künstlerisch-humanistischen Programmen und Ansprüchen waren sie aufgetreten; für sie selber, für ihre Privat- und Intimsphäre schien dieses Niveau nicht zu gelten. Skrupellos setzten sie sich darüber hinweg, daß sie mitschuldig geworden waren am Aufstieg der braunen Machthaber und daß ihre blasse Entschuldigung, so von ihrer künstlerischen Aufgabe besessen gewesen zu sein, daß sie nichts vom Holocaust und von den politischen Aktivitäten gemerkt haben wollten, kaum für bare Münze genommen wurde.

Aber sie blieben dabei, nicht einmal als Mitläufer gelten zu dürfen, auch dann noch, als ihnen aufgefundene Dokumente vorgehalten wurden, die ihre Mitwirkung bei Reichsparteitagen, »Führer-Geburtstagen« und ähnlichen rein politischen Veranstaltungen bewiesen. Sie waren nicht nur Meister in der Verdrängungspraxis, sondern auch taktisch besonders kluge Diplomaten, die vor den Untersuchungsausschüssen die kühnsten Volten schlugen, um ihr Handeln zu rechtfertigen. Und Zeugen dafür, daß sie mitten im grausamen NS-Staat wie jungfräuliche Heilige gelebt hatten, ließen sich allemal vorführen; auch jüdische Zeugen.

Vor allem zog bei Gutgläubigen und devot sich anbiedernden Mitwissern, die sich durch Falschaussage für die Zukunft irgendwelche Vorteile ausrechneten, die Aussage, man habe ja nur deswegen durchgehalten, weil die geschundenen und drangsalierten Menschen durch ihre Musik ein paar glückselige Momente erlebt hätten. Das Inferno vor Augen, dem Untergang im Bombenkrieg geweiht, hätten die Menschen Beethovensche und Brucknersche

Klänge als einziges Heilmittel empfunden, als Mutmacher, Durchhalte- und Beschwichtigungselixiere.

Das war eine so infame Ausrede, daß vor allem Exilierte und Verfolgte, die für den Rest ihres Lebens gezeichnet waren, sie schroff zurückwiesen. Und dann diese Verstiegenheit, sich zu den »inneren Emigranten« hinzuzurechnen, wo man doch allzu gern als Staatsrat, Reichssenator und von den Bonzen umschmeichelter Jubel-Star in Erscheinung getreten war! Sollte man den Nietzsche zugeschriebenen Ausspruch »Kunst ist Lüge« so weit ausdehnen können, daß man im Hinblick auf die Verhaltensweisen mancher Künstler im Dritten Reich sagen könnte: Es läßt sich am besten mit Kunst lügen?

Einerseits wollen Musiker besonders empfindsame Antennen für die Laute der Natur und der Umwelt haben; andererseits sind immer dann ihre Ohrmuscheln verstopft, wenn es darum geht, die eigenen Vorteile zu wahren – auf Kosten der Natur und der Kreatur. Der häufig geäußerte Verdacht, mit den hehren Klängen Beethovens und seiner Kollegen seien die Schreie der gemarterten von Birkenau und Sobibor übertönt worden, wird dann zur schrecklichen Realität, wenn man von angeblich niveauvollen Menschen, die es besser und richtiger wissen müßten, die makabersten Rechtfertigungstheorien vernimmt. Furtwängler und Karajan waren nicht in Auschwitz, und sie haben auch nicht – wie ein berühmter deutscher Filmschauspieler – den Todgeweihten irgendwelchen Budenzauber vorgemacht; aber sie waren neben Auschwitz. Ganz dicht dabei. Und wenn sie nichts gesehen und den teuflischen Namen Auschwitz nie aus dem Munde eines Nationalsozialisten erfahren haben wollen, dann lügen sie. Wie gedruckt.

Das Unbegreifliche an dieser Geschichte ist, daß Menschen, die wirklich von Gott begnadet waren, die eine hochgeachtete Stellung im internationalen Kunstleben einnahmen, die der Menschheit etwas unsagbar Schönes und Sinnvolles zu geben vermochten, so versagten, daß sie nicht die Größe hatten, sich vor der Historie zu verantworten (wie wenige hat es gegeben, die sich an die Brust schlugen und sagten: Wir sind mitschuldig geworden!). Furtwängler hat sich dadurch vor der Nachwelt in Mißkredit gebracht. Und erst recht Herbert von Karajan, der die Chuzpe besaß zu erklären, er würde alles noch einmal »so« machen, wenn es um seine Karriere ginge. Er hat damit eingestanden, seine Haltung und sein Tun in der Nazizeit für gut zu befinden. Er ist ein Opfer nicht seiner Schwächen geworden, sondern seines Hochmuts und seiner krankhaft egoistischen Arroganz. Nein, er habe wirklich kein schlechtes Gewissen, ließ er Robert C. Bachmann wissen. »Das hat mich ja sehr weit gebracht.«[1]

Mit solch einer Haltung mußte Karajan dennoch einsehen, daß die Res politica in seiner Lebensgeschichte eine weitaus größere Rolle spielen würde als seine künstlerische Arbeit. Auf jeden Fall hat das makabre Spiel um Entnazifizierung, Weißwaschung, Vertuschung und Legendenbildung in den ersten Jahren nach 1945 Vorrang in der Vita des Dirigenten, den wir kurz vor Ende des Krieges in Como verließen. Karajan: »Damals aber, als mein Stellungsbefehl kam und zugleich meine vorläufige Rettung, schwor ich mir, mich für die kommende Zeit einzukapseln. Du wirst dich nicht beklagen, du wirst dich nicht rechtfertigen, du wirst einfach ruhig sein und auf die Zeit warten, bis du wieder als völlig freier Mensch arbeiten kannst. Das habe ich mir vorgenommen, das habe ich gehalten.«[2]

Die »Einkapselung« geht aber nicht ohne dramatischen Aspekt ab. In Mailand, sagt Karajan, wird der Freund Aldo Pozzi auf der Straße erschossen, weil er Deutsche und ihn bei sich aufgenommen hatte. Andere Chronisten behaupten dagegen, Pozzi sei nicht getötet, sondern lediglich für kurze Zeit inhaftiert worden.

Überhaupt: Wo Karajan sich nun wirklich aufhielt, darüber gibt es keine eindeutigen Angaben. Nach Vaughan lebte er mit Ehefrau Anita am Comer See. Karajan: »Man hatte mich gewarnt, daß ich jeden Tag mit meinem Rücktransport nach Deutschland zu rechnen hatte. Ich wußte, daß das meinen Tod bedeuten konnte.«[3] (Hatte er denn Todeswürdiges begangen?) Er fühlte sich verfolgt. Um sich abzulenken, lernte er Italienisch. Wie gern hätte er an der Scala dirigiert oder in Rom. Aber daran war vorläufig nicht zu denken. Das Oberkommando der US-Armee war ihm auf den Fersen.

An den Militärischen Abwehrdienst erging im Dezember 1945 folgendes Schreiben: »Betrifft: Herbert von Karajan – 1. Nach Unterlagen des Oberkommandos der Alliierten Streitkräfte (SHAEF) war die oben angeführte Person, Generalmusikdirektor, geboren am 5. April 1908 in Salzburg, Angehöriger des Sicherheitsdienstes (SD) in Aachen […]«[4]

Karajan mußte auf der Hut sein. Am besten: Weg aus der Gefahrenzone! Wie ein Deus ex machina tauchte ein Colonel der britischen Armee auf, der in Triest stationiert war. Ein alter Bekannter Karajans. Auf nach Triest! Da war man dann schon auf dem Weg nach Österreich; der Colonel hatte versprochen, den Maestro über die Grenze zu bringen. Doch zuvor mußte Karajan für die Briten dirigieren. Drei Konzerte.

Wie nun aber unkontrolliert in die Heimat zurückkommen? Der Colonel war ein findiger Kopf. »Sie gehen für ein paar Tage in ein Flüchtlingslager«, sagte er zu Karajan, »und dann werden Sie als Dolmetscher einen Flüchtlingstransport nach Österreich begleiten.«

Wie die Tiere seien sie in Viehwagen über die Grenze transportiert worden, erinnerte sich später der Dirigent. Er lebte dann bei seinen Eltern in Salzburg und zog sich bald aufs Land zurück, einzig und allein mit dem Studium von Partituren beschäftigt. Und wohl auch mit seiner Entnazifizierung. Da lief schon einiges an, was ihm hilfreich sein würde, die Vergangenheit »zu bewältigen«. Es gab nämlich das Counter Intelligence Corps in Rom. Und das ließ am 4. Januar 1946 das Alliierte Oberkommando wissen, »dem Genannten« seien in Nazi-Deutschland nur »wenige Auftritte« gestattet worden, »da er anscheinend aufgrund der jüdischen Abstammung seiner Ehefrau bei den Nazis in Ungnade gefallen war.«[5]

Eine großartige Idee! Anita Gütermanns Vierteljudentum ließ sich nutzbringend ausschlachten. Bei den Nazis war eine von vier Urgroßmüttern mosaischer Herkunft noch nicht allzu belastend, aber jetzt ließ sich genealogisches Kapital aus der Sache schlagen.

Und Karajan hatte noch eine glänzende Idee: die Sache mit dem angeblich volltrunkenen *Sachs*-Sänger Rudolf Bockelmann, der die Ursache dafür gewesen sei, daß Hitler ihn, Karajan, fallengelassen habe. Das war der »Beweis«, den er brauchte, um sagen zu können, er sei schon seit Anfang des Krieges bei den Braunen Persona non grata gewesen. Außerdem: Eine Autorität, wie er sie darstellte, dürfe niemals angezweifelt werden. Karajan: »Ich war der Ansicht, es seien Instanzen am Zug, die kein Recht hatten, über mich zu urteilen. Es hatte einen Krieg gegeben, über den kein Mensch einfach Recht sprechen konnte.«[6]

Welch eine sonderbare Einschätzung von juristischer Moral und historischen Realitäten! Daß die Wahrheit bei all den Verhören, denen er sich in nächster Zeit unterziehen mußte, kaum ans Tageslicht kommen würde, darüber war er sich im klaren: »Man legte Dokumente vor und berief sich auf Zeugenaussagen. Und es gab Gegendokumente und Gegenzeugen, die aussagten. In beinahe allen Fällen wurde gelogen [...].«[7]

Wer in seiner Sache am meisten log, darüber gab der Maestro freilich keine Antwort. Er fühlte sich unschuldig, sah keinen Anlaß, sich bußfertig und reumütig zu geben, und anerkannte keine andere Instanz, die über ihn befinden durfte, als sein eigenes Gewissen (und das Gewissen war, nach Ansicht der Nazi-Ideologen, eine jüdische Erfindung!). Dieses empfahl ihm, sich in keiner Weise festzulegen: »Es wäre falsch gewesen, meinte ich damals, sich vor ein Tribunal zu stellen und zu behaupten, man sei völlig unschuldig. Und es war selbstverständlich auch das Gegenteil völlig falsch und sinnlos.«[8]

Nun kommt es darauf an, die Kontroll- und Entnazifizierungsorgane so nachhaltig und überzeugend zu informieren, daß sie es Karajan abnehmen, er sei erst 1935 im Zusammenhang mit seiner Ernennung zum Aachener Generalmusikdirektor in die Partei eingetreten, er sei wegen der nicht ganz arischen Herkunft seiner Frau und wegen des Bockelmann-Eklats von den Nationalsozialisten wenn nicht verfolgt, so doch auf jeden Fall geschaßt worden. Kann er dadurch erreichen, daß sein Berufsverbot aufgehoben und er nicht mehr als Protegé eingestuft wird?

Er hat immer im rechten Augenblick jemanden an der Hand, der ihm die Wege ebnet und ihn aus dem Schlamassel zieht. In diesem Fall ist es der US-Kulturoffizier Otto de Pasetti, der Karajan ohne Vorbehalte die Angaben über seine politische Vergangenheit abnimmt. De Pasetti hätte als österreichischer Emigrant und »gebranntes Kind« des Regimes sehr genau hinhören müssen, was ihm da vortheatert wurde, aber offenbar hatte er keine Skrupel und hegte auch keinen Verdacht, daß sich Karajan geschickt an den Realitäten vorbeimogelte. Die Überzeugungskraft des Maestros wirkte Wunder. Beredt und ohne mit der Wimper zu zucken, hat er dem Emigranten de Pasetti seine haarsträubende Geschichte aufgetischt, und der ging ihm auch glatt auf den Leim.

Möglich, daß Karajan wußte: An Berliner Akten über ihn oder an irgendwelche Aufzeichnungen der Nazis aus der Aachener Zeit würde man kaum von Salzburg aus herankommen. Was konnte da noch vorhanden sein? Vielleicht war das meiste im Feuersturm der letzten Kriegsmonate vernichtet worden. Entweder war er sich seiner Sache sicher, oder er handelte mit dem Überlebensdrang des Ertrinkenden, der nach dem Strohhalm greift. Otto de Pasetti jedenfalls entlastet Karajan und plädiert dafür, daß dieser wieder dirigieren könne. Der Maestro habe durch das Einstehen für seine jüdische Frau Genugtuung für seinen Beitritt zur NSDAP geleistet.[9]

Eine gleichlautende Meldung wird auch im Dezember 1945 im *Wiener Kurier* publiziert. Damit erhält Karajan die Chance, im Januar mit den Wiener Philharmonikern zu konzertieren. Später hat Karajan, der den US-Offizier Otto de Pasetti mit dem Schauspieler Peter Pasetti verwechselte, die Hilfsaktion des Offiziers sehr verschleiert dargestellt, um nicht den Eindruck zu erwecken, er habe bei jenem antichambriert und diesen in Bausch und Bogen eingewickelt: Karajan: »Ich weiß noch, daß mich der amerikanische Theateroffizier, er hieß Peter Passetti, kommen ließ und fragte, warum ich denn noch nicht bei ihm gewesen und um eine Auftrittsgenehmigung eingekommen wäre. Ich weiß nicht, ob er meine Haltung richtig verstand, ob er begriff, warum ich mich nicht in seinem Vorzimmer einnistete und bettelte. Aber für mich war meine Haltung die einzig mögliche, die Zeit zu überdauern. Ich blieb still und beschäftigte mich mit Musik. Und als ich dann zu meinem ersten Konzert nach Wien kam, war ich reifer und klüger als zuvor [...]«[10]

Karajan fährt in die Donaumetropole, um die Proben abzuhalten. Joseph Haydns *Londoner Sinfonie*, *Don Juan*, von Richard Strauss und die *erste Sinfonie* von Johannes Brahms stehen auf dem Programm. Kurz vor dem ersten Konzert erheben die Russen Einspruch. Der sowjetische Zensuroffizier erklärt: »Karajan is known as a strong Nazi!«[11]

De Pasetti und der Vorstandssprecher der Philharmoniker, Professor Sedlak, versuchen im Hotel Imperial auf den nach ihrer Meinung falsch Informierten einzuwirken. Karajan: »Wir waren um neun Uhr früh im Hotel, in der Kommandatur. Das Gespräch dauerte bis ein Uhr. Es war selbstverständlich kein Gespräch, sondern ein Verhör. Es ging um meine Vergangenheit. Nazi oder Nichtnazi? Der Offizier sprach ununterbrochen, Sedlak antwortete, ohne mich zu Rate zu ziehen. Ich saß nur dabei und erfuhr manchmal zwischendurch, worüber gerade diskutiert wurde. Ich hatte keine Möglichkeit, wirklich etwas zu dem Gespräch beizutragen. Und um ein Uhr sagte Sedlak endlich, worauf ich schon lange gewartet hatte: Ich muß darauf aufmerksam machen, daß wir jetzt Ihre Entscheidung haben müssen. Findet das Konzert in zwei Stunden statt oder nicht? [...] Darauf sagte der Offizier nur ein einziges Wort. ›Ja‹. Sedlak hatte gewonnen, das Konzert konnte stattfinden.«[12]

Die beiden nachfolgenden Konzerte, bereits plakatiert, wurden dann aber doch nicht durchgeführt. Die Russen lehnten definitiv ab, ließen nicht mehr mit sich reden. Gegen sie kam auch ein anderer Theateroffizier der US-Besatzungstruppen nicht an, Henry Alter, der immer wieder versuchte, den Maestro durchzuboxen, und ihn aus Armeebeständen mit Nahrungsmitteln versorgte, nachdem keine Aussicht mehr bestand, daß Karajan in nächster Zeit wieder auftreten durfte und Geld verdienen konnte.

Die Amerikaner sind irritiert, bemühen sich aber nicht, Licht in den »Fall Karajan« zu bringen. Sie nehmen dem Maestro nach wie vor seine Behauptungen ab, er sei ein Opfer der Nationalsozialisten gewesen, nicht deren Helfershelfer. Die US-Kontrollstellen scheinen auch der österreichischen Untersuchungskommission immer wieder eingegeben zu haben, Karajan sei unschuldig, habe sich nichts vorzuwerfen und müsse endlich wieder frei dirigieren können.

Doch dann wendete sich das Blatt: Der stellvertretende Hochkommissar Ralph Tate sperrte den Dirigenten für die gesamte US-Besatzungszone Österreichs und beauftragte die Landesbehörden, nunmehr intensiv die Ermittlungssache in die Hand zu nehmen.

Mittlerweile beteiligten sich auch die Briten an der Entscheidungsfindung. Sie hatten behauptet, es habe sich ein Index aus dem Jahr 1943 in Aachen gefunden, aus dem einwandfrei hervorgehe, daß der Dirigent für den deutschen Sicherheitsdienst gearbeitet habe. Der britischen Argumentation wurde aber kein Glauben geschenkt. Die Amerikaner erklärten, sie hätten ihrerseits nachgeprüft; ein belastender Index existiere nicht.

Karajan wird vorgeladen. Er spult seine Geschichten dermaßen ungeniert ab, daß jeder glaubt, was ihm da aufgetischt wird. Vor allem Otto de Pasetti und der mit der weiteren Untersuchung beauftragte US-Kulturoffizier Ernst Lothar sind tief beeindruckt. Lothar attestiert: »Es handelt sich um einen fanatischen Menschen, dessen Fanatismus der Musik gilt, die ihm die Existenz bedeutet.«[13]

Ernst Lothars Frau, die Schauspielerin Adrienne Gessner, schreibt dazu in ihren Memoiren *Ich möchte gern was Gutes sagen...*: »Lothar [...] hatte Herbert von Karajan empfangen müssen, da Baron Heinrich Puthon, der damalige Intendant der Salzburger Festspiele, ihn angefleht hatte: ›Bitt' dich, laß mir den Karajan frei!‹ Karajan war für uns kein Begriff, obwohl wir den Namen in den letzten Wochen oft gehört hatten. Für Wien war er der liebe Gott. Lothar war sehr beeindruckt von seiner Persönlichkeit, von seiner Haltung. Er war bestimmt kein Nazi gewesen, hatte aber alle Vorteile der Nazis genossen. Er war jung, ein leidenschaftlicher Musiker, und Oberst Ladue sagte: ›Um zu dirigieren, würde er seine Großmutter erschlagen.‹ [...]«[14]

Wo so viel Goodwill und bewußtes Übersehenwollen walten, ist die Beatifikation nicht allzu weit. Der fanatische Karajan setzt alles auf eine Karte. Da er merkt, daß ihm auch Emigranten die Pantoffeln küssen, bezeichnet er sich dreist weiter als Opfer der Nationalsozialisten.

Es gibt erstaunliche Parallelen zum »Fall« Furtwängler. Auch dort werden ungeniert Emigranten als Zeugen aufgerufen, die sich nur allzu gern lieb Kind machen wollen und es als Prestigegewinn betrachten, von solch prominenten »Größen« angesprochen zu werden. Man hängt sich förmlich an deren Geschichten, ist voller masochistischer Unterwürfigkeit, nur um damit Öffentlichkeit zu erwirken.

Ist es übertrieben, in solchen Fällen von einer Kapo-Mentalität der Zeugen zu sprechen? Als dann noch Bruno Walter und Yehudi Menuhin versöhnlich die Hand ausstrecken, werden sie ungeniert in das Entlastungsprogramm mit eingespannt. Den beiden Juden wird man doch wohl glauben...

Als Karajan merkt, daß er die meisten Kulturoffiziere und Untersuchungskommissäre einwickeln kann, mimt er flugs den Beleidigten und zieht sich gekränkt zurück. »Ich habe gesagt, ich werde dann dirigieren, wenn ich eingeladen werde und wenn es mein Recht ist, und nicht, wenn es eine Gnade ist. Das habe ich genau auch dem amerikanischen Offizier gesagt. Nachdem sieben Offiziere herumgeredet haben, hab' ich gesagt: ›So, jetzt hab' ich genug. Ich geh' in die Berge. Und wenn's ein Gesetz ist, dann komm' ich zurück.‹ Dann wollten sie plötzlich alle, daß ich zurückkomme. Und dann habe ich gesagt: ›Nein, danke vielmals. Ich hab' genug!‹ […]«[15]

Karajan spielte Theater. Und sein Stück hieß: »Der große Bluff«. Er spielte um seine Existenz, pokerte hoch – und gewann. Viele hefteten sich damals an seine Fersen, weil sie ahnten, daß er der Mann der Zukunft war.

Die Untersuchungskommission beim österreichischen Unterrichtsministerium ermittelt. Als Begutachter gehört ihr Dr. Egon Hilbert an, der später einmal Mitdirektor Karajans an der Wiener Staatsoper sein wird. Über Hilbert schreibt Oliver Rathkolb: »Das einzige bekannte Beispiel eines von Nationalsozialisten verfolgten ›Künstlers‹, der nach seiner Befreiung besonders gefördert wurde, traf auf einen ›Musikliebhaber‹ im engeren Sinn des Wortes und nicht auf einen ausübenden Künstler zu – auf Egon Hilbert. Er war vor seiner Inhaftierung im KZ Dachau Presseattaché in Prag gewesen und wurde von de Pasetti sehr unterstützt. Innerhalb kurzer Zeit stieg Hilbert, der für die D-Section der ISB nachrichtendienstliche Informationen sammelte, vom provisorischen Intendanten des Salzburger Landestheaters im September 1945 zum Leiter der Bundestheaterverwaltung in Wien auf.«[16]

Hilbert setzte sich nicht nur intensiv für Herbert von Karajan ein. Er verwandte sich auch emsig für die politisch belasteten Dirigenten Böhm und Krauss, für Elisabeth Schwarzkopf (die mit Bockelmann und anderen Sängern in den letzten Kriegsjahren so begeistert »Fronttheater« gemacht hatte) und die erste Garde des Hitlerschen Filmbetriebes, für Werner Kraus und Emil Jannings. Bachmann meint, Hilbert habe all diese gefördert, um mit ihnen »seinen Traum vom Startheater verwirklichen zu können«.[17]

Hilbert ist derjenige, der den Grundstein legt für den Neuanfang seines vielgeliebten Freundes, des »Ritters von Karajan« (wie ihn der titelsüchtige Österreicher stets zu nennen pflegt). Im März 1946 zieht der Begutachter das Fazit: »Der feststehende Mangel an Dirigentenpersönlichkeiten macht eine Tätigkeit Karajans im österreichischen Musikleben, und zwar vornehmlich bei den Salzburger Festspielen 1946, um so mehr zu einer Notwendigkeit, als die an vier erste, weltberühmte Dirigenten ergangenen Einladungen bisher abschlägig beschieden worden sind (Toscanini, Bruno Walter, Lord Beecham, Erich Kleiber). Außer Zweifel steht ferner, daß Karajan als erster Dirigent europäischen Formats anzusehen ist.«[18]

Hilbert machte eine Einschränkung, die aber lediglich seine wirklichen Pläne kaschieren sollte: Karajan müsse wieder dirigieren, »aber nicht in leitender Stellung«. Der schlaue Fuchs Hilbert hatte damit einen Paragraphen tangiert, der das Verbotsgesetz betraf, laut dem ein österreichischer Staatsbürger als »illegal« eingestuft wurde, sofern er in der Zeit von 1933 bis 1938 der verbotenen NSDAP angehört hatte.

Das traf auf Karajan zu. Demzufolge war er ein Illegaler, und als solcher durfte er nicht in leitender Stellung tätig sein. Dies nun wieder gab General Ralph Tate die Handhabe, im Juni 1946 dem österreichischen Bundeskanzler Figl zu erklären, Karajan werde »auf Grund seiner national-sozialistischen Verbindungen von jedem öffentlichen Auftreten in Österreich ausgeschlossen«.[19]

Die Begutachterkommission mit Hilbert an der Spitze opponiert. Doch die Amerikaner lassen sich davon nicht beeindrucken. In Salzburg legt man das Auftrittsverbot reichlich großzügig aus. Dort agiert Baron Puthon als Direktor der Festspiele. Er läßt den Dirigenten gewähren. Karajan darf bei den Einstudierungen von *Figaros Hochzeit* und dem *Rosenkavalier* dabei sein, »assistieren«, und so sitzt er im Souffleurkasten und leitet von dort aus die Vorstellungen, während – so Robert C. Bachmann – die Dirigenten Felix Prohaska und Hans Swarowsky im Orchestergraben eine Art von Playback durchführen.

Unwahrscheinlich ist das nicht. Fragt sich nur, warum die Regisseure (Oscar Fritz Schuh und Caspar Neher) das zuließen. Sie müßten folglich mit von der (Schwindel-)Partie gewesen sein. Und die Kritiker? Kamen sie dem Spiel nicht auf die Schliche? Offensichtlich nicht, denn *Die Presse* berichtete am 24. August 1946: »Wie bei der Wiener Aufführung verwaltete Felix Prohaska die Mozartschen Kostbarkeiten ergeben und verständnisvoll. Mit feinen Händen und warmem Herzen waren die köstlichen Linien, der wunderbare Gehalt des Werkes gestaltet [...]«

Karajan selber hat sein damaliges Vorgehen so kommentiert: »Ich machte alles, musikalisch und teilweise szenisch, mit Oscar Fritz Schuh und Caspar Neher zusammen.«[20]

Die Salzburger »Beschäftigung« Karajans kommt auch Ernst Lothar zu Ohren, der – ob er will oder nicht – an Baron Puthon schreiben muß, daß solche Tätigkeiten nicht den Weisungen der Kontrollinstitutionen entsprächen und daher künftig zu unterlassen seien. Puthon dreht und windet sich und spricht von einer Beraterfunktion Karajans. Öffentlich werde der Dirigent nicht in Erscheinung treten, das heißt: Der Landeshauptmann möchte Karajan in einem Privatkonzert vor geladenen Gästen präsentieren. Daraus wird nichts. Lothar, der ja im stillen Karajans Wiederauftritte billigt, hat inzwischen einen Widersacher in dieser Frage, den Propagandachef Ladue. Und der läßt nichts durchgehen, was ehemalige Nazis betrifft.

Daß er für den Freund Karajan nichts unternehmen kann, was dessen Fortkommen in der »unseligen Zeit« garantieren würde, nagt an der empfindsamen Seele Egon Hilberts. Ständig bearbeitet er Lothar, Karajan nicht fallenzulassen. Im Januar 1947 wagen Hilbert und Lothar einen neuen Vorstoß bei der US-Kontrollkommission. Karajan müsse auf jeden Fall bei den nächsten Salzburger Festspielen tätig werden, da Josef Krips das Pensum allein nicht schaffen könne. Der Coup gelingt beinahe. Doch im letzten Augenblick legen die Franzosen ein Veto ein. Nein, ein Auftreten Karajans könnten sie nicht verantworten. Ob sie es ihm nicht verzeihen wollten, daß er 1941 beim Gastspiel der Berliner Staatsoper in Paris das Palais Garnier mit dem *Horst-Wessel-Lied* entweihte?

Karajan bleibt noch 1947 von den Festspielen in seiner Heimatstadt ausgeschlossen. Andere haben die »Wiedereingliederung« rascher geschafft, zum Beispiel Furtwängler und Karl Böhm. Daß diese in Salzburg und in Wien den Rahm abschöpfen, ärgert ihn fürchterlich.

Positiv stimmt ihn lediglich, daß er inzwischen die Bekanntschaft eines Mannes gemacht hat, der seine künftige Karriere außerordentlich beeinflussen wird. Es ist Walter Legge, künstlerischer Leiter der Columbia, die sich bald EMI-Electrola nennen wird.

Über sein erstes Zusammentreffen mit Karajan schreibt Legge: »Ich war völlig überwältigt von dem, was der Bursche fertigbrachte. Seine enorme Energie und Vitalität war einfach haarsträubend. Es ist ein großartiges Erlebnis, ihn bei Proben zu beobachten...«[21] Karajan habe damals »unter höchst ungemütlichen Bedingungen« im achten Stock eines Mietshauses gewohnt, »wo er sich das Zimmer mit Leuten teilte, die er nicht kannte«.

Legge bot Karajan einen Schallplattenvertrag, doch der unterschrieb nicht etwa gleich, »obwohl er weder Geld noch Arbeit hatte«, wie Legge bemerkt. Erst nach sechs Monaten bequemte sich der Maestro. Und bis dahin hatte er ganz gewiß die Konditionen so ausgetüftelt, daß die Sache auch ein Geschäft für ihn wurde. Legges Fazit: »Unsere Zusammenarbeit wurde zum Grundstein, auf dem sich Karajans großer Ruhm und sein Reichtum aufbauten. [...] Mehr als jeder andere Dirigent, vielleicht mit Ausnahme Stokowskis, hat er seine Karriere Schallplattenaufnahmen zu verdanken...«[22]

Karajan erzählt, Legge habe die notwendigen Sonderregelungen gefunden, um die Plattenaufnahmen zu ermöglichen: »Seine Gesellschaft war damals nicht in der Lage, mit Österreichern Verträge abzuschließen. Also gründete man eine eigene Zweigstelle in der Schweiz, und diese konnte die Wiener Philharmoniker und mich unter Vertrag nehmen. Man kann sich vorstellen, daß das für uns nicht nur das Glück gemeinsamen Musizierens, sondern auch eine finanzielle Absicherung – in Schweizer Franken – bedeutete. Wir arbeiteten ernsthaft und viel, stimmten die Aufnahmetermine auf die anderen Verpflichtungen der Philharmoniker ab und waren immer, wenn es sich ermöglichen ließ, im Großen Musikvereinssaal vor den Mikrophonen. Zuerst schien es allerdings, als würde sich das Legge-Projekt doch nicht verwirklichen lassen: Die britische Besatzungsmacht protestierte. Da aber schaltete sich der damalige Präsident der Gesellschaft [der Musikfreunde; Anm. d. Verf.], Alexander Hryntschak, ein und erklärte, es gäbe auch für die Besatzungsmacht keine Möglichkeit, da weitere Verbote auszusprechen. Er sagte sehr deutlich: ›Sie können ein öffentliches Auftreten Herbert von Karajans verbieten. Was wir aber sonst in unserem Haus machen, ist ausschließlich unsere Sache und fällt nicht in Ihre Kompetenz. Und auch, daß Herr von Karajan in Zukunft als unser künstlerischer Leiter in der Direktionsloge sitzen wird, können Sie nicht verhindern.‹ Solche Worte verlangten damals Mut und eine sehr persönliche, tapfere Haltung [...]«[23]

Mut bewies Hryntschak auch darin, daß er Karajan mitten in dem Trubel um dessen Person zum »Konzertdirektor auf Lebenszeit« ernannte. »Liebe auf den ersten Blick« sei es gewesen, pflegte der Maestro zu sagen, als er sich zum erstenmal mit dem Chor der Gesellschaft der Musikfreunde »uniert« habe. Für ihn ergaben sich aus der Berufung sieben oder acht Konzerte pro Jahr, mal mit den Wiener Philharmonikern, mal mit dem Wiener Symphonieorchester. Die erste Schallplattenaufnahme mit dem Chor fand im Oktober 1947 statt: das *Deutsche Requiem* von Johannes Brahms.

Zu dem Zeitpunkt hatte Karajan bereits eine »europäische« Hürde genommen, indem er außerösterreichische Konzertverpflichtungen eingegangen war, über die keine alliierte Kontrollkommission zu befinden hatte. Das Direktorium der Internationalen Musikfestwochen in Luzern nämlich hatte ihn eingeladen, in der Saison 1947 mehrere Konzerte zu übernehmen. Zwar versuchten die in Wien ansässigen Kulturoffiziere, ihm das Projekt auszureden; doch Karajan gab nicht nach und reiste in die Schweiz. Bis an sein Lebensende blieb er den Luzerner Musikfreunden aufs herzlichste verbunden, und so lange er es schaffte, trat er bei ihrem Festival auf. Er konnte auch Dankbarkeit bezeigen. Wer ihm einmal aus der Patsche geholfen hatte, durfte sich seiner dauerhaften Zuneigung erfreuen.

Die Luzerner kümmerten sich nicht um Politik. Freilich bestätigten auch hier Ausnahmen die Regel. Bei Wilhelm Furtwängler taten sie sich schwerer, vermochten ihn weniger deutlich zu durchschauen. Über Karajans Parteizugehörigkeit wußten sie Bescheid. Furtwängler war der NSDAP nicht beigetreten, aber dennoch der prominenteste Musikrepräsentant des Hitler-Regimes gewesen. Das machte ihn so verdächtig, weswegen sie ihn – zunächst – enragiert ablehnten.

Ernst Lothar nahm Karajans Auftreten in Luzern zum Anlaß, vor dem Kontrollrat in Wien darauf hinzuweisen, wie paradox das Dirigierverbot doch eigentlich sei, wenn es ständig umgangen werde.

Die Angebote für den Dirigenten aus dem Ausland mehrten sich; am Ende gehe er Österreich ganz verloren.

Ob diese Argumentation den Ausschlag gab, weiß man nicht. Auf jeden Fall kam es im Herbst 1947 zur »Entlastung«. Das Berufsverbot wurde offiziell aufgehoben. Am 20. Dezember 1947 wurde das Ereignis von tout Wien bei einer Aufführung von Beethovens *Neunter* gebührend gefeiert.

Karajan war frei. Alle Musikwelt freute sich – nach Ansicht Karajans ein Mann allerdings nicht: Wilhelm Furtwängler. Der war nun auch wieder in Wien. Karajan: »Ich war schon Konzertdirektor, als Furtwängler sein erstes Philharmonikerkonzert nach dem Krieg dirigierte. Ich werde nie vergessen, wie er vor dem Konzert im Künstlerzimmer wartete. Es waren Demonstrationen angesagt, und wirklich sprach auch jemand im Saal gegen Furtwänglers Auftreten. Es gab alle die erwarteten Proteste, und Furtwängler, der immer ein unsicherer Mensch war, wußte überhaupt nicht, wie er sich verhalten sollte. Ich sagte ihm: Herr Doktor, nehmen Sie das nicht wichtig. Sie werden jetzt aufs Podium gehen und dirigieren. Und dann wird niemand mehr protestieren.«[24]

Mailand, Salzburg, Bayreuth

Von kruden Zänkereien ist das Verhältnis Herbert von Karajans zu Wilhelm Furtwängler in den Nachkriegsjahren gekennzeichnet. Sie stießen sich ab und zogen sich an. Der Jüngere vermied Zusammenstöße, der Ältere setzte immer wieder nach. Sie haßten sich, aber hegten auch wiederum gegenseitige Bewunderung. Von Karajans Seite aus war es eine Haßliebe, die er gegenüber dem »Doktor« hegte. Einerseits gab es für ihn noch musikalische Probleme, die Furtwängler großartig, bewundernswert löste. Andererseits bedauerte Karajan den Mann, der so wenig aus sich herauskonnte und seine Aversion gegen bestimmte Zeitgenossen kaum zu zügeln wußte.

In der Tat konnte Furtwängler, stets auf seine pontifikale Würde als Allererster unter Ersten bedacht, leicht in Rage geraten und sich in cholerische Ausbrüche steigern, sobald jemand seinen Rang in Frage stellte oder auch nur den Anspruch anmeldete, ihm gleichwertig zu sein. Akribisch verfolgte er jeden Auftritt Karajans, wußte über alles Bescheid, was der »andere« tat, wie er dirigierte und welche Leute Gutes über ihn geschrieben hatten.

Karajan hat dem Treiben Furtwänglers meist belustigt zugesehen, war auch nicht selten von Mitleid erfüllt, wenn er sah, wie schwerfällig und kraftraubend sich »der Alte« mühte, seine Stellung als Dirigierpapst der Musik zu verteidigen.

Furtwängler, der eine große Familie zu versorgen hatte, sah sich weitaus häufiger Pressionen wegen seiner Vergangenheit ausgesetzt als Karajan. Dabei spielte auch wohl eine Rolle, daß sich Furtwängler Verteidiger aussuchte, die ebenfalls keinen guten Leumund hatten und selber in der braunen Zeit als eifrige Hitleristen hervorgetreten waren. Frank Thieß zum Beispiel, der dann später von der umtriebigen Witwe Furtwänglers auserkoren wurde, dessen Briefschaften für einen Auswahlband zusammenzustellen, wobei alles Belastende herausgeklittert wurde.

Karajan war, was seine Entlastung anging, viel intelligenter und alerter. Er ließ alles an sich herankommen und explodierte nicht schon vorher, ehe ihm überhaupt Fragen gestellt wurden. Auf Hinterfragungen ließ er sich nicht ein, und wer an seiner Individualität und an seiner Aura zu kratzen versuchte, der mochte kratzen, so lange er wollte: Karajan zeigte keine Reaktion, ging mit insolenter Attitüde über die Angriffe hinweg, als träfen sie ihn gar nicht.

Solcherart Abwehrdisziplin machte sich bald bezahlt, denn die Kontrollinstanzen verloren rasch die Lust, sich mit jemandem zu beschäftigen, der sich wie eine Schildkröte unter den unangreifbaren Panzer aus Trotz, Selbstgefälligkeit und Selbstbehauptung zurückzog.

Furtwängler handelte unklug, daß er sich so offensichtlich gegen Karajan stellte. Das Terrain wäre weitläufig genug gewesen, sie hätten sich kaum in die Quere kommen können, wenn nicht beide immer wieder von dem Glauben beseelt gewesen wären, ihre Kunst mit denselben Instrumentarien exemplifizieren zu müssen. Hatte Karajan Absprachen mit den Wiener Philharmonikern getroffen, forderte Furtwängler Gleichwertiges. Wollten die Symphoniker den einen, verlangte der andere ein adäquates Kontingent.

Schon 1946 hatte es ein lästig-listiges Tauziehen gegeben, als bekanntgeworden war, daß die Philharmoniker eine Einladung zu einer Tournee durch die Schweiz, Frankreich und England erhalten hatten. Sowohl Furtwängler als auch Karajan glaubte, mit der Leitung der lukrativen Konzerte beauftragt zu werden, obwohl beide damals noch nicht entlastet waren. Aber es handelte sich ja um Auslandskonzerte, und in diesem Fall legten sie die Berufsverbote so aus, als stünden keine Hindernisse im Weg.

Otto de Pasetti erklärte im Februar 1946: »Auch in diesem Fall mischt sich Furtwängler wieder ein. Als Dirigent dieser Tournee war von Karajan vorgeschlagen worden. Aber als F. davon erfuhr, erklärte er, er könnte es nie verzeihen, wenn ein anderer österreichischer Dirigent mit diesem österreichischen Orchester in die Schweiz fahren würde, während er da sei, aber nicht dirigieren könne. [...] Dem Schreiber dieser Zeilen wurde aus zuverlässiger Quelle belegt, daß F. seine Intrigen gegen Karajan wieder aufgenommen hat. Das heißt, daß sich das, was wir bereits in Berlin beobachtet haben, wo F. Karajan mit allen Mitteln bekämpfte, nun in Wien wiederholt wird.«[1]

Als Karajan Ende 1947 »entlastet« worden war und es feststand, daß er künftig bei den Salzburger Festspielen ein Wort mitzureden hatte, lud er Furtwängler ein, wieder in der Salzachmetropole aufzutreten. Nach seiner eigenen Darstellung hatte Karajan schon ein Jahr zuvor versucht, Furtwängler erneut für die Sache zu gewinnen, sich aber einen Korb geholt. »Er war wirklich ein äußerst unschlüssiger Mensch. Er wußte nie, was er auf mein Drängen antworten sollte. Ich bat um eine definitive Zusage. Er aber ließ damals alles in der Schwebe.«[2]

Karajan unternahm einen zweiten Versuch. »Ich versuchte es dann im Winter 47 wieder. Ich war am Arlberg und erfuhr, daß Furtwängler auf dem Weg nach Zürich war. Also rief ich ihn an und bat ihn, er solle mich wenigstens auf der Fahrt durch den Arlberg anhören und endlich eine Entscheidung treffen. Es war wirklich tiefer Winter. Wir sprachen und sprachen, und Furtwängler zeigte sich weiter unentschlossen. Als er dann wissen wollte, was man ihm in Salzburg als Oper anbot, und ich *Fidelio* sagte, da war er endlich gewonnen und sagte zu.«[3]

Einmal wieder auf der Szene, warf Furtwängler in der Folgezeit das Ruder um hundertachtzig Grad herum und opponierte mit aller Macht gegen den Rivalen, dem er den Wiederauftritt in Salzburg verdankte. Vaughan meint, Furtwängler habe »mit gezinkten Karten« gespielt und Karajan nur aushorchen wollen. Walter Legge wußte zu der ebenso delikaten wie schofligen Geschichte Folgendes zu berichten: »Mein Versuch, einen Waffenstillstand zwischen Furtwängler und Karajan herbeizuführen, endete in einem Desaster. Die Rivalen speisten zusammen mit ihren Ehefrauen und mir in einem *Chambre séparée* eines Salzburger Hotels und schworen sich ewige Freundschaft. Am nächsten Morgen ließ Furtwängler Egon Hilbert, den Leiter der Festspiele, zu sich kommen und diktierte ihm einen Vertrag, nach dem er sich verpflichtete, jedes Jahr unter der Bedingung in Salzburg zu dirigieren, daß Karajan von den Festspielen ausgeschlossen bliebe, solange er – Furtwängler – am Leben sei. Er erklärte sich lediglich damit einverstanden, daß Karajan im Jahre 1949 die beiden Konzerte dirigiere, für die er bereits fest engagiert war. Erst Tage später kam Karajan dahinter, wie er von Furtwängler düpiert worden war.«[4]

1948 war Karajan bei den Salzburger Festspielen die absolute Attraktion. Was sonst noch geschah, galt als nebensächlich. Sein *Figaro* und sein *Orpheus* standen im Mittelpunkt der Erörterungen. Für die Oper hatte man neue Spielstätten geschaffen. Oscar Fritz

Schuh und Caspar Neher bezogen die Felsenreitschule mit in ihre Inszenierungen ein (1953 kam der Hof der Residenz hinzu, 1960 das neue Festspielhaus).

Figaros Hochzeit, die meistgespielte Mozart-Oper in Salzburg, wurde 1948 in »kongenialer Zusammenarbeit« von Schuh, Neher und Karajan herausgebracht. Josef Kaut schreibt: »Neher stellte vor eine ständige Rückwand in funkelndem Rot, die wie das Reich der Leidenschaft hinter dem Spiel der verliebten Sehnsucht wirken sollte, kleine angedeutete Räume in hellen pastellartigen Tönen, die klar und eindeutig nur das auf die Bühne brachten, was zum Spiel nötig war. Für den *Sommernachtstraum* des letzten Aktes erfand er ein dichtmaschiges Netz aus gebrochenen Gitterwänden, einen Irrgarten, den das Licht mit seinen vielen Schattenwirkungen ins Magische steigerte und durch den die Liebenden huschten. Das Frauenterzett mit Elisabeth Schwarzkopf, Irmgard Seefried und Sena Jurinac hat sich auch später noch oft glänzend bewährt.«[5]

Für Karajans Interpretation fanden die Kritiker in toto nur höchst lobende Worte. Sein *Orpheus* wurde zum Triumph. Die Inszenierung Schuhs und Nehers, so der Chronist, wurde »bahnbrechend für die Verwendung der Felsenreitschule als Opernbühne«. Der Orchesterraum wurde mit in die Spielebene einbezogen.

Oscar Fritz Schuh: »Vor der von Arkaden durchbrochenen, natürlichen Felswand der Felsenreitschule steht lediglich eine halbrunde Fassade von Säulen und Obelisken, ein großes Tor in der Mitte, das ist die ganze Dekoration. Aber dieser Raum gab in *Orpheus* immer neue Spielmöglichkeiten. […] Die Stationen wie Hölle, Fegefeuer und Paradies sollten bei uns, im Sinne von Dante, mit bildhaften Inhalten erfüllt werden. Während das erste Bild, das auf der Erde spielt, eine einfache, in strengem Zeremoniell gehaltene Trauerfeier brachte, begann die erste Station des Überwirklichen im Höllenbild. Hier standen in den Nischen der Felsarkaden jene grauen Dämonen, die sich plötzlich in rote verwandelten, ein Stück unverfälschter Bühnenmagie, das zu einem der nachhaltigsten Eindrücke dieser Aufführung wurde. Durch die drei Arkaden wandelte *Orpheus* von oben nach unten. Der Stein des Felsens schien belebte Natur geworden zu sein, und Karajan hatte es klanglich fertiggebracht, daß der Chorklang aus dem Felsen herauszukommen schien. Das Licht verwandelte diese Welt der Hölle ohne räumliche Trennung in die Welt der seligen Gefilde. Mit Schluß des Höllentanzes, der sich im lautesten Fortissimo des Orchesters vollzieht, wurde, den Zuschauern völlig unmerklich, das Regendach der Felsenreitschule aufgezogen, und bei Einsatz der ersten Töne des Elysiums lag der Sternenhimmel über den Zuschauern.«[6]

In der *Neuen Zürcher Zeitung* schrieb Roland Tenschert am 8. September 1948: »Der wertmäßige Schwerpunkt der Vorstellung lag jedoch in Herbert von Karajans wundervoller Klangverwirklichung, die der Musik in ihrer ganzen Größe, Klarheit und Keuschheit bezwingend gerecht wurde.«

Zwei philharmonische Konzerte wird Karajan noch in Salzburg leiten, dann ist er dort zunächst einmal ausgebootet. Die Furtwängler-Clique hat ihn, ganz banal gesagt, kaltgestellt. Einer der »Macher« dieses Coups ist der Jongleur Egon Hilbert, der sich stets als Freund dessen bezeichnet, der am meisten gefragt ist. Er hat mit dem »Doktor« eine Entente beschlossen und dem »großen Alten« ins Stammbuch geschrieben: Iovi optimo maximo ...

Karajan wird sich diesen Verrat des »Freundes« Hilbert merken. Da nach seiner Meinung auch das Schlechte sein Gutes hat, nimmt er die Entscheidung des Salzburger Festspielkuratoriums als schicksalhaftes Walten hin, das ihn in die Fremde, ins Ausland getrieben habe und somit seiner internationalen Karriere wieder förderlich gewesen sei.

Ende des Jahres 1948 dirigiert er an der Scala in Mailand *Figaros Hochzeit*. Da er an Salzburg nicht mehr gebunden ist, übernimmt er (bis 1957) die jährliche deutsche Saison an dem renommierten Opernhaus. Primadonna assoluta ist dort Maria Callas, die unter seiner Leitung als *Lucia di Lammermoor* brilliert. Ihr gegenüber ist Karajan nachsichtig, geht auf ihre interpretatorischen Eigenwilligkeiten und Marotten ein. Ein Krach mit der Callas kann sich niemand leisten. Außerdem stehen mehrere Opern-Gesamteinspielungen zur Debatte, wovon *Madame Butterfly* und *Der Troubadour* realisiert werden.

Die Primadonna beklagt sich, der Maestro dirigiere oft zu weich und glatt. Ein glänzender Begleiter, aber zu sanft und ohne »Italianità«. Sie braucht den Einpeitscher und Zureiter am Pult, den Florettfechter. Die Callas kehrt sich bald zähnefletschend und in ihre privaten Skandale flüchtend von Mailand ab, wo sie sich unverstanden gefühlt hat. Damit endet auch ihr Karajan-Intermezzo.

An der Scala führte Karajan auch Regie. Ziemlich konventionell. Manche sagten und schrieben, er habe die Akteure einfach gewähren lassen, und die Callas habe Regie in der Regie gemacht. Sie selber hat die Inszenierungen des Dirigenten, der ihr trotz der engen Studio-Arbeit weithin fremd blieb, als Nebensache abgetan. Regie anderer war ihr ohnehin zuwider. Sie mißachtete meist die Anweisungen der Regisseure und legte sich die Mise en scène nach ihrem Gusto zurecht.

Die Scala war kein kleines Haus; ein Riesenapparat mußte bewegt werden. Die meisten Sänger waren »alte Hasen« und ließen sich nicht so ohne weiteres gängeln. Hinzu kamen die spontanen Gesten und Allüren, das südländische Temperament und die Launen der Künstler. Mit alldem drohte der Regisseur Karajan überrollt zu werden. Aber: Er behauptete sich.

Der Lernprozeß, den er durchzumachen hatte (was war schon die Puppenbühne in Aachen gegenüber diesem Riesen-»Stall« gewesen?), war weitführend und für seine Zukunft ungemein wichtig. Längst trug er sich mit dem Gedanken, irgendwann ein großes Haus zu übernehmen. In Frage kamen nur Wien oder Berlin. Der Salzburger Draht war rüde abgekniffen worden. Dort hatten die Wiener Philharmoniker das Sagen, die sich plötzlich bei Furtwängler einhakten, so daß es auch bei ihnen zum Bruch mit Karajan kam.

Der geschäftliche Routinier und kluge Agent Walter Legge nutzte die Chance und sprang rettend in die Bresche. Er hatte das London Philharmonia Orchestra in der Hauptsache für seine Plattenaufnahmen gegründet, und zwar aus »erlesenen« Musikern, die zuvor in der britischen Armee gedient hatten. Legge, der während der zweiten Kriegshälfte ein Gremium geleitet hatte, das gute Musiker aus den Armee-»Beständen« für Volkskonzerte in London rekrutierte, merkte sich genau die Namen der Besten unter ihnen und lud sie bald nach Kriegsende ein, sich seinem Orchester zur Verfügung zu stellen. Er wußte, daß er keinen besseren Dirigenten als Karajan finden würde, die Schar zu drillen und sie auf Niveau zu trimmen.

Karajan lockte zweierlei an dieser Aufgabe. Zum einen machte es ihm sehr viel Spaß, künstlerisches »Rohmaterial« so zurechtzuhauen, daß »Juwele« daraus wurden. Zum anderen brauchte er Geld – viel Geld. Seine Einkünfte in den späten Vierzigern waren gering; er war von dem Vermögen seiner Frau Anita abhängig geworden. In der Ehe kriselte es. Karajan wollte sich von den privaten Zwängen befreien. Legge bot ihm großzügige Honorare.

Dennoch ließ sich der Maestro nicht auf Gedeih und Verderb an die Londoner Pfründe binden. Einmal hatte Legge eine Tournee mit seinem Orchester durch Südamerika beschlossen. Er hoffte sehr, Karajan werde die Konzerte leiten. Der jedoch zog es vor, mit den »Wienern« durch die Lande zu ziehen, weil sie »einfach das bessere Orchester« seien, was Legge wurmte. Tag und Nacht sann er nun darüber nach, wie er »Wotan« durch Verträge binden könne. 1950 schlug er dem schwierigen Freund vor, Chefdirigent der Londoner Philharmoniker zu werden. Die Verhandlungen darüber waren kurz und äußerst ertragreich für den Dirigenten, der sich dadurch für den Tort entschädigt fühlte, den ihm die Wiener Philharmoniker angetan hatten.

Es war das Jahr, in dem es noch einmal zu einem heftigen Konflikt mit Wilhelm Furtwängler kam. Auslöser war die *Matthäuspassion*, die zum Internationalen Bach-Fest in Wien, das die Gesellschaft der Musikfreunde zu veranstalten gedachte, aufgeführt werden sollte. Zunächst war Furtwängler gebeten worden, die Passion einzustudieren und zu leiten. Nur er wäre in Frage gekommen, wenn man die Wiener Philharmoniker an der Aufführung beteiligt hätte. Doch Furtwängler meldete sich nicht, ließ sich Zeit mit seiner Zusage. Der Termin rückte näher, und da die Musikfreunde nicht auf das Hauptwerk Bachs verzichten wollten, engagierten sie die Wiener Symphoniker – und Herbert von Karajan, der alsbald mit den Proben begann.

Davon war die Kunde zu Furtwängler gedrungen, der erzürnt den Musikfreunden mitteilte, er werde die *Matthäuspassion* als Abonnementskonzert außerhalb des Bach-Festes aufführen. Dazu kam es nicht, weil der mit Karajan probende Chor nicht zur Verfügung gestellt wurde. Man kann sich vorstellen, daß Karajan sich groß ins Zeug legte, um es dem Rivalen zu zeigen. Fast hundert Proben soll er abgehalten haben. Am Ende wurde es dann der »Dom der Musik«, von dem selbst die karajanfeindlichsten Kritiker angetan waren.

Die *Matthäuspassion* wurde auch für Legge aufgezeichnet. Und nun wollte es der Zufall (oder die Intrige), daß zur selben Zeit Furtwängler im Nebenstudio Aufnahmen machte, um eine Bach-Messe einzuspielen. Hier also die Symphoniker unter Karajan, dort die Philharmoniker unter Furtwängler. Der Chor war ein und derselbe. Was tun?

Die Produzenten einigten sich darauf, den einen morgens, den anderen nachmittags agieren zu lassen. Ein Schachspiel. Bei der letzten Partie – der letzten Probe – unterlag Furtwängler, da ihm Karajan den Chor entzog, indem er eine Hauptprobe für das Bach-Fest gerade zu dem Zeitpunkt ansetzte, da »der Alte« den Rest seiner Aufnahme »in den Kasten« zu bringen gedachte.

Nun waren die beiden Todfeinde geworden. Die Zeitungen berichteten in Schlagzeilen über den »Krieg« zwischen den Maestri. Bekam Furtwängler heraus, daß ein Fotograf, der bei ihm Aufnahmen machen wollte, zuvor bei Karajan gewesen war, warf er ihn hinaus. Andererseits ließ Karajan ausspionieren, wann der »geschätzte Herr Kollege« die Kantine aufzusuchen gedachte. Auch dort wollte er ihm auf keinen Fall begegnen.

Auf der Szene überschnitten sich die Bahnen der beiden immer seltener. Furtwängler nahm seine Aufgabe in Berlin bei den Philharmonikern wahr, dirigierte die Wiener Philharmoniker und erschien am Pult der Wiener Staatsoper, der Deutschen Oper in Berlin und der Salzburger Festspielstätten. Karajan war Chef des London Philharmonia Orchestra, leitete die deutsche Saison an der Scala und war durch viele Gastspielverpflichtungen stark ausgelastet.

Außerdem hielt es Karajan für enorm wichtig, seine Kunst in den Dienst der Plattenindustrie zu stellen, wovon natürlich Legge in hohem Maße profitierte. Schon damals, als noch das herkömmliche 78er Schellack-System das einzige auf dem Phonomarkt war, wußte Karajan, daß er seine Karriere auch mit »industriellen Mitteln« reichlich fördern konnte. Schon damals mag in ihm der Gedanke aufgekeimt sein, sich alle Fortschritte in der Phonotechnik zunutze zu machen und eines Tages mit ihrer Hilfe eine starke Position im Plattenmarkt einzunehmen.

Legge hat darüber berichtet, wie sehr Karajan auf das »Platten-Machen« fixiert war. Jedes Detail habe ihn interessiert. Und zu jeder Aufnahme, der ungezählte Proben vorausgingen, erschien der Maestro wie ein Missionar, der mit sektiererischer Strenge und Eindringlichkeit das Orchester wie ein Magier auf seine Vorstellungen einschwor. Legge: »Er studiert seine Partituren, indem er sich im Bett auf die Ellbogen stützt oder wie eine entspannte Siamkatze auf dem Fußboden liegt. Ich habe selbst gesehen, wie er das den Siamkatzen abgeschaut hat. Von ihnen hat er gelernt, seinen Körper so völlig zu entspannen, daß sein Geist durch nichts anderes mehr abgelenkt wird. In keiner Partitur hinterläßt er irgendwelche Zeichen oder Anmerkungen – er nimmt einfach auf, prägt sich ins Gedächtnis ein, hört mit seinem inneren Ohr, was ihm die gedruckten Noten über die Intentionen des Komponisten mitzuteilen haben und auf welch wundervolle Weise diese Vorstellungen zum Ausdruck gebracht werden können.«[7]

Im Studio hatte Karajan die Möglichkeit, sich dauernd zu kontrollieren, sich selber zu beobachten und einzuschätzen. Das nun trug wiederum zu seiner Selbstdarstellung in der Öffentlichkeit bei. Wenn er mit geschlossenen Augen dirigierte, so mochte er – losgelöst von der Umwelt – dabei den Blick auf den »inneren Spiegel« werfen. Autosuggestion war auf jeden Fall mit im Spiel. Ihm kam es darauf an, gute Figur zu machen und den Beobachter teilhaben zu lassen an seinem Interpretationsprozeß, einem Prozeß, der nicht nur aus dem Elementaren der Augenblicksinspiration gespeist wurde, sondern auch sehr viel Berechnung in sich trug. Berechnung auf Wirkung. Karajan hatte die Fasson eines Apolls, die Eitelkeit eines Dandys und rang doch um das Ergebnis seiner Bemühungen.

Furtwängler war da ganz anders. Er ließ sich gehen; manchmal war mehr Grimasse da als Ausdruck, mehr Verrenkung als Attitüde. Furtwängler: der Stratege, dem sein Erscheinungsbild gleichgültig war. Karajan: der Diplomat, der das »Know-how« mitbekommen hatte, sich ins beste Licht zu rücken, noch im Alter damit kokettierend, nicht nur dem Jet-set anzugehören, sondern auch der Jeunesse dorée unter den Musikfreunden, die schon darauf achtete, welche Wagenmarke man fuhr, welches Styling »in« war und welchen »Look« man zu den Theaterpremieren zur Schau trug. Wieweit das äußerliche Gehabe auch seine Affektivität beeinflußte, dahinter ist nie jemand gekommen.

Antony Griffiths, ein von Vaughan zitierter Aufnahmeleiter, betont: »Seine Selbstdarstellung in der Öffentlichkeit war meist genau kalkuliert. Stets fragte er sich: ›Wie kann ich wieder einen Volltreffer landen?‹ Da war doch sehr viel Hollywood dabei. Ich weiß noch, wie er bei Legge einmal Bruckners *Neunte* aufnahm. Legge fragte mich nach meiner Meinung, und ich sagte, ich fände sie kalt, sie berühre mich nicht. Da meinte Legge: ›Karajan ist sich selbst der schlimmste Feind. Das ist eine Sache, auf die er künftig achten muß.‹«[8]

So ist, vor allem aus der Frühzeit der Plattenaufnahmen, vieles durchgegangen, von dem Karajan selber später nicht mehr erbaut war. Doch nicht immer entwickelte er die Courage, mit sich und seinen Arbeiten streng ins Gericht zu gehen. Oft redete er so lange auf Prüfer und Zuhörer, Aufnahmeleiter und Assistenten ein, bis auch diese einräumten, daß eine Sache gelungen sei.

Als es ihm später dank der modernen Technik möglich wurde, manche problematischen Werke scheibchenweise aufzunehmen und jedes Detail auszutauschen und zu verbessern, nahm sein Perfektionsdrang gewaltig zu. Nichts ließ er durchgehen, keine Nuance durfte schillernd sein oder sich pikant von der einmal ins Auge gefaßten Linie abheben. Glatt sollte alles sein, glatt und perfekt. Dabei ist ihm mancher eiskalte Bruckner und mancher leblose Mozart »geglückt«.

Keiner vermochte Karajan da dreinzureden. Da er ohnehin machte, was er wollte, besaß er auch kein natürliches Empfangsorgan für Kritik. Er war der Meinung, sich selber soweit unter Kontrolle zu haben, daß ihm beinahe nichts mißglücken könne. Keine altruistische Spur war an ihm zu entdecken, er nahm sich und seine Auffassung allein als Maß der Dinge.

Diese Egozentrik hat ihm gewiß auch geschadet. Wenn nicht die Brillanz der gigantischen Technik, die er für sich in Bewegung setzte, alles übergleißte und überdeckte, käme mancher auf die Idee, daß vieles aus seinem Œuvre allein auf den äußeren Effekt berechnet sein könnte.

Der Live-Karajan war immer um diverse Rangstufen besser als der Karajan der Konserve. Und das ist letztlich für seine Beurteilung entscheidend. Der Nachwelt bleibt zwar nur die Platte, das Tonband, die Videokassette, der Film. Und von diesen Ton- und

Bildträgern kann man ein bestimmtes Bild abnehmen. Doch es ist eben nur ein Bild – und oft ein manipuliertes, das keine Gegenwart zu schaffen vermag. Wer den Maestro »intravital« erlebt hat, weiß ihn gewiß als einen Unsterblichen zu würdigen. Die Konserve, mit der er sich Überlebenschancen ausrechnete, vermag den natürlichen Vorgang eines Konzert- oder Opernablaufs nicht zu ersetzen. Sie bleibt Konserve, ein, wie es in den Wörterbüchern heißt, »durch Sterilisierung haltbar gemachtes Genußmittel«.

1951 beschloß Karajan eine Pilgerfahrt zu Wagner. Wieland und Wolfgang Wagner, die Herren von »Neu-Bayreuth«, hatten ihn eingeladen, die *Meistersinger* und den *Ring des Nibelungen* zu dirigieren. Knappertsbusch übernahm *Parsifal* und ebenfalls einen *Ring*. Unterschiedlichere Musiker hätten die Wagners nicht finden können; offenbar kalkulierten sie Spannungen zwischen den beiden von vornherein ein.

»Kna« sah scheel auf die Erfolge des jüngeren Kollegen herab, den er für einen »undeutschen« Dirigenten hielt. Lautstark hatte er Wieland Wagner angemuffelt, weil er »so einen« für die Festspiele geworben habe, nicht ahnend, daß der Wagner-Enkel erst recht »so einer« war, der mit seiner Idee vom visionären Theater die Bayreuther Szene so kahlfegte und veränderte, daß dem konservativen, urgesteinigen Knappertsbusch schier der Atem stockte. Hunderte von Anekdoten gibt es über »Knas« Versuche, Wieland Wagner umzustimmen und auf den Pfad der Tradition zurückzubringen. Wenn die Taube im *Parsifal* nicht vom Bühnenhimmel herabschwebe, werde er den Taktstock hinlegen. Wagner ließ sie schweben, aber nur so weit, daß »Kna« sie aus dem Orchestergraben zu erspähen vermochte. Das Publikum sah sie nicht.

Karajan verlangte ob des diffusen Lichtes im »mystischen Abgrund«, an das sich seine schlechten Augen nicht gewöhnen konnten, einen weißen Hintergrund hinter seinem Dirigierstuhl. Knappertsbusch forderte ostentativ einen schwarzen. So wurde der Hintergrund von Aufführung zu Aufführung umgestrichen, damit die beiden Pultfürsten Ruhe gaben. Gelegentlich forderte »Kna« eine Zwischenprobe, weil Karajan ihm das Orchester »impressionistisch verseucht« habe. Als die Presse berichtete, Karajan erzeuge mit dem Festspielorchester einen interessanteren Mischton, stieß »Kna« in einer Pressekonferenz abfällig heraus: »Mischpoche!«

Die *Meistersinger*, die Karajan 1951 zu dirigieren hatte, waren eine zusammengestoppelte Inszenierung, die Rudolf Hartmann nach Modellen Wieland Wagners aus den vierziger Jahren in einem Bühnenbild von Hans Reissinger besorgt hatte. Otto Edelmann sang, alternierend mit Hermann Rohrbach, den *Sachs*, Elisabeth Schwarzkopf war das *Evchen*, Hans Hopf der *Stolzing*, Erich Kunz der *Beckmesser* und Friedrich Dalberg der *Pogner*. Zufrieden scheint Karajan nur mit dem *Sachs* und der *Eva* gewesen zu sein. Allein wegen der Besetzung kam es zu harten Meinungsverschiedenheiten zwischen Dirigent und Theaterleitung, so daß Wieland Wagner beschloß, die *Meistersinger* im kommenden Jahr Knappertsbusch zu übertragen, der ohnehin der Meinung war, Karajan sei nicht der richtige Mann für die Schusterstuben-Komödie. Ein Italiener sei der »Herr von und zu«.

Wieland Wagner war sich kaum all der Konsequenzen bewußt, die sich aus seinem neuen Inszenierungsstil ergaben. Er warf der Wagner-Welt den Fehdehandschuh hin. Die Kritik nahm ihn auf (erst recht die Sponsoren!), und die »Weltdiskussion um Bayreuth« begann. Den Zorn der Altwagnerianer bekam auch Herbert von Karajan zu spüren, der den *Ring* schlank und mit jugendlichem Feuer, rasch und präzise, impressionistisch-kammermusikalisch durchzog, während Knappertsbusch die Sache eher gravitätisch und breit ausmodelliert anging. Zwei grundverschiedene Interpretationsmuster lagen den Konzeptionen der beiden Dirigenten zugrunde. »Kna«, der, wie es hieß, noch an Karl Muck erinnerte, der Pathos zur Bewältigung der beschwerlich langen Strecken einsetzte und wie Furtwängler das Mysterisch-Mythische von innen aufbrach, es dauernd zu Eruptionen und gewaltigen Brünsten kommen ließ, als gelte es, Schlacht um Schlacht zu schlagen und Leidenschaften in vulkanischer Triebhaftigkeit darzustellen – und daneben Karajan, der aller teutonischen Wucht aus dem Wege ging, den ersten *Walküren*-Akt mit Schubertscher Zartheit durchsetzte, Pastellfarben gebrauchte, wo andere weidlich den Pinsel ausquetschten, der Wagners Polyphonie nicht zu einem Einheits-Chor bündelte und sich als Klangsensualist vorstellte.

Das war eine Neudeutung vom Pult aus, die nur wenige goutierten. Und so sah sich Karajan auch im Orchestergraben Sabotageakten ausgesetzt, wie sie der Regisseur Wieland Wagner fast täglich auf der Bühne erlebte. In den Pamphleten der Altwagnerianer kam Karajan schlecht weg. Man hielt ihn für »unfertig«, für untauglich und ebenso spleenig wie den Wagner-Enkel, der mit seinen szenischen Realisierungen den Muff und das Antiquierte endgültig aus dem Festspielhaus verbannte.

Doch damit hatte sich Wieland Wagner seltsamerweise auch Karajan zum Feind gemacht, der die Entmythologisierung von Richard Wagners Bühnenwerken für ein Sakrileg hielt. So fortschrittlich und individuell er sich auch am Pult zeigte – was die Regie betraf, war er stockkonservativ, manchmal peinlich rückschrittlich und nicht »up to date«. Dabei hätte es eigentlich eine höchst effektive künstlerische Symbiose zwischen Karajan und Wieland Wagner geben müssen. Beide hatten eine Vision, beide kannten das »Leid an der Wiedergabe«, das schon Richard Wagner zerfurcht hatte.

Dennoch gingen ihre Wege auseinander. Karajan verteidigte (später in seinen Inszenierungen) einen oft kitschigen Naturalismus und gelegentlich sogar einen fürchterlichen historischen Realismus. Er war altmodisch als Regisseur, während er als Dirigent genau den Intentionen nahe kam, die Wieland Wagners Vorstellungswelt beherrschten. Karajan dachte im Orchestergraben neu, Wieland auf der Szene.

Ehe sie sich völlig zerstritten und als Feinde schieden, versuchten sie es 1952 mit dem *Tristan*. Wieland Wagner inszenierte ein »Mysterium des Eros«. Im Vorjahr hatte er den *Parsifal* auf einer kreisrunden Scheibe angesiedelt; jetzt genügte ihm ein ellipsenähnliches Segment, eine Schräge, als Basis, »deren hintere Kanten sich dem Horizont der Unendlichkeit zu vermählen schienen«.[9] Ein Vorhang teilte das Gemach der *Isolde* vom Schiffsdeck ab; aufgerissen gab er den Blick auf eine ferne Reling frei, an der *Tristan* und *Kurwenal* lehnten. Kein Segel, kein Tauwerk, keine Wolken, keine Matrosen. Diese sangen aus dem Orchestergrund. Und dennoch hatte die Szenerie etwas Visionäres. Es war der Aufbruch zu einem neoarchetypischen Operntheater.

Im zweiten Akt blieb der Grundriß unverändert. Park und Wald fehlten; auf der Spielscheibe stand lediglich eine Ruhebank. Im letzten Akt umschlossen zwei simple Mauern das Ellipsensegment. *Tristan* lag auf einer einfachen Bahre.

Das alles mißfiel Karajan gründlich. Offenbar verstand er nicht, was die Wagner-Enkel – und insbesondere Wieland Wagner – wollten. Die neuen Herren auf dem lieblichen Hügel zu Bayreuth waren dann auch ebenso entsetzt wie belustigt, als ihnen der Maestro vorschlug, man solle ihm in den nächsten Jahren einige Inszenierungen anvertrauen, damit eine Art von Gleichgewicht auf der Szene hergestellt werde. Die Altwagnerianer frohlockten; doch zu früh. Wieland Wagner duldete (außer seinem Bruder) keinen Nebenregisseur im Festspielhaus. Er wollte mit äußerster Konsequenz seine Ideen durchsetzen und dem Experiment die Chance geben. Die einen nannten das Entrümpelung, die anderen Entmythologisierung.

Dem Symbolismus Wieland Wagners stand Karajan ratlos gegenüber. Daß der Enkel von »Todes-Tonarten« sprach, vom »Katastrophen-Fis«, von »irdischen Tonarten« und »Tonarten des Sieges«, empfand er als grotesk und anmaßend. Wagner redete ihm viel zu sehr in die Musik hinein, versuchte auch in die musikalische Interpretation seine tiefenpsychologischen Analysen hineinzumanövrieren. Das ließ sich Karajan nicht gefallen; am Pult wollte er autonom sein. Und gar zu gern hätte er seine Vorstellungen vom Wagnerschen Gesamtkunstwerk in Bayreuth realisiert: eine Regie im Sinne der konventionellen Überlieferung und dazu seine musikalische Deutung, eine Mischung aus Meditation und Hingerissenheit, die das Schwierige und Ekstatische so miteinander verband, daß Schönheit dabei herauskam. Schön mußte alles klingen, penibel rein, alles gründlich durchdisponiert, perfekt und jugendlich – Musik und Mythos in einem homogenen, ausdrucksvollen, aber keineswegs pathetisch belasteten Verbund.

Sicherlich war Karajan auch damals schon der modernste, individuellste und perfektionierteste *Tristan*-Dirigent. Die Wagner-Brüder erkannten das nicht. Sie machten keine Anstrengung, auf den Maestro zuzugehen. Sie hielten Keilberth, Jochum, Krauss, André Cluytens und Wolfgang Sawallisch für geeigneter, ihre Regiekonzeptionen zu unterstützen.

Auf dem Gipfel der Auseinandersetzung 1952 in Bayreuth erklärt Karajan: »Herr Wagner, Sie müssen eine neue Musik schreiben, die paßt nicht zu dem, was Sie da auf der Bühne darstellen. Das sehen die Leute gar nicht mehr.«[10] Wieland Wagner hält den

Maestro für »altbacken und unzeitgemäß«. Es gibt keinen Konsens. Man geht sich künftig aus dem Weg. Wieland Wagner hat kein Interesse an dem »Wunder Karajan«. Er ist zu sehr mit seinem eigenen Wunder beschäftigt.

Der Chef der Berliner Philharmoniker

Anfang 1950 befand sich das Philharmonische Orchester Berlin in einer Krise. Durch die »besonderen politischen und wirtschaftlichen Verhältnisse«, so hieß es, seien Defizite entstanden. Das Orchester ist materiell bedroht. Man bittet um eine Entschuldung von fast einer halben Million Mark. Aber es gibt auch eine innere Krise.

Das Problem des künftigen Chefdirigenten ist nicht gelöst. 1949 hatte Furtwängler dem Orchestervorstand mitgeteilt, er wolle viermal pro anno zur Verfügung stehen; mehr Spielraum ließen seine internationalen Verpflichtungen nicht zu. Er rät dem Vorstand, sich einen Intendanten zu wählen und Celibidache als Chefdirigenten zu behalten, der ja auch bisher die Kärnerarbeit gemacht habe. Damit ist man in Berlin keineswegs zufrieden. Es werden Stimmen laut, Furtwänglers Vorschläge in Zukunft zu ignorieren und sich nach einem anderen Chef umzusehen. Wie von ungefähr verfällt man auf Karajan, dessen Agenten unermüdlich tätig sind und keine Gelegenheit auslassen, die hohe künstlerische Qualität ihres Klienten zu rühmen und aufs Tapet zu bringen. Das müßte doch der rechte Mann im Zuge der »Aktivierung der Philharmoniker« sein, von der fast täglich in den Gazetten die Rede ist.

Fast ein Jahr geht das Geplänkel zwischen Orchestervorstand und Furtwängler hin und her, der bald dies auszusetzen hat, bald das, der darauf herumreitet, wie sehr ihm die ehemalige Reichshauptstadt mit der leidigen Entnazifizierung zugesetzt habe, und der alle Kollegen, die an seiner Stelle als Chef der Philharmoniker vorgeschlagen werden, kurzerhand abserviert. Nicht Jochum will er, nicht Keilberth, nicht Stokowski und nicht de Sabata.

Und dann fällt der Name Karajan. Furtwängler entdeckt das »entsetzliche Ausmaß der Konspiration« hinter seinem Rücken. Am 28. Februar 1950 schreibt er an den Orchestervorstand: »Der einzige Kollege, gegen den ich etwas einzuwenden habe, ist allerdings Karajan. Daß er bei Ihnen in Berlin dirigiert, dagegen ist selbstverständlich nichts zu sagen. Zum Reisen möchte ich ihn aber nicht empfehlen. Reisen mit einem Dirigenten sind immer ein Zeichen von näherer Zusammenarbeit, und diese Frage sollte nicht nur nach dem reinen Marktwert des Dirigenten, sondern nach seinen Beziehungen zwischen Dirigent und Orchester entschieden werden. […] Was Karajan betrifft, so besteht natürlich nach wie vor, entgegen dem, was die Presse brachte, keinerlei Rivalität von meiner Seite ihm gegenüber. Wie käme ich auch dazu? Anders ist es leider von seiner Seite. Er hat verhindert, daß ich in Wien für das von den Wiener Philharmonikern vorgesehene Bachkonzert mit den Chor für die *Matthäus-Passion* von der Gesellschaft der Musikfreunde zur Verfügung gestellt wurde, und diese hat ihm nachgegeben, da sie bei ihrem großen Bachfest auf ihn angewiesen ist.«[1]

Schon gar nicht möchte Furtwängler Karajan in Berlin als Chef der Philharmoniker sehen. Er sträubt sich vehement gegen ein solches »Ansinnen«. Innerhalb der Philharmoniker schlägt daraufhin die Stimmung um. Die Eigenwilligkeiten des »Alten« gehen den meisten Musikern auf die Nerven. Sie drängen den Orchestervorstand, dem »Doktor« eine endgültige Entscheidung abzuzwingen. Das Gremium laviert sich durch die Zeiten, verhandelt mit Karajan und poussiert Furtwängler, heute so, morgen so.

Im März 1951 läßt man Furtwängler wissen: »Ihr Standpunkt, daß man Herrn von Karajan nicht anders als andere berühmte Dirigenten behandeln soll, läßt sich aber wahrscheinlich nicht ganz durchsetzen. Da in Berlin durch Ihr Fernbleiben in der nächsten Spielzeit eine große Lücke entstehen würde, muß man versuchen, diese Lücke, soweit dies möglich, zu füllen. Das Publikum braucht Namen, und ein Name ist ja Herr von Karajan! Wieweit er bei öfterem Erscheinen hier beweisen kann, daß er diesen ›Namen‹ verdient, bleibt abzuwarten. Der Senat von Berlin, der ja verantwortlich für das Musikleben der Stadt Berlin und der öffentlichen Kritik ausgesetzt ist, muß um seiner selbst willen alles in seiner Macht Stehende tun, um das Fehlen Furtwänglers wettzumachen.«[2]

Daraufhin ändert Furtwängler geschwind seine Pläne und stellt sich für vier Konzerte zur Verfügung. Außerdem zelebriert er Beethovens *Neunte* zur Einweihung des Schiller-Theaters am 5. September 1951.

Es gelingt ihm, Karajan an der Spree kurzzuhalten, was nicht immer recht stilvoll geschieht. Im Juni 1952 wird Gerhart von Westerman Intendant des Philharmonischen Orchesters. Er löst den nur kurz amtierenden Eduard Lucas ab. Westerman hält Furtwängler über das aktuelle Geschehen in Berlin auf dem laufenden.

Furtwängler kann sich auf den »alten Kampfgenossen« verlassen, der ihm mitteilt, daß nun erhebliche Spannungen zwischen den Instanzen bestünden. Celibidache und Cluytens würden bevorzugt eingesetzt, Jochum und Schuricht seien bestenfalls geduldet. Leider gebe es auch neue Verhandlungen mit Herbert von Karajan.

Daß letzterer einmal sein Nachfolger werden wird, weiß Furtwängler inzwischen ganz genau, auch wenn ihm das keiner bestätigt. Im Juni 1952 erfährt er, daß Karajan es abgelehnt habe, in der folgenden Saison Konzerte in Berlin zu übernehmen. Der Grund: Arbeitsüberlastung. Das beruhigt Furtwängler für eine Weile.

Bald darauf wird eine Nordamerikatournee des Orchesters geplant, die 1954 durchgeführt werden soll. Bundeskanzler Adenauer übernimmt die Schirmherrschaft. Furtwängler geht davon aus, daß er die Tournee leiten werde, weshalb er andere Verpflichtungen absagen will. Westerman kann ihm mit Mühe einige Berliner Konzerte abverlangen, die im Herbst 1953 durchgeführt werden: im Titania-Palast, wo die meisten Veranstaltungen der Philharmoniker stattfinden.

Zuvor jedoch haben die *Berliner Festwochen* die Kritiker beschäftigt, nicht zuletzt deswegen, weil gegen alle Einwände Furtwänglers Karajan doch am Pult gestanden hatte. J. Rufer in der *Morgenpost* vom 10. September: »Für das erste ihrer drei festwöchentlichen Konzerte hatten die Philharmoniker Herbert von Karajan eingeladen. Im ausverkauften Titania-Palast von seinen alten Berliner Verehrern herzlich begrüßt und ebenso bedankt, bot der prominente Gast Modernes und Klassisches in schöner Ausgewogenheit des Programms wie der Wiedergabe. Karajan ist äußerlich und innerlich ruhiger, beherrschter geworden. Bartóks *Concerto für Orchester* dauerte bei ihm einiges länger, als es der Komponist vorschreibt. Aber nicht das ist entscheidend, sondern das überraschend romantische Licht, in das er das Werk rückt.«[3]

Werner Oehlmann im *Tagesspiegel* vom 10. September: »Auch Bartóks *Konzert für Orchester*, das den Abend einleitete, gewinnt unter Karajan ein neues Gesicht; da ist Bartók nicht mehr der Volksmusiker des Ostens, der durch die Fülle unverbrauchter, naturhafter Kräfte überwältigt. Karajan rückte das Werk in die Kultursphäre der europäischen Symphonik. [...] Mit feinem Klanggefühl war die Partitur analysiert und in eine Fülle zartester Nuancen zerlegt; jeder einzelne der neuartigen und der konventionellen Klänge, die zusammen das vielschichtige harmonische Bild ergeben, war zu äußerster Reinheit geschärft; das Spiel der in wechselnden Intervallen gepaarten Stimmen, der musikalische Witz des zweiten Satzes, kann nicht pikanter, prickelnder gespielt werden. Gerade an diesem noch nicht von der Tradition verhärteten Stoff offenbarte sich die Eigenart von Karajans Musizieren: die Verbindung von überheller, alles kontrollierender Bewußtheit und magischer Spontaneität, aus der die geheimnisvolle Traumschärfe des musikalischen Bildes hervorgeht. Die Philharmoniker fanden sich mit bewundernswerter Einfühlung in den ungewohnten Musizierstil.«[4]

Das Festwochenkonzert hatte bewiesen, daß Karajan in Berlin eine starke Gemeinde besaß und ihm auch aus dem Orchester »eitel Wohlwollen« entgegenschlug. Am 23. September 1954 stand er abermals am Pult der Philharmoniker. Friedrich Herzfeld in der *Morgenpost*: »Er betet beim Dirigieren immer noch wie ein Heiliger und lächelt beim Verbeugen wie ein Conférencier. Die Wirkung seiner Orchesterpalette ist beinahe ohne Vergleich. Ständig gibt es Überraschungen. Von Anfang an war Karajan von der erregenden Atmosphäre der Sensation umwittert. Seinerzeit wurde er gleich gegen Furtwängler ausgespielt. So ist es bis heute geblieben, auch im Musikalischen. Wenn man langsame Tempi erwartet, geht es schnell. Das Andante bei Mozart wird ein Allegretto. Die Einleitung zur Mozart-*Es-dur-Symphonie* taucht er dafür in mystisches Dämmerlicht wie bei einer Freimaurerfeier. Dabei versteht er, dem Orchester die letzte Klangfülle abzuringen. Das gibt seinem Musizierstil stets prickelnden Reiz. Es erweckt Spannungen, denen die Zuhörer mit höchstem Entzücken erliegen. Ein Triumph der Virtuosität!«[5]

Am 21. und zum 22. November, wenige Tage vor dem Ableben Wilhelm Furtwänglers, dirigierte Karajan neuerlich die Philharmoniker. Friedrich Herzfeld in der *Morgenpost*: »Die Berliner sind glücklich, daß sie Karajan nun wieder öfter hören können. Er versteht es, jedem Konzert die Atmosphäre des Außerordentlichen zu geben. Auch ein älteres Werk von Ralph Vaughan Williams, das er gewiß bei seinen englischen Konzerten kennengelernt hat, die *Fan-*

tasie über ein Thema von Thomas Tallis, gewinnt unter seinen Händen soviel Glanz und klangliche Farbigkeit, daß man sich über diese Begegnung freut. Für Bruckners *neunte Symphonie* hat Karajan jetzt den weiten Atem und die große innere Ruhe. Die Philharmoniker im Hochschulsaal übertrafen sich selbst.«[6]

Hans Heinz Stuckenschmidt in der *Neuen Zeitung*: »Karajan hat heute das, was man den großen Atem nennt. Er versteht es, Spannungen und Entspannungen so zu disponieren, daß die Notwendigkeit der überdimensionalen Formen einleuchtet, daß die Dachgebirgsmassive des Adagio übersehbar werden. Mit großer Bewegung beschwört er den räumlichen, glockigen Klang, der bei Bruckner die Konfrontierung von Blechgruppe und Streichergesang kennzeichnet. Auch da geht sein Musizieren vom Phänomen des Klingens aus, nicht von Rhythmus und Zeitdisposition, die sich erst sekundär einstellen, [...] turbulenter Erfolg!«[7]

Als die »ganze musikalische Welt sich voll Trauer an der Bahre Furtwänglers neigte«, stand längst fest, daß Karajan der neue Chef der Berliner Philharmoniker werden würde. An dem Tag, an dem Furtwängler starb (30. November 1954), saß Karajan in einem römischen Hotel.

Sein Sekretär überreichte ihm ein aus Wien abgegangenes anonymes Telegramm mit dem Inhalt: »Le roi est mort, vive le roi.« Man besorgte sich rasch Zeitungen, die vom Ableben Furtwänglers berichteten.

Am nächsten Morgen schon rief Westerman bei Karajan an, um ihm die Leitung der Philharmoniker anzutragen. Vor allem ging es dem Orchestervorstand darum, einen geeigneten Dirigenten für das kurz bevorstehende Amerikagastspiel zu finden. Da kam auch schon ein Anruf aus New York: Der Impresario einer US-Konzertagentur ließ den Maestro wissen, daß die Tournee mit den Berlinern nur durchgeführt werde, wenn Karajan die Konzerte leiten würde. Sonst: Absage!

Karajan: »Ich aber hatte noch meinen Vertrag an der Scala und mußte meinem Freund Ghiringelli erklären, daß ich jetzt entweder bei ihm *Walküre* einstudieren oder als Chef nach Berlin gehen würde. Ich sprach sehr offen mit ihm und erklärte ihm, ich überließe ihm die ganze Entscheidung, ich bliebe in Mailand, wenn er darauf bestehen würde. Ghiringelli aber erklärte, er begriffe genau, was das Berliner Angebot für mich bedeute, und er entließ mich aus dem Vertrag, was ich ihm nie vergessen habe.«[8]

Inzwischen hatte man im Orchestervorstand – mehr pro forma – überlegt, ob nicht auch Celibidache für die Leitung der Amerika-Konzerte in Frage käme. Doch Karajan war attraktiver; es gab wohl keine andere Entscheidung von ihm als die, für den Berliner Posten zu stimmen. Unter einem Vorwand entledigte man sich Celibidaches, der angeblich gefordert hatte, wenn er das Ruder in die Hand bekäme, würde er in dem »Museum« aufräumen und die meisten alten Musiker entlassen.

Nach dem Sturm im Wasserglas stand also fest, daß Karajan die Tournee unternehmen würde. Der jedoch pochte darauf, daß ihm zuvor die Ernennungsurkunde ausgehändigt und er offiziell in seinem neuen Amt bestätigt werde. Wolfgang Stresemann, Westermans Nachfolger als Philharmoniker-Intendant, erinnert sich: »Aber wo blieb die Ernennungsurkunde? Das Berliner Philharmonische Orchester, nunmehr eine Einrichtung des Landes Berlin, unterstand […] der Kontrolle des Senats, und so mußte Karajans Bestellung vom zuständigen Senator Tiburtius nach Mitzeichnung durch zwei andere Senatoren (jedesmal ein wochenlanger Prozeß) im Senat eingebracht und von diesem gebilligt werden. Dieser aber ließ auf sich warten, nicht aus böser Absicht […], sondern weil die Mühlen der Berliner Senatsbürokratie nicht sehr schnell, bestenfalls ›Molto adagio‹, arbeiten. Karajan, von Natur aus mißtrauisch, glaubte, der Senat zögere absichtlich, um erst einmal Erfolg oder Mißerfolg der Amerika-Reise abzuwarten, ein Verdacht, den er noch oft mir gegenüber, aber einmal auch gegenüber dem so wohlmeinenden Senator Tiburtius in meiner Gegenwart geäußert hat. Es kam zu einer Krise, Karajan ging zu Ernst Reuter und drohte, die Reise abzusagen. Schließlich einigte man sich auf eine Karajan befriedigende Lösung. Vertragsunterzeichnung nach der Amerika-Reise, aber zuvor Einberufung einer Pressekonferenz, auf der Tiburtius Karajan vor der gesamten Öffentlichkeit fragte, ob er die Nachfolge Furtwänglers antreten wolle, woraufhin Karajan ›mit tausend Freuden‹ akzeptierte und sich mit den Philharmonikern nach Amerika begab. Tatsächlich ist der Karajan-Vertrag erst im April 1956 (!), und zwar am 24. April von Senator Tiburtius, am 25. April von Karajan und am 26. April vom Finanzsenator Haas, unterzeichnet worden. Er sah die Übernahme der Leitung des Berliner Philharmonischen Orchesters als ›ständiger Dirigent‹ vom 1. September 1955 ab vor und verpflichtete den ständigen Dirigenten, ganze sechs Konzerte (= Programme) mit jeweils bis zu zwei Wiederholungen zu dirigieren und mindestens eine rd. 20 Konzerte umfassende Reise durch Deutschland und nach dem Ausland durchzuführen. Die genannten Daten rechtfertigten jedoch Karajans Verdacht nicht. Nach der Pressekonferenz vor der Amerika-Reise war alles geklärt […]«.[9]

Alles? Karajan: »Ich erhielt meinen Vertrag nicht nach der Rückkehr aus Amerika, sondern erst zwei Jahre später. Man zierte sich wegen der Formulierung ›lebenslänglich‹ und erklärte, so eine Formel könne es in einem Vertrag nicht geben. Darauf meinte ich, man könne mir ja auch einen Vertrag auf neunzig Jahre ausstellen. Zuletzt kamen die Rechtsanwälte zu mir und erklärten, ich erhielte genau den Vertrag, den auch Furtwängler gehabt hatte. Das aber war nicht die ganze Wahrheit. Es ging darum, daß festgehalten war, der jeweilige Intendant des Orchesters werde vom Oberbürgermeister im Einvernehmen mit dem künstlerischen Leiter abberufen. In meinem Vertrag heißt es, wie ich erst viel später erfahren habe, statt Einvernehmen nur mehr Benehmen, und das bedeutet so gut wie nichts. Nur, daß man mich zu verständigen hat. Als man mir das schließlich mitteilte, war ich konsterniert. Es bedeutet, und das habe ich den Herren auch gesagt, daß mein Vertrag nur ein Fetzen Papier ist, mit dem man anfangen kann, was man will. Man hat mich vor sehr langer Zeit einfach angelogen.«[10]

Auf die Modalitäten des Vertrags mit den Berlinern hat Karajan stets mit Argusaugen geblickt und nicht einen Deut daran verrücken lassen. Er wollte »eine Mauer« hinter sich haben, voll und ganz abgesichert sein – etwas Festes bis zum Lebensende, das ihm keiner entreißen konnte. Karajan: » Ich wollte unbedingt dieses Orchester haben, weil ich von seinen Qualitäten fasziniert war und weil ich wußte, was ich mit diesem Orchester leisten kann. An einem lebenslangen Vertrag aber war mir nur aus einem einzigen Grund gelegen: Ich wollte dem Orchester sehr viel Zeit geben, um eines Sinnes mit mir zu werden. Ich wollte von vornherein verhindern, daß irgendwann ein neugewählter Senator unsere Zusammenarbeit hätte beenden können. Und die gemeinsame Entwicklung hat mir da recht gegeben, [...] ich muß auch sagen, daß das Orchester durch die Jahrzehnte genau das war, was ich mir erträumt hatte.«[11]

Das erste Konzert der Amerikatournee fand am 27. Februar 1954 in Washington statt. Insgesamt waren sechsundzwanzig Auftritte geplant. Der Vizepräsident der Columbia, André Mertens, empfing die Berliner mit einer Grußadresse, in der es hieß: »Alle Amerikaner, die das lieben, was Sie mitbringen, nämlich schöne Musik in großartiger Aufführung, werden Sie mit offenen Armen aufnehmen.«[12]

Es gab auch Gegenwind, heftige Protestaktionen. Häufig demonstrierten die Gegner dieser Tournee mit Flugblättern, auf denen zu lesen stand: »Art can live in freedom, and Mr. von Karajan represents a direct contradiction of this philosophy!« Oder: »Herbert von Karajan, conductor, [...] a dapper little Austrian with relentless ambition, a Nazi before the Anschluss!« Oder: »[...] von Karajan, whose Nazi affiliations have been fully identified.«[13]

Die internationale Presse nahm Anteil an der Tournee und beschäftigte sich intensiv mit dem Verhalten bestimmter US-amerikanischer Gruppen gegen Karajan und Westerman, die beide als unverbesserliche alte Nazis angeprangert wurden. Das *5-Uhr-Blatt* in Ludwigshafen faßte – offenbar nach Agenturberichten der *Deutschen Presse-Agentur* und von *Reuter* – zusammen, was sich in New York begeben hatte: »Philharmoniker erobern New York – Schreiaktion unterbunden – Beifall nahm kein Ende! [...] Während Mitglieder jüdischer Organisationen vor der New Yorker Carnegie Hall gegen Herbert von Karajan demonstrierten, erntete der Dirigent mit den Berliner Philharmonikern in dem ausverkauften Saal überwältigenden Beifall. Ein starkes Polizeiaufgebot vor und in dem Konzertsaal konnte Zwischenfälle verhindern. Etwa 200 Angehörige jüdischer Jugendorganisationen – der Zionisten und des jüdischen ›Bürgerausschusses‹, der sich zum großen Teil aus Musikern zusammensetzt – waren vor den Eingängen der Carnegie Hall mit Transparenten aufgezogen und versuchten mit Sprechchören das Publikum zum Boykott des ›nazistischen‹ Dirigenten aufzufordern. Mit gut einstudierten Sprechchören riefen die Demonstranten immer wieder ›Nazis go home‹, ›Denkt an die sechs Millionen toter Juden‹ oder ›New Yorker, wo ist euer Stolz?‹. Ungeachtet des

Lärmes vor den Eingangstüren eröffnete Karajan das Konzert mit der amerikanischen und der deutschen Nationalhymne. Dann folgten die *Londoner Sinfonie* von Haydn, Wagners Vorspiel zu *Tristan und Isolde* und Beethovens *Fünfte Sinfonie*. Jedes Stück wurde mit stürmischem Applaus bedacht. Als der Beifall nach der Beethoven-Sinfonie kein Ende nehmen wollte, spielte das Orchester die *Tannhäuser*-Ouvertüre als Zugabe.«[14]

Insgesamt konnte Karajan zufrieden sein. Die Rezensenten der großen US-Zeitungen stellten sich zumeist auf seine Seite, ließen die politischen Aspekte aus und feierten den Neubeginn deutsch-amerikanischer Musikbeziehungen, denn auf einer Pressekonferenz war inzwischen bekanntgegeben worden, daß die Berliner Philharmoniker im nächsten Jahr wiederkommen würden, ebenfalls unter Karajan.

Die Tournee hatte Orchester und Dirigent rasch zusammengeschweißt, so daß es wohl richtig ist, wenn ein Chronist sagte, es sei im Handumdrehen aus dem »Furtwängler-Orchester« das »Karajan-Orchester« geworden. Wolfgang Stresemann: »[...] er paßte sich den Philharmonikern während der Probenarbeit an, ließ sich sozusagen die Werke vorspielen, um erst einmal die durch seinen Vorgänger geprägte Eigenpersönlichkeit des Orchesters kennenzulernen. Der ›neue‹ Karajan, dessen Konzerten ich in der Carnegie Hall beiwohnte, beeindruckte selbstverständlich durch seine unverändert wirkende Dirigentenpersönlichkeit, die gebieterische Kraft seiner Gesten, sein mitreißendes Temperament und die vollendete Beherrschung von Orchester und Partitur. [...] Mir schien, daß er im Gegensatz zu seinem Jugendstil etwas mehr zu Furtwängler hinneigte.«[15]

Furtwänglers Ära war ja nun auch in Wien zu Ende gegangen. Und dort war der Vorstand der Philharmoniker in ähnlicher Verlegenheit wie zuvor der des Berliner Orchesters, einen Dirigenten von Weltformat zu gewinnen, der bruchlos das Erbe Furtwänglers antreten konnte.

Es gab zwar genügend Bewerber, aber keinen jüngeren vom Format Herbert von Karajans. Da die Wiener stets einen kühnen Optimismus zur Schau tragen, glaubten sie wirklich, sie könnten Karajan noch für sich gewinnen, wenngleich er doch längst den Berlinern seine Zusage erteilt hatte.

Der Emissär, den man aus Wien zu ihm schickte, holte sich einen Korb. Karajan mag zwar einen Augenblick lang an eine Doppelfunktion gedacht haben – wie er sie später auf andere Weise einging –, aber er konnte nicht vergessen, wie ihn die Wiener Philharmoniker einige Jahre zuvor von heute auf morgen hatten fallenlassen. Er sagte ab, ließ sich aber doch eine Hintertür offen. Wenn es sich mal so ergebe, stehe er gern als Gast zur Verfügung, und man wisse ja auch nicht, wie sich das Schicksal drehe und wende. Der Emissär zog bedrückt von dannen, um dem Wiener Vorstand vom Mißlingen seiner Mission zu berichten.

Doch die Wiener sollten Karajan recht bald wieder in ihren Mauern feiern können – nicht als Konzertchef, sondern als »künstlerischen Leiter« der Oper. Und das war für sie weitaus mehr als »nur« ein Kapelldirigent, denn das ganze Musikleben der Donaumetropole ruhte seit Generationen auf den Säulen des Hauses am Ring, in dem so großartige Chefs wie Gustav Mahler, Richard Strauss und Bruno Walter das Zepter geschwungen hatten. Apropos Bruno Walter: Er war einer der ganz wenigen Persönlichkeiten aus den Emigrantenkreisen, die nach 1945 gewillt waren, Karajan versöhnend die Hand zu reichen.

Im März 1956 hatte der Maestro einen Vierjahresvertrag als Leiter der Salzburger Festspiele abgeschlossen. Die Berliner murrten leise. Als im selben Jahr bekannt wurde, daß er neben all den übrigen Chef-Tätigkeiten auch noch die Direktion der Wiener Staatsoper auszufüllen gedachte, gab es schon lauteren Protest an der Spree. Sollten die alten, schwierigen Furtwängler-Zeiten zurückkehren, in denen man von Konzert zu Konzert darum bangen mußte, den Chef auch am Pult vorzufinden? Karajan traute sich die Vielbelastung zu. Er wollte ja außerdem noch gelegentlich in Luzern auftreten und mit Walter Legge Platten einspielen. Den Mailändern war er verpflichtet, und ...

Im *Time Magazine* hieß es im Oktober 1956 über den »beeindruckenden Reiseplan« Karajans: »Im vergangenen Monat stattete er den Salzburger Festspielen einen Besuch ab, eilte nach Luzern zu einem weiteren Festival (wo er einen Mozart-Abend dirigierte) und flog dann nach Ischia, wo er sich ein paar Tage erholte. Von dort aus segelte er seine Fünfzigtonnenjacht (mit drei Mann Besatzung) nach Portofino, fuhr mit dem Auto nach Genua, erwischte ein Flugzeug nach Zürich, stieg dort in seinen bereitstehenden silbergrauen Mercedes 300 SL, den er mit 160 Sachen nach Luzern zu Proben und einem Konzert jagte. Anschließend nahm er ein Flugzeug nach Berlin und verbrachte dort drei Probentage mit den Berliner Philharmonikern. Letzte Woche ging er an Bord der *Queen Mary* mit Kurs New York, um seine zweite US-Tournee mit den Berliner Philharmonikern anzutreten.«[16]

Ehe es zu dieser zweiten Reise nach New York und in dreiunddreißig weitere Städte kam, hatten die Berliner Karajan reichlich als Mozart-Dirigenten genießen können. Anläßlich des zweihundertsten Geburtstags des Komponisten wurden Festtage veranstaltet. Wilhelm Kempff spielte das *d-Moll-Klavierkonzert*.

Anschließend starteten die »Karajanis«, wie die Berliner die Philharmoniker nunmehr zu nennen pflegten, zu einer Europatournee mit Ziel Wien, wo man beim Internationalen Mozart-Fest seine Aufwartung machte. In den *Salzburger Nachrichten* erschien dazu ein interessanter Vergleich zwischen den Berliner und den Wiener Philharmonikern. Die Berliner seien ein typisch deutsches Spitzenorchester, hieß es, »an dessen Pulten technisch außerordentlich versierte und verläßliche Musiker sitzen. Auffallend der ungemein flexible Klang und die feine Nuancierungskunst der Holz-Bläser (besonders Oboe und Flöte zeichneten sich in heiklen Passagen aus) und die Prägnanz und Kraft des Blechs; die Streicher erzielen einen runden, vollen Ton, der allerdings nicht an die Qualität der Wiener Streicherschule heranreicht. Auffallend aber auch die persönliche Anteilnahme jedes einzelnen Musikers. In Wiener Orchestern etwa spielt man eher aus dem Handgelenk, man musiziert spielerischer, eleganter, lässiger. Die Berliner sind Musikarbeiter – sie geben sich viel mehr aus und wirken vielleicht auch dadurch etwas schwerfällig. Bei uns entsteht eine Ensembleleistung aus Zusammenspiel, bei den Berlinern aus Zusammenarbeit. So könnte man wohl am besten den Unterschied zwischen zwei Orchesterstilen kennzeichnen.«[17]

Als Karajan aus Wien an die Spree zurückgekehrt ist, hört er von den Unruhen bei Kritik, Senat und Publikum, die seine südlichen Ambitionen betreffen. Er beschwichtigt die Leute durch ein Telegramm, das gleichzeitig in allen Berliner Tageszeitungen veröffentlicht wird: »Eine Einschränkung dieser Bindung [an Berlin;

Anm. d. Verf.], die mir Herzenssache ist, kommt nicht in Frage. Da ich meine volle Loyalität bewiesen habe, ersuche ich nun die beteiligten Stellen, uns endlich in Ruhe arbeiten zu lassen und das nutzlose Unterfangen, einen Keil zwischen das Orchester und mich zu treiben, endlich aufzugeben.«[18]

Karajan verpflichtet sich, in der Saison 1956/57 neunundsechzig Konzerte mit den Berliner Philharmonikern zu geben: dreiundzwanzig in Berlin, vierundzwanzig während der Amerikareise, zwölf während der Frühjahrsreise nach Italien und in die Schweiz. Außerdem soll das Orchester erstmals bei den Salzburger Festspielen mitwirken. Der Maestro verspricht zudem, Dirigentenkurse an der Berliner Hochschule für Musik abzuhalten.

Das Salzburger Debüt des Berliner Orchesters wird zum Ereignis besonderer Art in der Geschichte dieses ungewöhnlichen Klangkörpers. Es steht nun auf einer Walstatt der Wiener Konkurrenz gegenüber, muß sich mehr als anderswo bewähren. Und kann es! Der Einstieg wird von der gesamten Presse als ein »Geschehnis allerersten Ranges« eingestuft. Karajan hat an der Salzach die künstlerische Oberleitung und als Garanten seines Niveaus die Berliner Philharmoniker neben sich.

Siegfried Melchinger in der *Stuttgarter Zeitung* über Karajans Neubeginn in Salzburg: »Alles wird nun davon abhängen, ob dieser entschlossen ist, im Konzert zu spielen, oder ob er es vorzieht, sich selbst zu spielen. Das letztere wäre verhängnisvoll. Je größere Macht ein einzelner in der Kunst an sich reißt, desto riesiger vergrößert erscheinen seine Vorzüge und – Schwächen. Den Gegnern Karajans, die nur von seinen Schwächen reden, mag in Erinnerung gerufen werden, daß auch Furtwängler Schwächen besaß und nicht immer unumstrittene Entscheidungen traf. Karajan hat noch nichts getan, das zu dem Schluß berechtigte, daß er nicht, wie sein Vorgänger, im Konzert zu spielen gedenke. Ohrfeigenaffären und Klatschgeschichten sollte man nicht so wichtig nehmen: sie werden selten von denen, denen sie angehängt werden, aufgebauscht. Und wenn von Karajans Auftreten die Rede ist, möge man nicht vergessen, daß die Blicke, die er auf sich zieht, wo immer er erscheint, die der Neugier, der Schwärmerei, des Neides, der Aggressivität, doch eben im magnetischen Feld des Außergewöhnlichen entstehen, das einer hat oder nicht hat. Nicht nur, wenn er am Pult den Taktstock hebt, sondern im täglichen Wirken, wo sich seine faszinierenden Energien umsetzen, ist elektrisch geladene Atmosphäre um ihn. Das ist sein Talent und seine Gefahr. Es wird vor allem an ihm liegen, ob er sich in Salzburg für Salzburg oder für Karajan entscheidet.«[19]

Wiener Staatsoper

Am 12. Juni 1956 begann das Ensemble der Mailänder Scala ein mehrtägiges Gastspiel an der Wiener Staatsoper. Eröffnung mit *Lucia di Lammermoor* in der Inszenierung Herbert von Karajans mit der Callas in der Titelrolle. Natürlich waltete der Maestro seines Amtes als musikalischer Leiter seiner eigenen Mise en scène. Triumphe für die Callas, die ihm vor dem Vorhang auffallend lange die Hand küßte; Triumphe für den Ritter von Karajan, der in Österreich seinen Titel nicht tragen durfte, es aber gern hörte, wenn man ihn mit »Herr Baron« anredete.

An diesem 12. Juni gibt der Ministerialrat Ernst Marboe bekannt, daß er einen neuen Direktor für die Staatsoper gefunden habe. Er enthüllt damit ein offenes Geheimnis, denn seit Wochen war es bekannt, daß Karajan die Nachfolge von Karl Böhm antreten werde. Direktor wollte er sich nicht gern nennen; so erfand er für sich den Titel »künstlerischer Leiter«.

Für Karajan war das alles nicht schnell genug gegangen. Der Sturz Böhms wurde in den Kabinetten wie eine Kabale vorbereitet. Den Anlaß zu seiner Entthronung hat der sonst so gewiefte Grazer wohl selber gegeben. Lange bevor es dann zum Eklat kam, hatten diverse Unterhändler damit begonnen, Karajan für sich einzufangen.

Karajan: »Die Gespräche mit Marboe gediehen nicht recht. Und ich war wirklich nicht sicher, ob ich künstlerischer Direktor des Hauses werden wollte. Ich stellte von Anfang an meine Bedingungen und erklärte, ich wolle nicht einfach Operndirektor werden. Ich war ja ein erfahrener Mann und wußte, wie man die Verwaltung organisiert. Ich wußte aber auch, wieviel Arbeit eine solche Aufgabe bringt. Und ich betonte ausdrücklich, daß ich diese Arbeit nicht annehmen wolle, weil ich sie zu gut kenne. Dann aber kamen die Gespräche mit dem damaligen Finanzminister, Reinhard Kamitz. Er war ein bedeutender Mann, ist für Österreich so etwas wie der Vater des Wirtschaftswunders und wird heute noch von Politikern aller Parteien hoch geschätzt. Als ich zu ihm kam, erklärte er mir, er kenne die Situation der Staatsoper genau und habe sich auch um die finanziellen Probleme des Hauses bereits gekümmert.

Ihm war nach den vorangegangenen Gesprächen mit Marboe klar, daß ein nach meinen Ideen und Ansprüchen geführtes Haus keine billige Angelegenheit sein werde. Aber er sagte mir wörtlich, er werde alles zur Verfügung stellen, was für das Haus notwendig sei. Wenn aber ich die Direktion nicht übernähme, dann erhielte ein anderer diese Mittel ganz gewiß nicht.« Daraufhin, so Karajan, habe er dem Minister die Hände hingestreckt und ihm gesagt: »Herr Minister, Sie haben mich gefangen!«[1]

Für Karajan bedeutete die neue Position viel, wenn nicht alles. Er war nun der absolute Spitzenfunktionär des europäischen Musiklebens. Damals tauchte die Umschreibung »Generalmusikdirektor der Welt« für ihn in den Zeitungsberichten auf. Als so etwas ähnliches fühlte er sich auch. Unumwunden gab er zu, jetzt die wichtigsten Fäden im musikalischen Geschäft ziehen zu können.

Gleich zu Beginn seiner Wiener Direktion klärte er die »Betroffenen« auf, wie er sich seine Arbeit in der altehrwürdigen Staatsoper am Ring vorstelle. Da sollte einiges umgekrempelt werden. Zunächst einmal werde er das Ensemble auflockern, so etwas wie einen italienischen Stagione-Betrieb einführen und die Opern in den Originalsprachen singen lassen. Allein diese beiden Ankündigungen sorgten wochenlang für Stoff in den Feuilletons der Wiener Gazetten. Die Traditionalisten glaubten, Karajan rühre an die Grundfesten des Wiener Opernlebens. Stagione? Originalsprachen? Unvorstellbar! Das hatte es nie zuvor gegeben, und das würde sich auch niemals halten. Dabei überdauerten gerade diese Neuerungen die Ära Karajan ...

Mit Karajan vollzog sich ein völliger Umbruch an der Staatsoper. Längst hatten die guten Gesangssolisten damit begonnen, ihre Einkommen außerhalb des Hauses kräftig aufzustocken. Mit dem Flugzeug war in kurzer Zeit jeder beliebige Ort der Erde zu erreichen. Die Ensemblestruktur war dadurch längst aufgeweicht. Die per Vertrag ausgemachten Abende sang man recht und schlecht ab. Den Profit ergatterten die Primadonnen und ihre geschäftstüchtigen Kollegen aushäusig.

Das Stagione-System hob, so Karajan, das Niveau beträchtlich. Er konnte damit Stars von Weltrang eine bestimmte Zeit lang an das Haus binden, ohne darauf angewiesen zu sein, sich dauernd mit dem stets nach Urlaub schreienden »Ensemble-Mob« herumschlagen zu müssen. Allerdings war das italienische System teuer. Schon damals kassierten Künstler wie die Tebaldi, Giuseppe di Stefano, die Sutherland und Siepi acht- bis zehntausend Mark für eine Vorstellung. Der *Tristan* in Stagione-Besetzung kostete allein für die Hauptrollen (*Tristan, Isolde, Brangäne, Marke, Kurwenal*) je Abend an die fünfzigtausend Mark Gage. Ein ausverkauftes Haus aber brachte pro Abend bestenfalls sechzehntausend Mark ein. Kein Wunder, daß Finanzminister Kamitz seine eilfertige Zusage, alles zu finanzieren, was Karajan auf der Szene realisierte, bald bereute.

Das Ensembletheater alten Stils war passé. Ein Ensemble wechselte nun mit dem anderen ab. Die Künstler kamen von überall her, blieben eine Produktion lang und für eine Aufführungsserie zusammen und stoben dann wieder in alle Welt auseinander. Schon die Tatsache, daß die zusammengewürfelten Sänger und Sängerinnen verschiedene Sprachen redeten, machte es notwendig, sich für die Realisation der jeweiligen Oper auf eine Sprache zu einigen. Also: die Originalsprache. Daher sang man Wagner auf deutsch, *Boris Godunow* auf russisch, Verdi und Puccini auf italienisch und Mozart mit Ausnahme der *Zauberflöte* eben auch in italienischer Sprache. Das Wiener Publikum mochte sich gar nicht daran gewöhnen. Und die älteren Sänger murrten, denn sie mußten umlernen.

Das Stagione-System brachte auch eine Absprache über Termine und Gagen zwischen den großen Bühnen mit sich. Aber was die Kritiker und ein Teil des Publikums auch dagegen sagen mochten, das Kartell bewährte sich. Zunächst schloß Karajan einen Vertrag mit der Mailänder Scala. Sänger, die dort verpflichtet waren, sollten nun auch in Wien zu den gleichen Konditionen auftreten.

Wie das funktionierte, hat Marcel Prawy so beschrieben: »Kamitz erreichte für Karajan ein Sonderbudget, nämlich eine besondere Aufstockung des ›Gästekredits‹, das ist der Budgetposten für auswärtige, dem Haus nicht zugehörige Dirigenten, Regisseure und Sänger. Da nun die internationalen Spitzensänger Gagen gewohnt waren, die weit über dem Wiener Niveau lagen, sollten diese Künstler im Rahmen ihres Vertrages mit der Mailänder Scala auch in Wien singen, oder sie sollten von der Scala eigens für Vorstellungen in Wien unter Vertrag genommen werden (das geschah u. a. bei

Birgit Nilsson, Elisabeth Schwarzkopf und Leontyne Price). In gewissen regelmäßigen Zeitabständen refundierte die Staatsoper der Scala die für Wien ausgelegten Summen in Pauschalüberweisungen, die eine kleine Perzentuale an die Scala für ihre Unkosten und ihre Arbeitsleistung beinhaltete. Auch sollte ein Haus vom anderen Ausstattungen zu bevorzugten Bedingungen erwerben können. Aber in der Praxis zeigte die Sache auch andere Seiten. Da bei uns viele Opern noch nicht in der Originalsprache einstudiert waren, bezog man auch Sänger zweiter und dritter Partien gleichsam en gros von der Scala, doch schickte diese auch manchmal Italiener zweiter Güte für erste Rollen, die man aus dem eigenen Wiener Ensemble oft besser hätte besetzen können. Die Theaterzettel jener Jahre sahen manchmal aus wie eine Mitgliederliste der sizilianischen Mafia oder ein Verzeichnis der Dörfer Kalabriens.«[2]

Karajan forderte alle übrigen großen Opernhäuser zum Kartell auf. Doch er fand wenig Resonanz. Die Bühnen bewahrten ihr Eigenleben und ließen durch ihre Emissäre genauestens prüfen, was sich in Wien unter Karajan tat. Nach längerer Zeit konstatierten sie eine gewisse Lustlosigkeit des Publikums, das zwar die illustren Gesangsstars goutierte, nicht aber die faden Bühnenausstattungen, die Mailand anlieferte. Das Auge kam zu kurz, aber es gehört nun mal zu den Sinnesorganen, mit denen man – wie mit dem Ohr – das Phänomen Oper zu erfahren in der Lage ist.

Einer der scharfen, aber keineswegs unkritischen Beobachter der Ära war Joseph Wechsberg. Er empfand vieles als »glanzlos« und umschrieb damit genau die Stimmung der Wiener Opernfreunde, die gern in *La Traviata* einen wirklichen Ballsaal der Belle Époque gesehen hätten und nicht nur einen x-beliebigen Raum, von dessen Decke als einziges Requisit ein Murano-Leuchter treiselte.

Daß es dazu kam, lastete man dem »Chef in absentia« an, der nur dann einjettete, wenn er selber am Pult zu stehen hatte oder selber Regie führte. Zwar heißt es, Karajan habe einen Generalschlüssel für das Opernhaus besessen und sei recht häufig unverhofft im Saal erschienen, um das Ensemble zu kontrollieren. Aber das gehört wohl tatsächlich in den Bereich der Legende. Wechsberg: »Karajan mag zwar versucht haben, das Haus aus der Ferne zu leiten..., doch damit hatte er keinen Erfolg. Während des Winters kam es zu langweiligen Perioden schwunglosen Dirigierens, armseliger Bühnenregie, zweitklassigen Gesangs und schlechter Darstellung.«[3]

Doch es gab auch große Abende. Marcel Prawy, langjähriger Chefdramaturg der Wiener Staatsoper, erinnert sich: »Seine zweite Premiere im April 1957 war *Othello*; Karajan dirigierte und inszenierte, die Bühnenbilder schuf Wilhelm Reinking, die Kostüme Georges Wakhevitch. Mario del Monaco sang einen großartigen *Othello*, die Königin des Abends aber war Leonie Rysanek. […] Karajan dirigierte hinreißend, nur wurde seine Sturmmusik von der elektronischen Verstärkung des Donners zu sehr überdröhnt. Karajan dirigierte auch eine neue *Tosca* in der Regie von Margarete Wallmann mit Renata Tebaldi (später mit Leontyne Price!), mit Tito Gobbi als *Scarpia* und dem neuen italienischen Haustenor Giuseppe Zampieri als *Cavaradossi* (1958). Er leitete aber auch Repertoirevorstellungen wie *Madame Butterfly* mit Sena Jurinac (1958) oder *Aida* (1959) mit Tebaldi, Simionato, Gobbi und dem neuen Tenor Eugenio Fernandi. Der Chefdirigent der New Yorker Philharmonie, Dimitri Mitropoulos, war vielleicht der einzige ganz große Dirigent, den Karajan neu an Wien binden wollte, er dirigierte *Manon Lescaut*, eine neue *Butterfly* mit der Jurinac, Regie: Josef Gielen (1957), und eine neue *Macht des Schicksals* (1960) mit Antonietta Stella, Giuseppe di Stefano, Giulietta Simionato und Ettore Bastianini, Regie: Wallmann. Francesco Molinari-Pardelli leitete 1961 eine neue *Turandot*, prachtvoll besetzt mit Birgit Nilsson, Leontyne Price (*Liu*) und Giuseppe di Stefano. Und Lovro von Matacic brachte 1960 eine Neueinstudierung von *André Chénier* mit Renata Tebaldi, Franco Corelli und Ettore Bastianini sowie eine neue *Cavalleria* mit der Goltz als *Santuzza* und einen neuen *Bajazzo* (Regie: Paul Hager, Bühnenbild: Jean-Pierre Ponnelle); Jon Vickers sang den *Canio*, Aldo Protti den *Tonio*, Wächter den *Silvio*, Wilma Lipp ihre erste *Nedda*. Es gab zahllose Feste des Belcanto – und dazwischen ›magere‹ Abende. Man gewöhnte sich daran, die Oper nach den Sternstunden und nicht mehr nach dem Alltag zu beurteilen.«[4]

Die italienischen Opern mögen zwar in Karajans Repertoire überwogen haben, es gab aber auch vieldiskutierte Wagner- und Strauss-Inszenierungen. 1957 begann der Regisseur Karajan mit der *Walküre*. Prawy: »Karajans Wiener *Ring* war von Anfang an durch die Bühnenbilder von Emil Preetorius belastet, der zwischen

Alt- und Neu-Bayreuth pendelte, ohne zu einem eigenen Stil zu gelangen. [...] Im ersten Akt ging statt der Tür in Hundings Haus gleich die ganze Rückwand auf und gab den blauen Himmel eines Ferienplakates frei; Karajan gelang aber ein hervorragender Zweikampf und ein wunderschöner Feuerzauber. Sein später so viel diskutierter kammermusikalischer, unpathetischer Stil für die Wagnermusik war schon damals erkennbar. Hans Hotter war *Wotan*, Jean Madeira *Fricka* (später Ira Malaniuk), Leonie Rysanek sang die *Sieglinde*, Ludwig Suthaus den *Siegmund*, Gottlob Frick den *Hunding*. Ljuba Welitsch und Christa Ludwig waren unter den *Walküren*. Herbert Schneiber schrieb: ›Helm ab vor Birgit Nilsson als *Brünnhilde*!‹ (später sang sie Martha Mödl). Zu Weihnachten 1957 folgte *Siegfried*: Ein Ast ersetzte den Wald, der Drache war nur ein Schattenphantom, und die Nilsson erwachte als *Brünnhilde* in einem modernen Kleid mit enganliegenden Ärmeln und Zippverschluß. Die Schmiedelieder sang Wolfgang Windgassen vor einem sehr eindrucksvollen gigantischen Blasebalg. [...] Der Wanderer kam nicht einäugig, und die seine Einäugigkeit betreffende Stelle aus dem Dialog mit *Siegfried* im Schlußakt wurde gestrichen, was heftige Kritik auslöste. Das nächste Weihnachtsgeschenk (1958) war *Rheingold*: Ballettratten schwebten als Doubles der singenden Rheintöchter in einer sehr wirkungsvollen Wellenprojektion – aber trotz der Ratschläge des Zauberers Kalanag wurde *Alberich* unter der Tarnkappe nicht unsichtbarer als in früheren Inszenierungen. Zehn echte Ambosse, die aus einer Gewerbeschule geholt wurden, machten Dienst in Nibelheim. Es war Karajans beste Lichtregie. [...] Der *Ring* wurde im Juni 1960 mit *Götterdämmerung* (Nilsson, Windgassen) abgeschlossen. Musikalisch waren die Wagnervorstellungen unter Karajan vielleicht die allerschönsten seiner Ära. Einmal sprang er sogar bei den *Meistersingern* für Keilberth ein! Im Juni 1959 dirigierte und inszenierte er den *Tristan* mit Nilsson und Windgassen. Im April 1961 kam *Parsifal*. Das Bühnenbild von Heinrich Wendel brachte eine wunderschöne Verwandlung von den Bäumen des ersten Bildes zu den Säulen der Gralsburg. In dem Dunkel mußte aber jeder Versuch der Blumenmädchen, *Parsifal* in der Choreographie von Erich Walter zu verführen, a priori scheitern. Das war die berühmte Inszenierung mit den ›zwei *Kundrys*‹: Elisabeth Höngen im ersten und dritten Akt, Christa Ludwig im zweiten. Das ist sehr wirkungsvoll, aber doch anfechtbar; denn es liegt in der Konzeption Wagners, daß sich ein Wesen in ein anderes verwandelt, und wenn das Theater das nicht darstellen kann, hat es keine Existenzberechtigung. Karajans letzte Wagnerregie war *Tannhäuser* (mit demselben Team) im Januar 1963 (*Tannhäuser:* Hans Beirer, *Wolfram:* Eberhard Wächter, *Elisabeth:* Gré Brouwenstijn, *Venus:* Christa Ludwig, *Landgraf:* Gottlob Frick). Die Inszenierung brachte viel Schönes, obgleich das Ballett im Venusberg etwas zuviel Gymnastik trieb und die prachtvoll schönen, großen lebenden Hunde am Ende des ersten Aktes (die Wagner unbedingt wollte!) mit der oratorienhaften Stellung des Ensembles in den uniformierten Kostümen zu sehr kontrastierten. Echte Falkner des Falkner-Clubs trugen auf behandschuhten Fäusten kostbare, prachtvolle lebende Falken.«[5]

In Wieland und Wolfgang Wagners »Neu-Bayreuth« war man mittlerweile sehr viel weiter. Die Kritiker bezeichneten die Inszenierungen im Haus am Ring als »von vorgestern« und die auf dem lieblichen Hügel als »von übermorgen«. Als sich Wieland Wagner von einem riesigen Berg alter Requisiten trennen mußte, die seine Magazine verstopften, sagte er seinen Leuten: »Schickt sie Karajan, der kann das Zeugs gebrauchen!« Und Karajan legte man die Anekdote in den Mund, der Nilsson empfohlen zu haben, gleich im Wiener Kostüm nach Bayreuth zu reisen, sofern sie sich geniere, dort halbnackt auftreten zu müssen.

Sowohl der kühne Wagner-Enkel als auch der regieführende Maestro in der Wiener Staatsoper behaupteten stur und steif, sie setzten Wagners Musikdramen »werkgetreu« um und hielten sich buchstäblich an die Anweisungen des Meisters, die ihnen heilig und nützlich seien. Nur: Wieland Wagner hatte, bevor er die Musikdramen seines Großvaters studierte, C. G. Jung gelesen, Adler, Mead und Freud, durch deren psychoanalytische Brille er die Werke betrachtete und sie infolgedessen mehr sezierte als inszenierte, während Karajan über kunstgewerbliche Ansätze à la Preetorius nicht hinauskam, bestenfalls die konservativen Aufsätze zur »deutschen« Wagner-Gestaltung von Golther, Westerman, Wolzogen und Otto Strobel kannte (nach denen man sich schon zwanzig, dreißig Jahre richtete) und naiv übertrug, was Wagner zu den einzelnen Dialogen und Monologen seiner Opern niedergeschrieben hatte.

Attraktiv allein war das musikalische Geschehen, dem Karajan Fasson und Niveau verlieh. »Von Musik versteh' i nix, aber i weiß, er is a Magier!« sagten die Leute, die von weit her anreisten, um das »Wunder« Karajan zu bestaunen. Sonst waren sie der Oper ferngeblieben, jetzt hatten sie eine »Mordsgaudi«, wenn der »Hohepriester der Musik« seine Weiheakte zelebrierte. Marcel Prawy: »Wenn er [...] mit der berühmten Karajantrance begann: den Körper leicht vorgebeugt, die Arme über der Brust gekreuzt, den Kopf gesenkt, die Augen geschlossen, dann war man fasziniert, oder man lächelte. Aber später, als es diese Trance nicht mehr gab, hat sie einem gefehlt.«[6]

Karajan zog ein neues, anderes Publikum an. Die Altwiener Opernclique hielt sich bedeckt und blieb der »italienischen Absteige« fern. Die sogenannte bessere Gesellschaft, die bisher den Ton im Musentempel an der Ringstraße angegeben hatte, verfolgte den Aufstieg des »Herrn Ritters« aus dem Schmollwinkel und ratschte und tratschte und arbeitete mit Fleiß an der Intrige, die den eigenwilligen Maestro aus dem Sattel heben sollte. Prawy: »Karajan hat viel berechtigten Anlaß zu Kritik gegeben, aber sehr viel Kritik gegen Karajan entsprang dem Neid der Wiener, weil er ›so viel verdient‹. Es klang noch gutmütig, wenn man von dem ›Weltmeister im Dirigieren‹, von der ›Greta Garbo am Dirigentenpult‹ oder vom ›Dirigenten des 22. Jahrhunderts‹ sprach – oft aber kritisierte man das Singen der *Carmen* in französischer Sprache und ließ sich daran die Wut über Karajans Villa in Saint-Tropez aus. Man erlaubte Karajan gerade noch, im Engadin Ski zu laufen – aber warum muß er mit einem Hubschrauber zur Piste fliegen? ›Das hat doch Franz Schalk auch nicht getan!‹ Leute, die ihre eigenen Villen für horrende Summen untervermieteten, bebten vor heiliger Empörung, wenn Karajan sein Sportflugzeug weitervermietete. ›Hat Gustav Mahler Yoga-Übungen zur Entspannung und Konzentration gebraucht?‹ Es war doch billige Publicity, wenn der Operndirektor von einer Jury als der bestgekleidete Mann Wiens ausgezeichnet wurde! ›Karajan verschleudert unsere kostbaren Schillinge ins Ausland, denn er bestellt sich seinen Salzburger Trachtenanzug bei einem Mailänder Schneider!‹ Auch Karajans Steuerprobleme waren plötzlich Gemeingut aller kunstbegeisterten Österreicher. [...] Die bravsten Reaktionäre wurden plötzlich überzeugte Republikaner und mokierten sich über Karajans ›von‹, Leute, die selbst Butter auf dem Kopfe hatten, schnüffelten in seiner Tätigkeit während des Dritten Reiches herum. […] Man konnte es erleben, daß der eine jubelte: ›Karajan hat der Wiener Oper erst Weltgeltung verschafft!‹ und der andere philosophierte: ›Karajans Verschwendung hat Österreich an den Rand des Abgrunds gebracht‹ – und beide konnten, auch bei vollständigem Durchspielen, das *Meistersinger*-Vorspiel vom Donauwalzer nicht unterscheiden.«[7]

Bei allem, was er während seiner Wiener Staatsoperntätigkeit anpackte, machte Karajan intensive Lernprozesse durch. Was er jetzt in praxi bewältigte, kam ihm später bei seinen Salzburger Osterfestspielen zugute. Karajan: »Ich habe in meiner Zeit an der Staatsoper unendlich viel gelernt. Selbstverständlich war es wichtig für mich und das Haus, daß ich bereits mit großer Erfahrung und Praxis nach Wien kam. Von meiner Zeit in Ulm an hatte ich mich damit abgegeben, das Funktionieren eines Opernhauses zu erlernen oder mitzubestimmen. Wenn man die Jahre in Ulm, in Aachen, in Berlin zusammenrechnet, dann kam ich mit einer Erfahrung von gut dreißig Jahren an die Staatsoper. Und heute weiß ich, daß es anders gar nicht möglich ist. Ein Haus von dieser Größe und diesem Anspruch kann nur ein Mann leiten, der das Handwerk eines Operndirektors erlernt und über Jahrzehnte ausgeübt hat. Anders darf man sich an eine Aufgabe wie die in Wien gar nicht wagen. […] Was ich in meiner Staatsopernzeit wirklich lernte, das war wiederum vor allem Handwerk. Ich beschäftigte mich von Anfang an sehr viel mit der Bühnentechnik, ich fand heraus, wie ausgezeichnet in Wien das technische Personal ist, ich stand bei allen Proben auf beinahe freundschaftlichem Fuß mit diesen Menschen. Ich lernte auf der Bühne, bei den Beleuchtern und in den Werkstätten, was ich als Regisseur noch alles zu lernen hatte.«[8]

Interessiert, aber doch wohl ohne innere Anteilnahme verfolgte er die damals als modern geltenden Inszenierungen solcher Stücke wie Igor Strawinskys *Oedipus Rex* (1958), Carl Orffs *Oedipus der Tyrann* (1961), Francis Poulencs *Die Gespräche der Karmeliterinnen* (1959), Pizzettis *Mord in der Kathedrale* (1959) und Benjamin Brittens *Ein Sommernachtstraum* (1961). 1958 hatte es Hindemiths *Mathis der Maler* gegeben und 1962 Debussys *Pelleas und Melisande* (Bühnenbild: Günther Schneider-Siemssen).

Zu der Zeit kriselte es bereits bedenklich in den Beziehungen Karajans zu den Gremien der Wiener Oper. Sein Stagione-System wurde angeprangert. Er überfordere die Sänger, hieß es; sie würden mit Proben überstrapaziert. Außerdem ließ er von dem jeweiligen Ensemble im voraus Tonaufnahmen erstellen, weil es ihm leichter erschien, anhand der Bänder zu inszenieren und zu korrigieren. Das alles behinderte den Betrieb, der auch unter der Nervosität Karajans litt. Sein Zeitplan war so eng gefaßt, daß kaum eine Verschnaufpause blieb, wenn er in Aktion trat. Besprechungen auf Flughäfen und Bahnhöfen waren längst an der Tagesordnung. Fieberhafte Hast kennzeichnete die Arbeitsweise des Maestros.

1961 forderte das technische Personal der Staatsoper eine neue Überstundenregelung und höhere Löhne. Es kam zum Streik. Die Proben zum *Ring* mußten abgebrochen werden. Die Verhandlungen zogen sich über Monate hin. Die Bundestheaterverwaltung wurde mit einem Kollektivvertrag konfrontiert, den sie nicht zu akzeptieren gedachte. Schließlich bat Unterrichtsminister Drimmel Karajan, die Verhandlungsführung zu übernehmen, damit der leidige Konflikt ausgestanden werde und der Spielplan eingehalten werden könne.

Karajan wußte, daß es kein leichtes Spiel mit der Technik gab. Er flog nach Berlin und mußte nach seiner Rückkehr zu seiner Verblüffung feststellen, daß sich Bühnenarbeiter und Theaterverwaltung geeinigt hatten. Man hatte ihn kurzerhand ausgeschaltet. Doch das Ergebnis konnte ihn keineswegs befriedigen; für den Opernbetrieb war es nicht akzeptabel. In einer »Klausel der Zumutbarkeit« war den Bühnenarbeitern zugestanden worden, Überstunden als freiwillige Leistung zu übernehmen, »soweit es der Spielbetrieb erfordert«. Marcel Prawy meint, der wahre Grund der raschen Einigung sei die »Rettung des Opernballs« gewesen, der »für alle offiziellen Stellen das Forum gesellschaftlicher Repräsentation darstellt, Karajan aber völlig egal war«[9].

Karajan demissionierte und reiste in die Schweiz. Ein Großteil der Öffentlichkeit stellte sich jetzt auf seine Seite, und auch das technische Personal plädierte in Sympathiestreiks für den »Chef«. Der aber wollte nur an das Haus zurückkehren, wenn ihm zwei Bedingungen erfüllt würden. Zum einen wollte er einen Mitdirektor neben sich haben, und zwar einen seines Vertrauens, zum anderen verlangte er die Unabhängigkeit der Staatsoper von der Bundestheaterverwaltung.

Minister Drimmel mußte beides zusagen, um Karajan nicht gänzlich zu verlieren. Mitdirektor wurde der Stuttgarter Intendant Walter Erich Schäfer, der aber seinen Vertrag mit den Württembergischen Staatstheatern beibehielt. Die Autonomie gegenüber der Bundestheaterverwaltung kam dadurch zum Ausdruck, daß nicht mehr für jede Ausgabe im laufenden Etat eine Extragenehmigung eingeholt werden mußte.

Neben Walter Erich Schäfer als Mitdirektor gab es nun auch noch einen Generalsekretär: Albert Moser. Karajan kam zurück und dirigierte eine mit »standing ovations« umjubelte *Aida*. Alles schwamm in eitel Wonne. Der Maestro war wieder da, und somit konnte das »Wunder« weiterhin bestaunt und beratscht werden. Der nächste Spielplan, mit Schäfer gemeinsam erarbeitet, schien gelockert, nicht mehr »nur« italienisch. Das Ballett des Marquis de Cuevas gastierte, Schäfer ließ sein hauseigenes Stuttgarter Ensemble mit Rossinis Oper *Der Türke in Italien* und Wolfgang Fortners *Bluthochzeit* gastieren. Karajan stellte einen neuen *Fidelio* vor und eröffnete das Theater an der Wien mit der *Zauberflöte*. Er inszenierte *Tannhäuser*. Die *Krönung der Poppäa* wurde beifällig aufgenommen. Im Juni 1963 gab es einen neuen *Don Giovanni* (Regie: Oscar Fritz Schuh, Bühnenbilder: Teo Otto).

Gleich nach der Mozart-Premiere erfuhren die Wiener, daß Walter Erich Schäfer aus Gesundheitsgründen die Mitdirektion niedergelegt hatte. Zur größten Verblüffung der Opernfreunde schlug Karajan Egon Hilbert als Nachfolger des Stuttgarter Generalintendanten vor. Prawy: »Diese Nachricht schlug wie eine Bombe ein, und man brauchte kein Prophet zu sein, um zu erkennen, ›daß sich das nicht halten kann‹. Eigentlich war dieser Vorschlag, den Karajan auf den Rat von Oberregisseur Paul Hager gemacht hatte, ein unverständliches Schwächezeichen. Hilbert war ein Lieblingskind der Presse, insbesondere der Anti-Karajan-Presse, aber er hatte als Intendant der Wiener Festwochen und früher, in der Ära des Theaters an der Wien, auch wirklich Glänzendes geleistet. Nur konnten zwei so verschiedene Menschen auf keinen Fall zusammenarbeiten. Hilbert sprach viel, schrieb viel, liebte lange Memoranden und ›große Umstände‹, die Aufregung war sein Leben. Karajan liebte keinen Schriftverkehr, sondern kurze, knappe Worte. [...] Karajan wollte jemanden haben, der ihm die administrativen Sorgen abnahm – Hilbert aber wollte Operndirektor mit voller Autorität in allen künstlerischen Fragen sein. Karajan wollte ein Theater mit ad hoc zu einem kurzlebigen Ensemble zusammengestellten Spitzenstars – Hilbert hingegen verfocht (damals noch) das Ensembletheater älteren Stils. Was sich nun in dem einen und einzigen Jahr ihrer gemeinsamen Arbeit ereignete, war – trotz einiger grandioser Abende – ein ständiges Pendeln zwischen einer Kulturtragödie und einer Löwingerposse.«[10]

Als im Oktober 1963 *La Bohème* in Starbesetzung mit Mirella Freni und Gianni Raimondi herauskommen sollte, forderten die italienischen Gäste ihren Maestro Suggeritore, also ihren Kapellmeister-Souffleur, wie sie es an der Scala gewohnt waren, der ihnen nicht nur Stichworte zurief, sondern auch Tonhöhen angab und dazu mit den Händen werkelte. Karajan engagierte einen solchen Sing-Souffleur aus Mailand, der eine enorme Gage forderte. Daraufhin protestierte die Bühnengewerkschaft, und es gelang ihr, die von Karajan bereits erteilte Arbeitsgenehmigung für ungültig zu erklären. Am Premierenabend erschienen Karajan und Hilbert (Hand in Hand!) vor dem Vorhang. Hilbert verlas eine Erklärung, die Karajans »Handlungsweise« rechtfertigte. Doch das Personal weigerte sich konstant, die Aufführung »durchzubringen«. Hilbert schickte das Publikum nach Hause. Der Eklat war vollständig.

Einige Tage später wurde *La Bohème* nachgeholt. Die Stars fügten sich, verzichteten auf ihren Maestro Suggeritore und brachten es auch ohne ihn zu einer grandiosen Leistung. Diverse Rezensenten feierten den Abend als bisher größten künstlerischen Triumph des Maestros. Auch der folgende *Troubadour* wurde ohne Sing-Kapellmeister ein außerordentlicher Erfolg. Der *Bohème*-Eklat hatte dann noch ein Nachspiel vor dem Verwaltungsgerichtshof, der Karajan beipflichtete und keine Einwände dagegen erhob, daß besonders Souffleure aus Italien engagiert würden, weil mit deren Hilfe »eine Steigerung der künstlerischen Gesamtleistung« zu erwarten sei.

Um sich dem Einfluß Hilberts ein wenig zu entziehen und einen ständigen Beobachter am Ort zu haben, hatte Karajan seinen Privatsekretär, André von Mattoni, zum Direktionsmitglied gemacht. Das jedoch fuchste den Mitdirektor so sehr, daß er es auf eine

Machtprobe ankommen ließ. Hilbert setzte für den 17. Mai 1964 den *Tannhäuser* aufs Programm, den Karajan inszeniert hatte. Er wußte genau, daß der Maestro an diesem Abend ein Konzert mit den Berliner Philharmonikern im Musikvereinssaal absolvieren mußte. Karajan schickte Hilbert einen Ukas, die Vorstellung zu verschieben. Der jedoch dachte gar nicht daran und engagierte einen Gastdirigenten. Einen Tag später strich Karajan die Segel und erklärte, er werde zum Ende der Saison »aus gesundheitlichen Gründen« als künstlerischer Leiter der Wiener Staatsoper zurücktreten.

Prawy kolportiert eine köstliche Anekdote: Als bald nach der Demission Karajan einen *Fidelio* dirigierte, und *Florestan* ausrief: »Wer ist der Gouverneur dieses Gefängnisses?«, da tönte aus dem Publikum ein schriller Schrei: »Hilbert!«[11]

Karajan ging; Hilbert blieb. Die liberale Presse trauerte dem scheidenden Maestro nach und kehrte hervor, mit welchen neuen Ideen und neuen Gedanken und neuen Plänen er sein »vielschichtiges und weitschauendes Künstlertum« unter Beweis gestellt habe. Der Wiener Kritiker Heinrich Kralik: »Seiner Idee von einer international gelenkten Interessengemeinschaft der großen Opernhäuser gehört die Zukunft. Wie schön wäre es gewesen, wenn die Zukunft von Wien aus ihren Ausgang genommen hätte und wenn nicht den ersten, schüchternen Versuchen, wie sie der Vertrag mit der Scala vorsieht, nach kleinlicher Buchhalterart eine scheinbare Passivbilanz im Saldokonto vorgerechnet worden wäre. Neu und ungewöhnlich war es auch, daß Karajan, nach allen Regeln der Kunst gelernter Musiker, die Aufgaben von Regie und Inszenierung, in die er sich erst einzufühlen und einzuarbeiten hatte, selbst in die Hand nahm. Er brachte damit auch in der szenischen Realisierung des Opernspiels wieder das Musikerrecht zur Geltung, das in bedenklichem Ausmaß von einer weniger musikalischen Theater- und Schauspielregie usurpiert worden war. Nach etlichem Tasten und gewiß nicht immer geglückten Versuchen hat er in den letzten Jahren auch als Inszenator seinen persönlichen Stil, seine klare und sichere Form gefunden. Die von ihm musikalisch und szenisch geleiteten Aufführungen von *Pelleas und Melisande*, *Troubadour* oder *Tannhäuser* geben davon das rühmlichste Zeugnis und zeigen die glückhafte Erprobung seiner Methode in drei sehr verschiedenen Stilbereichen. Sie führen aus dem Chaos, in welchem sich die Operninszenierung derzeit allenthalben befindet, zu künstlerisch gesicherter Ordnung. Sie werden vielleicht in ähnlicher Weise Geschichte machen wie die Mahler-Roller-Aufführungen zu Beginn unseres Jahrhunderts.«[12]

Karajan im Rückblick auf seine Wiener Staatsopernzeit: »Selbstverständlich gab es Krachs und große Affären, die in der Öffentlichkeit Aufsehen erregten. Aber ich weiß jetzt, daß ich wegen dieser Auseinandersetzungen, die sich immer auf allerhöchster Ebene abspielten und auf den ersten Seiten der Tageszeitungen, die Staatsoper nicht verlassen hätte. Die kleinen Anstrengungen wurden mir zuviel, der tägliche Ärger gefiel mir nicht mehr, ich wurde des Systems müde. Ich weiß noch, wie wir zuletzt versuchten, Egon Hilbert in die Direktion zu nehmen. Ich widmete dem zwei Wochen, wir gingen spazieren, ich erklärte ihm, was ich mir für die Staatsoper vorstellte – dann kam er ins Haus und versuchte vom ersten Augenblick an, das Gegenteil zu tun. Er sprach von einem modifizierten Ensembletheater. Ich erklärte, so etwas gäbe es nicht. Das wiederum wollte er nicht wahrhaben. Wir waren sehr rasch völlig verschiedener Meinung. Ich spürte das und hatte mich im Grunde schon für die Festspiele und bald darauf für meine eigenen Festspiele entschieden. So viel ich in meiner Wiener Zeit gelernt hatte, ich war zuletzt unglücklich. Ich mußte weg.«[13]

Die Osterfestspiele

Eliette Mouret war eine junge Schönheit von siebzehn Lenzen, als sie Karajan zum erstenmal in Saint-Tropez begegnete. Seine Ehe mit Anita Gütermann war zu Ende. Die gazellenbeinige Blondine, Starmannequin, interessierte den Maestro. Vaughan berichtet, Eliette habe Folgendes über ihre frühen Beziehungen zu Karajan erzählt: Zwei Jahre nach dem ersten Zusammentreffen sei sie in London mit einem Freund in einem Konzert gewesen. Der Freund habe sie gefragt, ob sie Karajan kenne, da er sie permanent anstarre. Eliette Karajan: »Ich erwiderte, daß ich all seine Schallplatten besäße. Da schlug er vor, wir sollten uns ein Autogramm holen. Währenddessen durchbohrte mich Karajan förmlich mit seinen blauen Augen. Er wollte wohl andeuten, ich solle in der Pause zu ihm kommen. Er sagte Mattoni, wenn er eine langhaarige Blondine sähe, solle er sie zu ihm bringen. Wegen des Autogrammwunsches meines Begleiters ging ich zu ihm. Er wollte mit mir im Laufe der Woche ausgehen, doch ich hatte zu tun. In der nächsten Woche? Auch da war ich beschäftigt. Schließlich einigten wir uns auf eine Verabredung zum Essen. Die große Liebe kam erst an jenem Abend bei Legge und der Schwarzkopf«.[1]

Anita macht bei der Scheidung keine Szenen. Sie bleibt die gute Freundin, bekommt ein luxuriös ausgestattetes Haus als Abfindung und tritt immer dann in Erscheinung, wenn sie glaubt, daß der Verflossene ihres Rates bedürfe.

Die Trauung mit Eliette Mouret findet am 6. Oktober 1958 in Mégève statt. Eine geglückte glückliche Verbindung, die bis zum Tod des Maestros dauerte. Zwei Töchter werden dem Paar geboren: Isabel und Arabel.

Das erste Ehejahr Karajans mit seiner dritten Frau bringt auch viele berufliche Turbulenzen. Die große Umdisponierung beginnt. Alte Bindungen, wie die zu den Wiener Symphonikern und dem London Philharmonia Orchestra, werden abgebrochen, die Wiener Staatsopernposition wird ausgebaut. In Berlin stellt sich Wolfgang Stresemann als neuer Intendant der Philharmoniker vor. Seine Wahl war vom Votum Karajans abhängig, der sich einen »Herrn« als Nachfolger Westermans gewünscht hatte.

Für neunzehn Jahre kam es zu einer glänzenden, kaum durch Affären oder Aufstände getrübten Zusammenarbeit zwischen dem Maestro und Stresemann, der über Karajan schreibt, jener sei wie das Wetter: »Beide ein dauerndes Gesprächsthema, ohne daß man an ihnen etwas zu ändern vermag. Beide schwer voraussehbar. Über den Menschen Karajan gibt es ein ewiges Rätselraten. Auch er ein Mensch mit seinem Widerspruch, voller Gegensätze, Ungereimtheiten, ein Mensch, der anzieht, auch abstößt, aber stets im Mittelpunkt heftiger Auseinandersetzungen steht. Charmant-liebenswürdig, wenn er will, selten herzlich, meistens etwas distanziert, oftmals kühl-abweisend, auch absichtlich verletzend in einem Maße, das schmerzt. Er weiß all dies und weiß es doch nicht. Er kann durchaus sein eigener, scharfer Kritiker sein, auch in der Beurteilung seiner Konzerte; andere Menschen, Musiker und Nicht-Musiker, beurteilt er bisweilen hastig, oberflächlich, hört selten zu, wenn man sein Urteil zu korrigieren versucht. Er ist übrigens ein sehr schlechter Menschenkenner, auch in dieser Hinsicht unsicher, mit einem tiefen, oft derartig dominierenden Mißtrauen erfüllt, daß man glauben möchte, er mißtraue sich selbst.«[2]

Stresemann hat aber auch andere Seiten im Wesen Karajans beobachtet und erlebt, daß er sich für bestimmte Menschen sehr viel Zeit nahm. Stresemann: »Da sind zuerst diejenigen, die ihm einmal bei seinem Aufstieg geholfen haben. Karajan kennt Gefühle der Dankbarkeit, umarmt einen alten Freund, der ihm einst zur Seite stand, und erübrigt etwas Zeit für ihn, auch wenn dieser unangemeldet erscheint. Wer Karajan erst auf der Höhe seines Ruhmes begegnet, den wird er in der Regel mit liebenswürdigem Abstand betrachten. Vertrauen und Herzlichkeit im altgewohnten Sinne liegen ihm nicht, fast scheint er vor der Entdeckung seiner Gefühle zurückzuscheuen, eine bei ihm stark ausgeprägte Sentimentalität versucht er durch aggressives Verhalten zu unterdrücken. Doch nicht immer. Verläßt ein Philharmoniker das Ensemble wegen Erreichung der Altersgrenze, stehen Karajan oftmals die Tränen in den Augen. [...] Als ein Cellist bei der China-Reise des Orchesters einen schweren, von der gesamten Presse kommentierten Unfall erlitt, besuchte ihn Karajan sogleich im Krankenhaus. Der Musiker beklagte sich weniger über sein Mißgeschick, bedauerte vor allem, daß seine Brille kaputt sei und er nun nicht lesen könne. Was tat

Karajan? Er zog sofort seine eigenen Augengläser aus der Tasche, gab sie dem Verunglückten, sie paßten, und so wurde dessen wochenlanger Aufenthalt im Hospital wesentlich erleichtert.«[3]

Bestimmte Charaktereigenschaften Karajans spiegeln sich auch in seinem Verhältnis zu jungen, aufstrebenden Musikern wider, denen sein Interesse gilt. Auch hier hat Wolfgang Stresemann klug und analytisch beobachtet: »Während seiner ersten Jahre als Leiter der Berliner Philharmoniker führte er bei jeder Anwesenheit besondere Dirigentenkurse durch und hat auch später in anderen Städten (New York, Leningrad, Tokio) ähnliche, wenn auch kürzere Kurse abgehalten. Bereitwilligst läßt er Anfänger von seinem Erfahrungsschatz profitieren, zeigt ihnen Fehler, die er vielleicht selbst einmal gemacht hat, gibt ihnen technische und musikalische Ratschläge, [...] man erlebt einen anderen Karajan, der sich auch menschlich voll ausgibt, die Karriere eines mit ihm arbeitenden Nachwuchstalents hilfreich verfolgt und dank seiner Autorität und aktiven Einsatzes manchen begabten Schülern den Weg nach oben geöffnet hat. [...] Doch nicht immer hat sich Karajans Zuneigung, wie bei Seiji Ozawa, erhalten, Spannungen traten zutage, wenn sich seine Wege mit denen der Jüngeren kreuzten. ›Das ist meine Rache‹, sagte er einmal mit einem Anflug von grimmigem Humor, ›daß ich den Jüngeren, die nach oben gekommen sind, nunmehr ganz junge, neue Begabungen entgegenstelle.‹ Dann gibt es leider einen sehr bösen, haßerfüllten Karajan, wenn er – mit Recht oder Unrecht – glaubt, Grund zu haben, [...] wehe dem Menschen, den Karajan einmal hochschätzte, wenn es später Ärger gibt, es zur Trennung kommt. Mit genialer, aber dennoch schwer verständlicher Einseitigkeit lobt er jemand in den Himmel, vertraut ihm bis zum letzten, preist ein gar nicht vorhandenes, auch von den Betreffenden nie behauptetes Computer-Gedächtnis, und plötzlich ist es aus. Nun verwandeln sich Zuneigung und Vertrauen in Abneigung und Mißtrauen, der Bruch geht so weit, daß Karajan jeden mißtrauisch beobachtet, der weitere Beziehungen mit dem von ihm nun negativ Beurteilten unterhält. Wer ihn rechtzeitig auf seinen Irrtum angesprochen hätte, dem wäre er, wie es sein engster Mitarbeiter einmal ausdrückte, ›an die Kehle gesprungen‹. Groß in allem, seinem Denken, seinem Fühlen, gefährlich groß im Festhalten an einer einmal vorgefaßten Meinung, muß er den bitteren

Kelch bis zur Neige leeren, für seinen Trotz, seine Eigenwilligkeit Enttäuschung und Schaden erleiden, die man ihm gerne erspart hätte.«[4]

Kaum ein anderer Zeitgenosse des Dirigenten hat ein so dichtes Psychogramm von ihm entworfen wie Wolfgang Stresemann. Karajans rastloses Streben und Davoneilen, seine rätselhafte Umtriebigkeit, sein ständiger Seelenwandel müssen bei einem unmittelbaren Beobachter Faszination ausgelöst haben, denn sonst hätte man einen solchen »Nervenbolzen« kaum ertragen können. »Es« arbeitete in ihm stets auf den verschiedensten Ebenen. War er in Berlin, plante er für Wien, war er in Wien, dachte er an Luzern oder Paris.

Am 26. Juli 1960 wird das Große Festspielhaus in Salzburg mit dem *Rosenkavalier* in der Inszenierung Rudolf Hartmanns (Bühnenbildner: Teo Otto) eröffnet. Zur Gala ist die »ganze« Welt angereist. Clemens Holzmeisters Haus mit zweitausenddreihunderteinundsiebzig Plätzen findet Beifall. Karajan ist von der Größe der Bühne beeindruckt und weiß, daß dies die Szene ist, auf der er in absehbarer Zeit seine eigenen Festspiele abhalten wird. Paul Czinner verfilmt die Eröffnungsvorstellung und nimmt damit eine Idee Karajans vorweg, der später jede seiner Produktionen per Video und Film festhalten wird, um damit der Nachwelt Dokumente seines künstlerischen Wirkens hinterlassen zu können (wie manche sagen: um zu überleben).

Heinrich Kralik schrieb über den *Rosenkavalier* von 1960: »Die prächtigen luxuriösen und doch geschmackvollen Bühnenbilder von Teo Otto sind neu, ohne das Alte auf den Kopf zu stellen. Sie brechen nicht mit der klassischen Roller-Tradition, sie führen sie weiter. Dieser sympathisch anheimelnde Eindruck ist ebenso der Regieführung durch Rudolf Hartmann zu danken. Auch er gibt dem Spiel einen neuen Zug. Bisweilen sogar einen neuen Sinn. Ohne daß man's eigentlich merkt, wie die Erneuerung oder Veränderung zustande kommt. Seine Inszenierung basiert auf der Tatsache, daß die Autoren ihr Werk nicht Oper, sondern Komödie für Musik genannt haben, daß in allen Situationen ein leichter, spielerischer Charakter zur Geltung gelangen soll. Im gleichen Sinn sorgt und wirkt Karajan als Dirigent. Auch er inszeniert, indem er dirigiert. Auch er hat die Komödie im Sinn, wenn er den tausendfältigen Kostbarkeiten der Partitur nachspürt. Er benimmt der Musik alles Schwere, alles Massige. Er breitet über das Ganze Fröhlichkeit und Helle. Kaum zuvor ist die *Rosenkavalier*-Musik so spielfroh, so zart, so durchsichtig erklungen.«[5] Mit Lisa Della Casa als *Marschallin*, Sena Jurinac als *Octavian*, Hilde Güden als *Sophie* und Otto Edelmann als *Ochs auf Lerchenau* hatte Karajan Gesangsstars zur Hand, deren Identifikation mit den Rollen phänomenal war.

Im folgenden Jahr führte Karajan im Festspielhaus Bachs *h-Moll-Messe* auf, ein Unterfangen, das höchst zwiespältige Eindrücke hinterließ und wieder einmal die Vorstellung von einer »katholischen« Interpretation der Werke des großen Thomaskantors suggerierte. Manche Kritiker fanden sie zwischen Schubert und Bruckner angesiedelt, romantisiert, stellenweise überparfümiert. Selbst der sonst so karajanselige Joachim Kaiser konnte nicht umhin, seinem Dirigier-Idol die Leviten zu lesen. Diese Aufführung der *h-Moll-Messe* habe ihm einen Schock versetzt, schrieb er. »Sie mißlang für mein Empfinden erstaunlich, unbegreiflich und keineswegs immer auf höchstem Niveau. […] Schon in den ersten vier Einleitungstakten fingen die stilistischen Seltsamkeiten an, und sie dauerten fort bis eigentlich zum letzten Takt des Werkes.«[6] Leise, lässig, wie Spottchöre aus Verdi-Opern seien die gewaltigen Chorfugen erklungen. »Verpönt alles Forte, verbannt aller Ernst: durchsichtig, flott und bedeutungslos.« So Joachim Kaiser, der Karl Richters Bach-Interpretation dagegenhielt, die »sternenweit, wahrlich astronomisch über dieser Wiener Bach-Bemühung gestanden« habe.[7] Fazit: »Bei Karajan klang es immer, als stünde nichts auf dem Spiel.«

Garantiert hat es auch Bach-Aufführungen unter Karajan gegeben, die ein anderes Niveau besaßen, die so vorbereitet waren, daß viel auf dem Spiel stand. Aber an seinem Bach sollte man den Maestro nicht messen. Da war er auf einer Fährte, die weder zum Bekenntnis-Bach noch zum Bach »von innen heraus« führte. Der romantisierte Bach, den die Schule von Mendelssohn bis Reinthaler auf dem Gewissen hat, der »Bach der schönen Stellen«, ist nun seit Generationen passé. Ein seltsamer Anachronismus, daß Karajan ihn immer wieder hervorholte. Bezeichnend wohl auch, daß er die *h-Moll-Messe* im Festspielhaus aufführte und nicht in einer der großen Kirchen Salzburgs. Joachim Kaiser hätte die »ratlosen

Zuhörer« am liebsten in ihre Omnibusse gepackt, um sie nach Ansbach zu fahren und sie dort erleben zu lassen, »daß Bachs größtes Werk keine Mischung aus melodienarmem Schubert und Strawinskyscher Schlankheit sei«.[8]

Bei all den enthusiastischen (zum Teil auch von seinen Plattenfirmen und Public-Relations-Managern gesteuerten) Berichten über seine Konzerte und Opernaufführungen vergißt und übersieht man leicht, daß auch Karajan gelegentlich mit Wasser kochte und Schwachpunkte in seiner künstlerischen Arbeit hatte. Gewiß kannte er die *h-Moll-Messe* (auswendig) bis zum letzten Pausenzeichen; es gab keine technischen Probleme für ihn. Ihm mangelte es in diesem Fall ganz einfach am Verständnis für den ethischen und tiefenpsychologischen Inhalt des Werkes, in das er sich nicht zu versenken vermochte. Der Zugang war ihm total versperrt... auch aus Mangel an schlichtem Gemüt.

Die gelegentlichen »Flops« wurden überdeckt von den gewaltigen Erfolgen, mit denen Karajan das internationale Publikum an das Salzburger Haus band. Als Dirigent und als Regisseur war er hier unentbehrlich geworden, nicht nur eine Utilität, sondern eine Attraktion ersten Grades. Salzburg lebte von seinem *Troubadour*. Die Qualität der Aufführungen überzeugte selbst seine krudesten Gegner, die auch an der *Elektra* von 1964 nicht das geringste aussetzen konnten.

In den folgenden Jahren versuchte sich Karajan immer wieder als Regisseur-Dirigent. Manche bezweifelten, daß bei der doppelten Aktivität etwas Gescheites herauskommen könne. Doch sie mußten einsehen, daß durch die Gesamtleitung auch homogene und werkgerechte Effekte entstanden und daß der inszenierende Dirigent, wie es ihn zuvor nicht gegeben hatte, immerhin die Möglichkeit bot, einen Stoff aus der Doppelperspektive völlig neu zu kultivieren. »Die Szenenregie Karajans ist nichts anderes als die getreueste Spiegelung seiner Klangregie, so wie er die Musik hört, so ›sieht‹ er sie auch«, schrieb K. H. Ruppel in der *Süddeutschen Zeitung*.[9]

Einen seiner größten Triumphe feierte der Regisseur-Dirigent mit dem *Boris Godunow* von 1965. Monatelange Proben gingen der umtosten Premiere voraus. Karajan präsentierte der Musikwelt einen *Boris*, wie es ihn seit Schaljapin nicht mehr gegeben hatte:

Herbert von Karajan mit seiner Frau Eliette.

Oben links: Die Familie des weltberühmten Dirigenten, aufgenommen 1977 in München: Von links: Tochter Isabelle, Frau Eliette, Herbert von Karajan, Tochter Arabelle.

Oben rechts: Osterfestspiele in Salzburg 1975: Karajan probt mit Mirella Freni »La Bohème«.

Unten links: Herbert von Karajan gratuliert auf einem Empfang in Salzburg Karl Böhm zum 80. Geburtstag.

1968 wurde Herbert von Karajan Ehrenbürger von Salzburg. Einer der ersten Gratulanten nach der Ehrung ist Karajans greiser Musiklehrer Hans Ledwinka.

Herbert von Karajan und Dietrich Fischer-Dieskau sind 1978 mit der Ehrendoktorwürde der Universität Oxford ausgezeichnet worden.

Nicolai Ghiaurov. Schneider-Siemssen, der Bühnenbildner, nutzte die Bühnenamplitude aufs geschickteste aus mit kolossalen Aufbauten, Brücken, Wegstrecken, Alleen. Alles war ungewöhnlich, auf schauerlich schöne Art überhöht und überwältigend.

Die »großen« Stimmen dieser Inszenierung, nämlich Ghiaurov und Sena Jurinac, bewältigten sowohl den räumlichen Gigantismus als auch die permanenten Forteschläge des bombastischen Orchesterapparats. Manche Sänger gingen in dem slawisch dräuenden Getose unter. Es fiel nicht weiter auf, weil der riesige Stimmen-*Boris* alles mit sich riß. Ob sich je ein Sänger so verausgabte für ein Opernpandämonium der Superlative?

Karajan mochte bei dieser Inszenierung von einer Art Blockdenken befallen sein. Er steigerte die Musik zu Beginn all der wuchtigen Massenszenen ins Monumentale und ließ sie dann – etwa im Polenbild mit der Polonaise und den Mazurken – zu einem kümmerlichen Rinnsal werden. Die von Mussorgsky bewußt in die Partitur eingearbeiteten Gegensätze zwischen »Natur«-Rußland und »Gesellschafts«-Polen kamen allzu gegensätzlich heraus. Kammermusikalische Transparenz, notorische Eleganz, Bonhomie und tändelnder Charme sind bei Mussorgsky nicht angesagt; wer sie dem Werk injiziert, übergießt das Urgestein mit zuviel »Rimsky«.

Dennoch war der Gesamteindruck der Mise en scène überwältigend, und wer etwas daran auszusetzen hatte, mochte der Grundkonzeption dieses künstlerischen Unterfangens von vornherein mißtrauen. Karajan hatte »Große Oper« inszeniert und sie auch vom Pult aus so gesteuert, daß man unschwer die Tableaus aneinandergereiht zu erkennen vermochte. Nummer auf Nummer (wie zu Zeiten Meyerbeers, den Mussorgsky nicht allein in *Boris Godunow* kopierte) mußte aufgebaut, szenisch dargeboten, gesteigert und diminuiert werden – alte Operngesetze, die manchen jungen Kritikern unverständlich geworden waren. Sie setzten Wagner gegen Mussorgsky. Das aber ist, als setze man Offenbach gegen Schubert.

Ein Jahr vor dem *Boris Godunow*, der Maßstäbe in seinem Salzburger Wirken schuf, war Karajan aus dem Amt des künstlerischen Leiters der Wiener Staatsoper geschieden mit den Worten: »Meine Aufgabe ist es, meine eigenen Leistungen und die mir gebotenen künstlerischen Möglichkeiten mit dem höchsten Maß zu messen. Ich möchte zeigen, wohin die Anspannung aller Kräfte führen kann. Wer mir die Möglichkeit dazu bietet, hat meine Mitwirkung.«[10]

Damit gibt er Salzburg eine gewisse Chance, mit ihm rechnen zu dürfen, wenn er auch ziemlich pauschal im Juni 1964 erklärt hatte, er beende seine Tätigkeit in Österreich. Man habe es nicht zu würdigen gewußt, daß er zweihundertvierunddreißig Aufführungen an der Staatsoper dirigieren konnte, etwa dreißig pro Jahr. Er läßt auch durchblicken, daß ihm die Berliner Philharmoniker näherstehen als ihr Wiener Pendant, das zusehen muß, wie der Maestro mit der Konkurrenz eine Platteneinspielung nach der anderen auf den Markt bringt.

Karajan hat mit der Deutschen Grammophon-Gesellschaft einen Exklusivvertrag abgeschlossen. Nun ist er für diverse Jahre an das Berliner Orchester gebunden. Die Wiener Philharmoniker stehen bei der Decca unter Vertrag; sie müssen sich fortan mit anderen Dirigenten begnügen, wenn sie nicht ihre Bindung an den englischen Konzern aufgeben. Die Wiener Gazetten zeihen Karajan ob seiner Hinwendung nach Berlin des Verrats an der Heimat. Eine Zeitung nennt seine Handlungsweise »Balkansitten«, weswegen sie der Maestro verklagt. In zweiter Instanz gewinnt er den Prozeß.

Die Salzburger beginnen gleich nach der Wiener Demission eine massive Umwerbekampagne. In der Grazer *Neuen Zeit* heißt es am 21. Juli 1964: »Die Salzburger wollen lieber nicht als Österreicher gelten als auf Karajan, den großen Sohn der Stadt, ›den größten seit Mozart‹ zu verzichten.« Der regierende Landeshauptmann schreibt dem Maestro: »Zugleich mit dem tiefen Bedauern über Ihren Entschluß bezüglich Ihrer Mitwirkung an der Leitung der Wiener Staatsoper danke ich Ihnen namens der Salzburger Festspiele für Ihre Loyalität diesen gegenüber! Salzburg wird Ihnen jede Gewähr bieten, daß Sie auch in Hinkunft bei uns alle Voraussetzungen finden, die Sie für Ihr Wirken wünschen und die es Ihnen vielleicht doch ermöglichen, Ihre Entscheidung, Salzburg betreffend, nicht als endgültig zu betrachten.«[11]

Karajan weiß, welche Möglichkeiten ihm in seiner Heimatstadt geboten werden: Hier kann er im Sommer all die Künstler vereinen, die sonst an den entferntesten Opernhäusern der Welt zu Hause sind. Hier stehen ihm die besten Orchester zur Verfügung, hier kann er – auf einer für ihn idealen Bühne – seine Regievorstellungen in die Tat umsetzen. Und schließlich hat er hier ein anderes, womöglich aufgeschlosseneres Publikum als in Wien und außerdem die internationale Presse, zu deren Gewohnheiten es gehört, Festspielaufführungen eher und ausführlicher zu besprechen als »normale« Abende.

1960 hat Baron Puthon sein Amt als Präsident der Salzburger Festspiele niedergelegt. Sein Nachfolger ist Karajans alter Freund und Mentor Bernhard Paumgartner geworden, der alles daransetzt, den Maestro ins Direktionskuratorium zu berufen. Damit erhält Karajan das Fundament, auf dem er in den folgenden drei Jahren sein eigenes künstlerisches Imperium errichten wird.

Die Zeit bis dahin nutzt er für umfängliche Schallplattenproduktionen mit den Berliner Philharmonikern, denen er sein bis dahin ehrgeizigstes Phono-Unternehmen abverlangt: die Gesamteinspielung der Sinfonien Beethovens, und dies in relativ kurzer Zeit. Er verfügt über ein ideales Orchester, findet ideale Aufnahmebedingungen vor und demonstriert der verblüfften Welt, was ein Klangregisseur der Moderne zu erreichen vermag. Dem musikalischen Genuß steht der akustische gleichwertig gegenüber. Nie zuvor hat man Mittelstimmen, sonst unbeachtete Details so klar und deutlich vernommen. Gewiß, die Plattenwiedergabe besitzt nicht die Unmittelbarkeit des Live-Erlebnisses, doch es gibt wohl keinen Konzertsaalplatz in der ganzen Welt, der einen so viel Direktes, Nebensächlich-Hauptsächliches erfahren ließe.

Karajan demonstriert seinen Perfektionismus und den des technischen Zeitalters. Er hat es gelernt, Zeichen nicht nur durch seinen Taktstock und seine Gesten zu geben, sondern auch durch Einsätze über die Mischpulte mit den quadrophonischen Kanälen und den elektronischen, höchst sensiblen Mikrophonen und Verstärkern, die er zu bedienen weiß wie die Armaturen im Cockpit seines Flugzeugs. Ein Heer von Toningenieuren steht für ihn bereit und reagiert peinlichst genau auf seine Forderungen. Er ist der Herr der musiktechnischen Welt, in die er Beethoven, Brahms und Bruckner einordnet.

Der technische Rausch hat ihn erfaßt, wird ihn nie mehr loslassen. Die Konserve soll lebendig werden, nicht mehr nur Beispiel geben, wie einer Musik umgesetzt hat, sondern auch vorführen, in welchen Dimensionen sie wiedergegeben werden kann. Karajans unglaubliche Klangpalette, die Amplitude seiner Detailanalysen, sein mikrokosmisches Erfassen der einzelnen Regungen und Wendungen werden in den Gesamtkomplex der neun Beethoven-Sinfonien offenbar.

Auch wenn man nichts anderes von ihm, dem zentrifugalen Magier, kennte – aus dem intensiven Abhören dieser Aufnahmen ließe sich sein künstlerisches Psychogramm, seine Individualität, sein Bekenntnis ablesen und heraushören. Furtwängler mag die Sinfonien vergeistigter, monumentaler dirigiert haben, Klemperer spiritueller, Bruno Walter freundlicher und lebensnaher, Toscanini mit seiner präzisen Brio-Technik nerviger und eleganter. Keiner aber ist so deutlich geworden, so detailbewußt, so aufklärerisch-pluralistisch und hat die Werke so vielgesichtig erscheinen lassen wie Karajan.

Im März 1967 lädt der Maestro zum erstenmal zu seinen Osterfestspielen nach Salzburg. Karajan: »Um die Entstehung der Osterfestspiele ist ja oft und oft erzählt worden. Am Beginn stand eine Bemerkung des Dirigenten Christoph von Dohnanyi, der zu mir sagte, jetzt müßte ich einmal Opern in ganz eigener Verantwortung und nach meinen eigenen Maßstäben produzieren. Das gab mir sehr zu denken und brachte mich auf meinen damals noch unerfüllten Lebenstraum, die Wagner-Opern noch einmal unter idealen Bedingungen herauszubringen. Der Plan zu den Osterfestspielen war ziemlich rasch geboren –, auf einem Flug nach Stockholm, wo ich, gemeinsam mit Michel Glotz, Sänger anhören wollte, wurde das notwendige Budget durchgerechnet, das sich viel später im ersten Jahr als völlig richtig erwies. Wir dachten allerdings zuerst daran, das Projekt in Genf zu machen und waren über das Orchester nicht im klaren. Aber dann kam, das habe ich ja oft beschrieben, ein Abend bei den Salzburger Festspielen. Ich dirigierte *Boris Godunow*, und in der kurzen Lichtpause vor dem großen Chorbild stand ich beim Dirigentenpult, und plötzlich wußte ich, daß ich die Osterfestspiele in diesem Haus mit diesen Künstlern machen sollte. Da ist ja bereits alles vorhanden, was man braucht, dachte ich. Nach der Vorstellung fuhr ich heim, ging bei strömendem Regen hier in der Umgebung zwei Stunden spazieren und dann war der gesamte Plan fix und fertig in meinem Kopf.«[12]

Mit der *Walküre* am 19. März beginnen die Osterfestspiele, Einstieg in den *Ring des Nibelungen*, den Karajan von Günther Schneider-Siemssen ausstatten läßt, der mit diesem Festival bis zum Ende verbunden bleiben wird und dem es meist gelingt, die ungeheure Ausdehnung der Bühne zu bewältigen und den Raum sich untertan zu machen. Schneider-Siemssen ist für Karajan ein Glücksfall (wie einst Preetorius für Furtwängler ein Glücksfall war). Sie ergänzen sich.

Die Visionen des Regisseur-Dirigenten werden buchstäblich umgesetzt. Keine Experimente! Alles ist so realistisch und so präzise ausgedeutet, daß zu Fehlinterpretationen des Geschauten kein Raum mehr bleibt. Selbst Winifred Wagner, in den braunen Zeiten Hüterin des Grals, ist hingerissen und geht mit den Vorstellungen des Maestros konform.

Auf jeden Fall gewinnt Karajan mit seiner Wagner-Interpretation im Handumdrehen jene, die den Bemühungen Wieland Wagners in Bayreuth ziemlich respektlos und voller Häme begegnen. Doch der Wagner-Enkel ist tot. Ist Karajan der Mann für die Zukunft der Musikdramen des Bayreuther Meisters? Er ahnt nichts von Chéreau und Kupfer und den Möglichkeiten, die Ideen Wagners als absurdes Theater zu interpretieren und die realistischen Erfordernisse der Ausdeutung »postmodern« sowohl irrealistisch als auch parodistisch umzudeuten.

Einer, der mit dem Regisseur-Dirigenten zu Beginn von dessen Osterfestspiel-Ära »restlos glücklich und zufrieden« zu sein scheint, heißt Joachim Kaiser. Für ihn übertrafen die Berliner Philharmoniker als Wagner-Orchester alle übrigen Opern-Orchester. Kaiser: »Gerade weil sie nicht an Opern gewöhnt sind, weil sie Wagner einen gewissen Widerstand bieten, weil sie keine Routine haben, eroberten sie sich die Welt dieser *Walküre*-Musik mit einer Zartheit, einer unabgenutzten Genauigkeit, einer leisen Intensität, die zum reinsten Genuß wurden. Plötzlich spürte man wieder einmal, was der alltägliche Opernbetrieb auch erstklassigen Musikern alles abverlangt. Die Berliner hingegen hatten die Kraft, Wagners Partitur so zu spielen, als handelte es sich um eine Symphonie. [...] Karajans Sensualismus führte zu einem Wagner für ›Wagner-Verächter‹. Denn leiser, musikalischer, sinnvoller und belebter als hier, wo die Kontrabässe auch die scheinbar unwichtigste Phrase musizierten, die Oboen sich aus dem Klangteppich lösten, so daß man kaum entscheiden konnte, wann ein Instrument die Führung übernahm und das andere sich wieder unterordnete, ist diese Partitur wahrscheinlich noch nicht erklungen.«[13]

Karajans Erfolg – und der Erfolg der Berliner Philharmoniker, denen die mangelnde Opernerfahrung tatsächlich nicht anzuhören war. Dem Orchester kam entgegen, daß Karajan die jeweils zu spielende Oper zu Beginn der Proben auf Platten aufnehmen ließ. Wolfgang Stresemann: »[…] dann konnte sich Karajan auch auf die beachtliche Flexibilität seiner Truppe verlassen, die mit sichtlichem Interesse in den ›Orchestergraben‹ stieg, von der außerordentlichen Opernerfahrung ihres Chefs voller Bewunderung profitierte – Karajan übte sogar mögliche Fehler auf der Bühne im voraus! – und schließlich neben Karajan von der Presse sehr oft als ›Star‹ der Osterfestspiele bezeichnet wurde.«[14]

Der Erfolg des Unternehmens (neben der *Walküre* gab es sechs Orchesterkonzerte, unter anderem mit Bruckners *Achter* und Beethovens *Missa solemnis*) gab Karajan recht. Zweifel und Unkenrufe hatte es zuvor genügend gegeben.

Und die Salzburger Festspielleitung ward nicht müde zu betonen, daß die Osterfestspiele nichts mit den Sommerfestspielen zu tun hätten und »des Maestros jüngstes Kind« ein rein »persönliches Anliegen des Herrn von Karajan« sei, der zu diesem Behuf eine Festspiel-GmbH gegründet habe und dem ein Förderverein (achthundert Mark Jahresbeitrag pro Person) die notwendigen Kapitalien beschaffe.

Gern wurden die neuen Festspiele von der Leitung der »alten« auch als »Hobby des Herrn von Karajan« apostrophiert. Dieses Hobby werde ausschließlich von der Schweiz aus organisiert, wo der Maestro auch seine Fernsehfilm-Gesellschaft etabliert habe. Auch über die Rentabilität wußten die »anderen« schon im voraus Bescheid. Der Maestro werde ein »kleines Defizit« machen, eine halbe Million Mark ungefähr – eine Lappalie für den Großverdiener von Karajan, der außerdem durch Fernsehrechte an den Konzerten das Konto wieder reichlich füllen könne. Nach dem Manusmanum-lavat-Prinzip werde Herr von Karajan niemals ein Minus machen; dazu sei er zu geschäftstüchtig. Auch ein Hobby bringe ihm stets noch Gewinn.

Im Februar 1967 war das neue Festival bereits ausverkauft. Offiziell kosteten die Eintrittskarten hundertvierzig bis zweihundertneunzig Mark. Am Schluß wurden sie um das Dreifache gehandelt. Zuschüsse erhielt der Maestro für sein Unternehmen nicht. Vermutlich hatte er auch gar keine verlangt, da die staatlichen Instanzen schon lange vor Beginn der ersten Proben ihr »Njet« allzu laut bekundet hatten. Karajan: »Wir haben damals errechnet, daß wir mit den notwendigen Proben, die wir schon für die vorher aufgenommenen Schallplatten haben, und mit entsprechenden Verträgen mit allen Mitwirkenden ohne Subventionen durchkommen werden. Und wir haben ja die ersten Osterfestspiele auch wirklich durchgestanden – es war ein minimaler Überschuß in der Kasse. Und ich habe auf Honorar verzichtet – das versteht sich ja. […] Daß sich dann sehr rasch alles änderte, war ja vorauszusehen. Jeder sah, wie man plötzlich auch bei den Osterfestspielen verdienen konnte. Und alle Preise gingen sofort in die Höhe. Und alle Kosten stiegen unerhört rasch. Also war es völlig logisch und auch gerecht, daß wir eine Ausfallshaftung bekamen für ein Festival, das nicht nur Künstlern, sondern einer ganzen Stadt neue Vorteile brachte.«[15]

Neben der *Walküre* blieb Karajans Interpretation der *Missa solemnis* aus dem Eröffnungsjahr der Osterfestspiele im Gedächtnis haften. Hier kam ihm seine »Katholizität« zugute, wenn man darunter seinen Hang zum Mystisch-Melodischen, zum Romantischen und Stimmungsvollen verstehen will. Bei Bach war das ein absoluter Störfaktor. Bei Beethoven nicht. Betont weich und füllig setzte Karajan an, ließ das dramatische, impulsive, störrisch-cholerische Beethoven-Gesicht vergessen. Was Karajan vollzog, war eine kulinarische Andacht unter dem Motto: »Der liebe Gott wird's schon richten«. Für diejenigen, die solche Anbetung in Rauschgoldengels-Dur gern bis zur Neige auskosten, war die Aufführung ein religiöses Erlebnis, dem sie vom ersten bis zum letzten Ton in tiefer Versenkung ergriffen beiwohnten, die Süße des »Dona nobis pacem« noch lange Zeit später andächtig nachschmeckend.

Die Berliner Philharmoniker werden schon wenige Tage nach der Eröffnung durch einen Brief des Maestros geehrt. Karajan schreibt: »Meine lieben Freunde – Sie wissen, daß ich Ihnen manchmal nach einem besonders schönen Konzert meine Bewunderung ausgesprochen habe. Für das, was Sie während der Zeit hier in Salzburg vollbracht haben, fehlen mir allerdings wirklich die Worte. Wie Sie eine Oper so weit ab von jeder bekannten Routine-Interpretation zu einem völlig neuen Leben gebracht haben und dann, trotz dieser Anstrengung, noch imstande waren, sechs Konzerte in unvergleichlicher Schönheit zu spielen, hat die Bewunderung eines Publikums hervorgerufen, wie es vielleicht in keinem anderen Musikzentrum jeweils sich zusammengefunden hat. Ich bin glücklich, daß ich gerade mit Ihnen diese Festspiele, die meinem Herzen am nächsten stehen, ausführen konnte, und sage Ihnen allen unendlichen Dank.«[16]

1968 inszeniert Karajan zu den Osterfestspielen *Rheingold*. Von der *Walküre* gibt es zwei Reprisen. Außerdem leitet er zwei Orchesterkonzerte und zwei Choraufführungen.

Inzwischen hat er Rudolf Bing von der New Yorker »Met« für die Idee gewonnen, die Salzburger Produktionen auch in Amerika zu zeigen. Der alte Kartellgeist ist wieder erwacht. Mit Hilfe einer Fluggesellschaft als Sponsor kommt im November 1967 die Salzburger *Walküre* an der »Met« heraus. Der erwartete Erfolg bleibt aus. Die Kritiker sind betont reserviert, wenn nicht ablehnend.

Eine halbe Million Dollar sind nutzlos vertan. Nutzlos? Die Investitionen zahlen sich erst im nächsten Jahr aus, wenn die Salzburger mit dem *Rheingold* an den Hudson zurückkehren. Karajan hat es ja immer schon gesagt ... Er siegt auf der ganzen Linie.

1969 will der Maestro die New Yorker mit dem *Siegfried* überraschen. Er rechnet nicht damit, daß er in eine Phase schlimmer Streiks gerät, die es Bing unmöglich machen, sein Kooperationsversprechen einzulösen. Das gigantische Transferprojekt scheitert. Karajan muß wieder einmal internationale Hoffnungen begraben.

Er entschädigt sich und die Berliner Philharmoniker mit einer Europareise. Man spielt in London und Paris, dann in Prag sowie in Moskau, wo Schostakowitsch sich nicht genugtun kann, die Interpretation seiner *Zehnten Sinfonie* durch Karajan zu rühmen. Ein Chronist hat das Ereignis festgehalten. Er schreibt: »Schostakowitsch und Karajan, der Komponist und sein genialer Interpret, zusammen auf der Bühne des Moskauer Konservatoriums: Das Publikum erhebt sich von den Plätzen. Der Beifall, schon vorhanden, als Karajan den Taktstock sinken ließ, nachdem das Finale der *Zehnten Sinfonie* Schostakowitschs in das Auditorium heruntergedonnert war, wuchs zu einer Ovation. Immer mehr Bravo-Rufe von den Rängen, wiederaufgenommen nach dem rhythmischen ›Karajan, Karajan‹ einer Gruppe hingerissener Moskauer Musikstudenten. Was immer zu Beginn an gespannter Zurückhaltung oder an abwartender Skepsis in dem in weiß-gelber Helligkeit gehaltenen klassizistischen Konzertsaal gewesen sein mag – jetzt wurde es hinweggeschwemmt von einer einzigen Woge rückhaltloser Ergriffenheit und Zustimmung. [...] Selbst Kritiker, die in den letzten Jahren ihr Ohr nie von diesem exzellenten Klangkörper abgewendet haben, räumten ein, daß diese Künstler aus Berlin in Moskau spielten wie die Götter, wie Apollo mit all seinen Musen.«[17]

Die Karajan-Festspiele 1970 werden als »Oster-Marathon« von der Presse angekündigt. Der Kritiker Helmut Neuper schreibt in der Berliner *Morgenpost*: »Vier Wochen intensivste Bühnenproben – täglich etwa neun Stunden, auch an Sonntagen – werden hinter ihm liegen, wenn Herbert von Karajan am 21. März den Taktstock zur Eröffnung seiner diesjährigen Salzburger Osterfestspiele mit einer sechs Stunden dauernden Inszenierung der *Götterdämmerung* heben wird. Was dann noch vor ihm liegt: 36 Stunden in einer Woche am Dirigentenpult. Es ist also ein echter Oster-Marathon, den der Maestro alljährlich in Salzburg zurücklegt! Denn neben seiner Arbeit als Dirigent und Regisseur warten auch noch Verwaltungsaufgaben auf ihn. Die Salzburger Osterfestspiele sind mehr oder weniger ein Ein-Mann-Betrieb. Karajan ist der Chef und muß alle wichtigen Entscheidungen selber treffen. [...] Der Erfolg ist ihm – wie jedes Jahr – gewiß. (Nur ein Plan mußte fallengelassen werden: Alle vier *Ring*-Opern in einem Jahr zu zeigen, das übersteigt nicht nur die technischen Möglichkeiten des Hauses und die künstlerischen Kräfte der Mitwirkenden, das würde auch die Kräfte des Publikums übersteigen.«[18]

Mit der *Götterdämmerung*, die der Zweiundsechzigjährige inszeniert hat, liegt nun der Salzburger *Ring* geschlossen vor, der nicht »intellektuell getüftelt« sei, wie ein Kritiker schreibt. »Er setzt die Leidenschaften frei, läßt Liebe und Haß wie Loges Lohe lodern, spürt Listen und Ränken nach und zeichnet das furchtbare Ende in gnadenloser Unerbittlichkeit.«[19]

Diesmal gibt es allerdings auch kritische Stimmen, die das Berliner Orchester für überfordert halten und mit der »schwachen« Besetzung der Hauptpartien nicht einverstanden sind. Im Herbst wird Karajan bei den Berliner Festwochen – nicht ohne Grund – den dritten Akt der *Götterdämmerung* konzertant wiederholen, um auch die auf seine Seite zu ziehen, die, wie er glaubt, im Salzburger Festspielhaus überfordert gewesen seien.

Auf dem Podium der Philharmonie wird dieser Akt zu einem »Festwochen-Eröffnungsabend, wie wir ihn glanzvoller kaum erlebten«, schreibt der Kulturkritiker Walther Kaempfer am 22. September 1970 im *Tagesspiegel*. Es habe sich gezeigt, daß die Faszination dieser Musik die auf der modernen Bühne längst fragwürdig gewordene Realisation der Wagnerischen Intentionen zu ersetzen vermöge. Kaempfer: »Herbert von Karajan, dem der kaum wiederholbare, unvergeßliche Eindruck dieses Abends zu verdanken war, ging es darum, seine bisher nur in Salzburg verwirklichte Idealvorstellung ohne die klangperspektivische Verengung der Schallplatte oder Radioübertragung einem großen Auditorium vorzuführen. In unermüdlichen Proben hatte er die grandiose sinfonische Dichtung vorbereitet. Unmöglich, den Ruhm der Instrumentalgruppen im einzelnen zu besingen. Von den betörend sanften Hörnern des Rheingoldmotivs zu dem mystischen Raunen des Waldes in Siegfrieds Erzählung, von der ergreifenden Rückschau auf die Wälsungentragödie im Trauermarsch bis zum blühenden Des-Dur der Erlösung erreichten die Philharmoniker eine klangliche Idealität, die nur bei solcher totalen Hingabe an den Willen einer großen Künstlerpersönlichkeit denkbar ist. Karajans nie nachlassende Intensität, seine alle dynamischen Nuancen von transparenter Zartheit bis zu berauschender Klangpracht spontan erfüllende Diktion, war das Ereignis dieses wahrhaft festlichen Abends.«[20]

1971 reisen die Berliner Philharmoniker zum fünftenmal zu den Salzburger Osterfestspielen, die ihr Chef mit ihnen ausrüstet. *Fidelio* steht auf dem Programm. In diesem Jahr scheint vielen Kritikern das »invasionäre Festival« in besonderem Maße ein Dorn im Auge zu sein. Karajan hat sich nämlich bei den politischen Instanzen mit Nachdruck um Subventionen bemüht. In den Vorberichten der Presse ist von Unrentabilität die Rede und davon, daß die Steuerzahler nun für die Kunstfreuden einer kleinen, elitären Gruppe zahlen sollen.

Auch über die Regiekünste des Maestros ist manches Abträgliche selbst in der seriösen Zeitungswelt zu erfahren. Wenn er auf der Szene nicht weiterwisse, tauche er alles in mystisches Dunkel. Seine »Schwarz-Regie« sei nichts anderes als ein Ausweichen ins Nebulöse.

Am Vormittag der *Fidelio*-Premiere probiert Karajan einen neuen Rennwagen aus, gerät mit dem Fahrzeug auf einer Rennstrecke ins Schleudern, der Wagen überschlägt sich ... Doch dem Maestro geschieht nichts. Er hat Glück. Den leichten Schock überwindet er rasch; am Abend steht er wie selbstverständlich am Dirigierpult.

Die Kritiken über seinen *Fidelio* sind höchst unterschiedlich. Die einen schreiben von einer blassen, undramatischen, fahlen Konzeption und Ausführung und heben Böhm und Bernstein dem Maestro gegenüber in den Himmel; die anderen bescheinigen ihm eine »gereifte Interpretation«, wie man sie, besser als im Saal, von den Kassetten abzuhören vermochte, die am Premierenmorgen wie üblich von der Presseabteilung verteilt wurden.

Makellos bot sich allein das Orchester dar. Eine erstaunliche Mittelmäßigkeit bescheinigte man indes den meisten Sängern. Und dazu dann die kümmerliche Regie Karajans. Das Attribut dilettantisch war an jenem Abend nicht selten zu hören. Eine statische, unlogische Personenführung, wenn überhaupt jemand recht geführt wurde. Betulichkeit anstelle von Seelenschmerz, Gattentreue vom Dutzend, eine unglaubwürdige Realisation.

Karajan hat immer wieder behauptet, er lese keine Kritiken. Anno 1971 hätte es ihm mächtig zugesetzt, wenn er mitbekommen hätte, was alles gegen ihn, vornehmlich als Regisseur, vorgebracht wurde. Aber die Rezensenten, vor allem die aus Wien, mäkelten auch an dem Orchester herum und daß es Karajan nur bedingt gelungen sei, die Musiker zur Räson und etwas Glaubwürdiges mit ihnen zustande zu bringen. Solche Unterstellungen, hieß es im *Merker*, seien »typisch Wiener Schule« und würden offenbar »nicht ohne Absicht so gehandhabt«. Bei anderen Orchestern dürfe man mit dem Aufzählen von kleinen Fehlern gar nicht erst beginnen, da würden die großen oft genügen, um den Platz auszufüllen, der »eigentlich einer Kritik zugedacht war«[21].

Am dritten Abend der Festspiele von 1971 faszinierte Karajan seine Zuhörer mit Strawinskys *Sacre du Printemps*. Der *Merker* konstatierte eine »Darstellung von gnadenloser Härte und atemberaubender Präzision, wilder Schönheit und dabei einer unwahrscheinlichen Transparenz«[22]. Musikalische Vollendung: Das war die Quintessenz der meisten Rezensionen. Karajan, der »Konzertsieger«. Seine Opernversuche rangierten weit darunter.

Als hätten Reminiszenzen an alte, längst vergangene (Aachener und Ulmer) Tage plötzlich in seinen Vorstellungen und Gedanken Platz gefunden, entschloß sich der Maestro, Silvester 1971 ein populäres Konzert mit den Berliner Philharmonikern anzubieten – nach dem Muster der Wiener Neujahrskonzerte, die einst von Clemens Krauss erfunden worden waren. Wer nie geglaubt hatte, daß Karajan auch einen Hang zur leichten Muse haben könne, wurde eines Besseren belehrt. Die Ouvertüre zur Operette *Leichte Kavallerie* von Suppé, Josef Strauß' Walzer *Delirien*, der *Radetzkymarsch* und ein paar französische Schmankerln von Bizet und Gounod wurden gegeben, auch die *Valse triste* von Sibelius und die *Meditation* aus Massenets Oper *Thaïs*, von der vor Generationen ganze Scharen von Salonkomponisten profitierten. Karajan überreichte diesen musikalischen Makartstrauß mit Esprit und dem für solch einen unterhaltsamen Anlaß notwendigen »Make-up«. Die vom Fernsehen übertragenen Neujahrskonzerte trugen wesentlich zu seiner internationalen Popularität bei. Die Stücke mit »Gout« und Parfüm ließen sich auf Platte zum Teil besser verkaufen als seine Klassiker. Alles zu seiner Zeit – und warum nicht einmal für einen Augenblick in der Wattewolken-Atmosphäre von Lehárs *Gold und Silber* schwelgen, wenn es dazu beiträgt, den Namen Karajan in alle Welt zu tragen und die Konten in St. Moritz oder Anif zu füllen!

1972 ist *Tristan*-Jahr. Karajan hat den Ehrgeiz, es den Bayreuthern zu zeigen. Das Ekstase-Drama der Nachtgeweihten hat es ihm seit frühester Jugend angetan. Der erhebliche materielle Einsatz seiner Plattenfirma macht das Unterfangen möglich. Allerdings ist Karajan darauf angewiesen, Künstler einzusetzen, die bei ebendieser Firma unter Vertrag stehen. Helga Dernesch ist bereits im Vorjahr eine reichlich bläßliche *Fidelio-Leonore* gewesen. Als *Isolde* wird ihr erheblich mehr abverlangt. Doch sie steht die mörderische Partie durch und hat das Pech, in Jon Vickers einen wenig idealen Partner als *Tristan* zu finden. Seine Stimme reicht nicht aus. Windgassen und Beirer bewältigen die Partie wesentlich geschlossener, geschmeidiger und genauer. Aber Christa Ludwig als *Brangäne*! An ihr hat der Maestro sein Hauptvergnügen. Sie ist großartig, unnachahmlich, die Beste ihrer Zeit im Mezzo-Fach.

Wie im Vorjahr begeistert die Oper die Zuschauer, die Konzerte jedoch werden umjubelt. Strawinskys Spätwerk *Apollon Musagète*, Brahms' *zweite Sinfonie*, Debussys *Prélude à l'après-midi d'un faune* und Ravels *Daphnis und Chloe* enthusiasmieren das Publikum – und die Presse, die von den Berliner Musikern sagt, sie seien die »eigentlichen Helden« des Festivals.

Als müsse er seine Vorstellungen vom eigenen Festival hypertrophieren, gibt Karajan am Ende der Festspiele von 1972 bekannt, er werde im kommenden Jahr auch Pfingstfestspiele abhalten, die im Zeichen Anton Bruckners stehen würden. Zu Ostern sei die Nachfrage nach Karten so immens gewesen, daß man die Enttäuschten nunmehr auf Pfingsten verweisen könne – worauf die Sarkasten unter den Kritikern auch gleich für Weihnachtsfestspiele plädierten.

Gleich nach der Ankündigung, die eigenen Festspiele erheblich zu erweitern, mehrten sich in Berlin die Stimmen, die Anstoß an der permanenten Aushäusigkeit der Philharmoniker nahmen. Vierundneunzig Konzerte in Berlin, vierzig Gastkonzerte auswärts – das galt als Mißverhältnis. Wozu der teure »Zirkus Karajani«, das neue Heim der Philharmoniker am Kemperplatz, wenn es für den eigentlichen Zweck nicht ausgelastet werde? Die Glaubhaftigkeit der Philharmonie als Kulturzentrum wurde in Frage gestellt. Die Tendenz, aus den Philharmonikern ein »Quasi-Reiseorchester« zu machen, fand so viel Ablehnung, daß es im Senat zu »kleinen Anfragen« in diesem Zusammenhang kam. Längst zog die Devise nicht mehr, die Philharmoniker seien die »Botschafter Berlins«; allzu deutlich war geworden, daß sie in erster Linie Botschafter Karajans waren, Instrumente zur Erhöhung seiner Grandeur.

Im *Abend* meldete sich der Kritiker Wolfgang Schimming wie folgt zu Wort: »Niemandem kann damit gedient sein, daß die Musiker, die sich außerdem in Kammermusik-Ensembles betätigen, Lehraufträge ausüben und sich mit Schallplatten-Aufnahmen erhebliche Nebenverdienste schaffen, zu ihren eigenen Orchesterkonzerten sozusagen ›mit hängender Zunge‹ kommen, um ihre Dienste abzuleisten. Nicht die Zahl dieser Dienste soll vermehrt, wohl aber der Schwerpunkt der öffentlichen Tätigkeit des Orchesters wieder eindeutiger auf Berlin konzentriert werden. Die Einstellung der Berliner Musikfreunde und ihrer auswärtigen Gäste muß auch dem Herrn von Karajan klipp und klar zum Bewußtsein gebracht werden.«[23]

Der Intendant des Orchesters, Wolfgang Stresemann, antwortete: »[...] Als uninformiert muß zum mindesten die Bemerkung bezeichnet werden, daß die Berliner Philharmoniker nicht dazu da seien, den Glorienschein um das Haupt Herrn von Karajans in aller Welt noch zu vermehren. Herr von Karajan, in der ganzen Welt berühmt, braucht wahrhaftig keinen weiteren Glorienschein. Ihm sind bis in die letzte Zeit hin die größten Dirigentenpositionen bei den ersten Orchestern der Welt angeboten worden. Er hat diese Angebote dankenswerter Weise abgelehnt, um seiner Berliner Philharmoniker willen, mit denen er sich auf Lebenszeit eng verbunden fühlt. Unser Orchester verdankt ihm mehr, als es sich in wenigen Sätzen sagen läßt. Die ganze Welt beneidet uns um die fast einmalige künstlerische Einheit zwischen Karajan und seinen Berliner Philharmonikern. Es wäre ein Jammer ohnegleichen, wenn kurzsichtiges Denken, wie man es leider in unserer Stadt hier und da findet, diese Einheit gefährden würde.«[24]

Die Stimmungsmache gegen Karajan und seine Festivals hörte nicht auf. Die »Veranstaltungen für Reiche und Snobs« wurden mit Schärfe aufs Korn genommen. Verächtlich sprach man vom »Berliner Philharmonischen Orchester, Salzburg«. Karajan sah ein, daß er den Berlinern ein Bonbon anbieten mußte. Und so kam es zu einem »Beethoven-Festival« vom 29. Dezember 1973 bis zum 2. Januar 1974. Mit der Bekanntgabe dieser Veranstaltung legte sich für eine Weile das Gezänk um die Präsenz des Maestros in der Spreemetropole.

Im Sommer 1972 widmeten sich die Musikfreunde dem Salzburger *Figaro*, mit dem Karajan und Jean-Pierre Ponnelle eine außerordentlich erfolgreiche Inszenierung des Stücks durch Rennert und Karl Böhm absetzten. Mit der neuen Version war selbst Karajan-Herold Joachim Kaiser nicht einverstanden. Er schrieb: »[...] eine blankpolierte, optimistische, heitere ›Spiel im Schloß‹-Darbietung mit todsicheren Lachern und Effekten wurde wirklich nicht geboten. Im Gegenteil: Die Opera buffa geriet in die Nähe einer bittern, manchmal fast bodenlosen, zum Zynismus einladenden Beschwörung heimlichen (sonst oft heiter verheimlichten) Elends.«

Kaiser meinte, dieser *Figaro* sei »eigentümlich ernst, glücklos, ja pingelig-pessimistisch« geraten. »Der Aufführung fehlte es nicht an Sensibilität, Gefühl und Verstand, aber am großen Gleichmaß von Harmonie, Not und Glück. Und an der Direktheit der Affekte.«[25] Verliebt in Leises und Sublimes, gierig nach schmerzlichen Dissonanzen, habe Karajan »die leise Verhaltenheit« bevorzugt. Das war nicht nach jedermanns Geschmack. Manche verließen das Festspielhaus und waren der Meinung, der Maestro habe nicht einen seiner besten Tage erwischt.

Pfingstfestspiele 1973. Karl Schumann am 12. Juni in der *Süddeutschen Zeitung*: »Im Pfingstprogramm dominierte weder Karajans ästhetisierter Mozart noch sein lyrischer Brahms, noch sein mit Toscanini-Tempi geimpfter Beethoven, sondern Anton Bruckner, bei dessen Symphonien Karajan wie kaum sonst zu erkennen gibt, daß er nach Herkunft, Lebensgefühl und Tonfall ein Österreicher ist. Sein Bruckner wächst aus der behäbigen Dialekt-Idylle – Scherzo der *Fünften*, Scherzo-Trio der *Vierten* – legatissimo, weich, pastos und gelassen in die Dimensionen des Ungeheuren und Einschüchternden. Nie wird – Todsünde bei Bruckner! – ein Crescendo mit einem Accelerando gekoppelt. Breite Pianissimoflächen weiten sich aus. Nichts geschieht ruckartig, unvermittelt oder zackig; Karajans Bruckner ist ein Enkel Schuberts, der Orgel und Wagner studiert hat. Das Legato-Dirigieren, die vielkopierte Eigenart des Maestro, trägt die *Vierte* wie die *Fünfte* und *Achte*. Ganz ruhig, ohne Pose bringt Karajan die immer wieder herrlichen Berliner Philharmoniker auf seinen österreichischen, klangsinnlichen Weg zu Bruckner, der sich im Vergleich zu Klemperers schroffem Aufstieg, Furtwänglers mystischen Höhlengängen oder Knappertsbuschs Triumphpforten wie ein besonnter Bergpfad zwischen Wiesen und Urlandschaften ausnimmt. Bruckner als Pantheist.«

Mozarts *Requiem*, Bruckners *Tedeum* und Mozarts *Konzert für drei Klaviere* (mit Christoph Eschenbach, Justus Frantz und dem Maestro) komplettierten das Pfingstprogramm. Für das Jahr 1974 kündigte Karajan zu Pfingsten Bruckners *Siebente* und *Neunte* an, das *Deutsche Requiem* von Brahms und ein *Brandenburgisches Konzert* von Bach.

Salzburg kam auch bei den sommerlichen Festspielen in den Genuß von Karajan geleiteter Konzerte der Berliner Philharmoniker, mit denen er im Oktober des Jahres auf die vierte Japantournee ging. Im Anschluß daran ernannte ihn der Senat zum Ehrenbürger Berlins. Karajan in seiner Dankesrede nach Überreichung der Urkunde: »Die Beziehung zwischen der Stadt und mir ist die Geschichte einer großen Liebe, es war Liebe auf den ersten Blick.«[26]

Im Frühjahr 1974 mehrten sich die Stimmen, die den Osterfestspielen ein baldiges Ende prophezeiten. Die Salzburger Stadtväter hätten hinsichtlich der Subventionen die Notbremse gezogen. Ohne diese jedoch werde die Kasse nicht mehr stimmen. Dabei waren die Forderungen, die Karajan an die öffentliche Hand stellte, vergleichsweise bescheiden. Vierhunderttausend Mark und eine Ausfallhaftung von zweihunderttausend Mark hatte er gefordert.

Was die angepumpten Staatsträger irritierte, war die »gewisse« Unübersichtlichkeit in Karajans Abrechnungen und Bilanzen. Bei aller Ehrfurcht vor dem Herrn: Man wollte ihm nun genauer auf die Finger sehen und ihm nicht mehr allein die Verfügungsgewalt über staatliche Zuschüsse lassen. Wo blieben die Summen, die aus dem Verkauf von Rechten, vom Plattenverkauf und von den Bandaufzeichnungen resultierten? Der Verschwender Karajan erregte die Gemüter. Das Publikum ließ sich jedoch nicht anfechten, zahlte, ohne zu murren, Kartenaufschläge und auch sonst »um sich greifende« Preiserhöhungen.

Wagners *Meistersinger* stehen auf dem Programm. Hans Heinz Stuckenschmidt präsidiert der Rezensentengruppe. Er schreibt: »Die neue Salzburger Wiedergabe, seit mehr als zwei Jahren von Karajan geplant und vorbereitet, war gänzlich aus den Maßen des großen Festspielhauses konzipiert. Mehr noch als *Carmen*, *Boris Godunow* und die *Ring*-Tetralogie ist sie ein Triumph der Inszenierung, des illusionierenden Bildes, der allumfassenden Regie. Zweimal gab es sogar Beifall für das Bühnenbild. Zuerst bei der Nürnberger Gasse im zweiten Akt mit den alten Häusern, Giebeln, Erkern und Dächern, mit dem blühenden Fliederbaum, der nicht vor Sachsens, sondern vor Pogners Haus steht. Und dann bei der Festwiese mit den hohen Gestellen der Brücke und den Nürnberger Stadttürmen im Hintergrund, den Standarten und Zunftzeichen. Günther Schneider-Siemssen, der sich hier an naturalistischer Präzision selbst übertrifft, zieht den Bühnenrahmen weit ins Proszenium vor. [...] In diese Szenerie stellt der Regisseur Karajan seine von Georges Wakhevitch kostümierten Sänger, und hier entfesselt er die Tumulte: den um Stolzing vor den prüfenden Meistern, den nächtlichen der Prügelszene mit Davids Fenstersprung auf Beckmesser und Sturzbächen Wassers von oben auf die Streitenden; endlich den der tanzenden Lehrbuben und einziehenden Zünfte. Es sind Bilder von einer Menschen- und Raumverschwendung ohnegleichen, dabei heiter, festlich und ohne die Krämpfe des Parteitag-Pathos. [...] Ein Ensemble teils bewährter, teils hier noch unbekannter Sänger und Darsteller verkörpert Karajans immer betonteren Willen zur Entfettung des Wagnerstils. [...] Musikalisch sorgt Karajan, sorgen Berlins Philharmoniker, die von Walter Hagen-Groll vorbereiteten Chöre des Wiener Singvereins, der Wiener Staatsopern- und der Salzburger Festspiel-Kammerchor für eine Wiedergabe, die an Richtigkeit der Zeitmaße, der Charaktere, der Sing- und Spieltechnik keinen Wunsch unerfüllt läßt. Dennoch tritt die musikalische Wirkung gegen die szenische zurück. Auch stört oft ein klangliches Übergewicht des Orchesters über die Sänger, was auch die Textverständlichkeit beeinträchtigt.«[27]

In den Orchesterkonzerten des Jahres gibt es Tschaikowskys *fünfte Sinfonie*, die *Sinfonia domestica* von Richard Strauss, das *dritte Klavierkonzert* von Beethoven und eine Reprise der Bachschen *h-Moll-Messe*.

Bei den Sommerfestspielen in Salzburg steht die *Zauberflöte* in der Inszenierung Strehlers auf dem Programm, die Joachim Kaiser einen »beispiellosen Reinfall« nennt. Kaiser weiter: »Strehler, dessen unbezweifelbare Theater-Meisterschaft sich hier als rapide Folge optischer Einfälle präsentierte, bot die *Zauberflöte* in einer die Musik schmählich verzwergenden, alle Herzlichkeit, Innigkeit, reinigende Lauterkeit wegwirbelnden, eiskalt chaotischen Mammut-Mischung aus Cinemascope-Marionettentheater und Revue. [...] Wenn aber die wirbelnde Gigantomanie andeutungsweise exakt funktionierte, dann verblich Mozarts Musik zu unbedarft dünner Begleitung einer eigentlich auf fettere Effekte angelegten Holiday-on-Ice-Show, dann verendete der melodisch humane Zauber in quicklebendig ägyptologischer Totenstarre. [...] Bald nach der schön und spannungsvoll musizierten Ouvertüre, wie die Wiener Philharmoniker den Tonwiederholungen hinreißenden Impuls gaben, fragte man sich, ober Karajan selber als Opfer zu beklagen oder als Mittäter anzuklagen sei. (Wahrscheinlich beides.) Daß er annimmt, es genüge, einem Strehler die Tempi für die Nummern zu überlassen und sich darauf zu verlassen, der übersprudelnde und dispositionsungewohnte Regisseur werde dann schon alles hübsch fertigbringen, und er, Karajan, können in den letzten Tagen ruhig routiniert proben: Es war zumindest sehr leichtsinnig. Die Vorsicht, eventuellem Proben-›Krach‹ auszuweichen, erwies sich als höchst unvorsichtig. So wurde ein ungeheuerliches Regie-Vorhaben mit musikalischen Abstrichen bezahlt, weil selbst ein Karajan natürlich keine Salzburger Eröffnungspremiere platzen lassen möchte. Der Leidtragende war Mozart!«[28]

Nach der Oster-Saison und den zweiten Pfingstfestspielen gastiert Karajan erstmals wieder in Wien. Die Vorstände des Musikvereins haben ihn davon überzeugt, daß er die Donaumetropole nicht länger auslassen dürfe, denn schließlich habe er »zwei Standbeine«; das eine seien die Berliner und das andere die Wiener Philharmoniker. Vier Jahre lang hat er Wien gemieden. Als sein Konzert für den 21. Juni 1974 angekündigt wird, gibt es »Kartenschlachten in einem noch kaum jemals erlebten Ausmaß«, wie der *Merker* schrieb. »Vor dem Konzert wimmelte es in der Dumbastraße von eleganten Leuten, die es sich offenbar angewöhnt haben, wie in Salzburg vor dem Konzert ein Stündchen Cercle zu halten. Applaus-Orgien, jubelnde Spaliere im Musikvereinsgang und eine brodelnde Atmosphäre [...].«[29] Auf dem Programm stand Bruckners *Neunte*.

Der Salzburger Sommer, Luzern – und im Nobember die fünfte Amerikatournee der Berliner Philharmoniker. Einen Monat später taucht in der Presse die Notiz auf, Wolfgang Stresemann wolle zum September 1976 aus dem Amt des Philharmoniker-Intendanten scheiden. Der Nachfolger werde »im Benehmen mit dem künstlerischen Leiter des Berliner Philharmonischen Orchesters, Herbert von Karajan, dem Senat und mit dem Orchester selbst berufen«.

Stresemann hat wesentlich dazu beigetragen, daß Karajan weit über die Berliner Verpflichtungen hinaus mit den Philharmonikern arbeiten konnte. Er war eine Art von *Kurwenal* für den Maestro, mit dem man umzugehen lernen mußte, wollte man nicht dauernd einen Kollisionskurs steuern. Stresemann war ein wendiger und findiger Diplomat, der taktisch klug und umsichtig zwischen Karajan und Senat jonglierte und all das Treibholz mühsam beiseite schaffte, das die hohen Wogen der Erregsamkeit des Dirigenten oft auf den Strand warfen. Wäre ein nicht so höflicher, pflichtbewußter und psychologisch geschulter Intendant zu der Zeit angestellt gewesen, wer weiß, ob dann die Oster- und die Pfingstfestspiele über eine solch große Zeitspanne Bestand gehabt hätten?

Ostern 1975 stellte Karajan seine *Bohème* in Salzburg vor. Das »Sterben in Schönheit« verleitete den Maestro zu einer süßlichen Aufmischung, die immer dann bei ihm festzustellen war, wenn Sentiment, Verklärung und Italianità zusammentrafen. Mirella Freni strich einiges durch ihre bewußt naive Tonhaltung von dem überflüssigen Saccharin der rauschenden Klangpalette ab, aber Luciano Pavarotti legte desto mehr zu und stieß sich an den hohen Tönen seiner Partie wund, so daß es den Zuhörern (und Zuschauern) zur Qual wurde, dem Mann mit der Hunding-Figur auf Abenddauer gewogen zu sein. Und vom Pult her? Alles kam schön gelöst, ohne exzessive dramatische Akzente, ohne Kälteschauer und ohne Morbidität. Alles wie gewachst, glatt, selig, nur reinstes Gleichmaß verkündend.

Gleich nach den Osterfestspielen in Salzburg folgte in Berlin das Jubiläumskonzert zur Feier der zwanzig Jahre währenden Gemeinschaft zwischen den Philharmonikern und dem Maestro. Bruckners »Romantische«, die *vierte Sinfonie*, stand auf dem Programm. Zuvor gab es drei Stücke aus der *Lyrischen Suite* von Alban Berg. In den Ansprachen wurde der neunhundert gemeinsamen Konzerte gedacht. Karajan erhielt das Große Verdienstkreuz mit Stern und Schulterband der Bundesrepublik Deutschland und zeigte sich darob »aufs tiefste bewegt, fast beschämt«. Offizielle Laudationes konnte er nur schlecht vertragen; am liebsten ging er ihnen aus dem Weg.

Die Salzburger Pfingstfestspiele stehen im Zeichen von Johannes Brahms. Bevor es zu den Sommer-Festspielen geht, füllen die Kritiker erneut die Zeitungsspalten mit Abhandlungen und Tiraden über die ungeklärte Intendantennachfolge und die Nebentätigkeiten der Philharmoniker. Allzu emsige »Kenner« der Szene behaupten sogar, Karajan benutze seine philharmonischen Konzerte lediglich als Generalprobe für seine Schallplattenaufnahmen. Vorgehalten wird ihm auch, die Intendantenfrage mit Absicht dilatorisch zu behandeln, um möglichst lange alles beim alten zu belassen. Seine »Methoden« werden nun akribisch untersucht: die Kunst, Kunst in klingende Münze umzuwandeln. Daß eine »weitgehende Vermarktung des Orchesters« stattgefunden habe, räumt auch ein Senatssprecher ein.[30] Und er fügt hinzu: »Daß die Nebeneinkünfte der Musiker die Gehälter weit übersteigen, läßt sich ganz sicher nicht leugnen.« Die Tatsache, daß die Philharmoniker so stark im Plattengeschäft seien, habe sogar einen »Feedback-Effekt« und wirke sich »kulturpolitisch überaus positiv aus«. Denn in welchen entlegenen Winkel der Erde man auch komme, es werde von den Philharmonikern gesprochen, und das zahle sich doch für Berlin aus.

Im Salzburger Sommer gibt es Beethovens *Vierte*, den *Don Quixote* von Richard Strauss und Bruckners *Achte*. In Luzern führen die französischen Impressionisten das Programm an. Im November und im Dezember nimmt es Karajan auf sich, Bruckners *Neunte* und *Achte* hintereinander zu dirigieren. Im *Tagesspiegel* schreibt Walther Kaempfer: »Abgesehen von der physischen und geistigen Leistung, innerhalb 16 Stunden das riesige Werk zweimal mit höchsten Spannungsgraden zu interpretieren, kann man das in den letzten Jahren immer spürbarer werdende Streben nach letzter Vollkommenheit der Wiedergabe, die nahezu ideale orchestrale Klangqualitäten mit niemals nachlassender Gefühlsintensität zu höchster Formklarheit verbindet, nicht genug bewundern.«[31]

Eine Amerikatournee wird angekündigt, ein Brahms-Festival soll stattfinden, doch zu letzterem kommt es nicht, weil Karajan alle Verpflichtungen absagen muß: In Zürich hat er sich einer Bandscheibenoperation zu unterziehen. Wolfgang Stresemann berichtet, Karajan habe schon die letzte Aufführung der *Achten* von Bruckner »mit schmerzverzerrtem Gesicht« dirigiert. Stresemann weiter: »Dann begab er sich nach St. Moritz in der Hoffnung, durch neue Mittel die Schmerzen zu lindern. Vergeblich, die Schmerzen wurden noch schlimmer, ohne daß Kunde nach Berlin gelangte. Ich saß kurz vor Weihnachten in meinem Büro, als das Telefon klingelte und Karajan anrief. Ich fragte ihn ahnungslos, ob er guten Schnee in St. Moritz habe. ›Ich bin nicht in St. Moritz, sondern in einem Züricher Hospital, wo ich in einer halben Stunde am Rücken operiert werde.‹ Dann berichtete Karajan mit höchstem Interesse und altgewohnter Intensität Einzelheiten neuer Operationsmethoden, die der Professor anwende, und konnte sich gar nicht genugtun über die Fortschritte der Medizin auf diesem Gebiet. Ich hatte den Eindruck, daß er den Zeitpunkt der Operation mit Freude erwartete; offenbar stand er unter der Wirkung einer Spritze, die ihn fast heiter-vergnügt stimmte. ›Nun ja‹, meinte er am Schluß, ›die Brahms-Konzerte müssen eben ausfallen‹; ich wünschte ihm, was man in einem solchen Moment einem solchen Mann (und uns) wünscht, und begann darüber nachzudenken, was zu tun sei. Denn nicht nur drei Brahms-Konzerte, sondern sieben weitere Karajan-Konzerte mußten umbesetzt werden, da im besten Fall Karajan kaum vor Anfang März wieder zur Verfügung stehen würde.«[32]

Die Konzerte wurden von anderen Dirigenten übernommen. Anfang März 1976 kam Karajan nach Berlin zurück. Stresemann: »Dann ging es an die Arbeit, die entscheidende Vorprüfung, ob der Rücken eine längere Belastung ertrage. Das Programm wurde völlig geändert, und dies stimmte mich froh, denn es bedeutete, daß der ›alte‹ Karajan wieder am Werke war. Er bestand auf einem Solisten, Gidon Kremer, den er vermutlich auf einer Platte oder im Radio gehört hatte, und ›verordnete‹ sich die lange, anstrengende *Fünfte* von Tschaikowsky. Unvergeßlich das Konzert vom 7.3.1976. Als Karajan mit dem etwas verlegenen Kremer das Podium der Philharmonie betrat, erhoben sich alle Zuhörer wie ein Mann, brachen in Beifallsstürme aus und gestalteten Karajans Wiederkehr zu einer einzigartigen Bekundung von Freude, Dankbarkeit und Anhänglichkeit. [...] Karajan sagte später, er sei von dem Empfang so überwältigt gewesen, daß er kaum den Taktstock erheben konnte. Nach der Tschaikowsky-Symphonie prasselte der Beifall fast in den Schlußakkord hinein, es gab jenen ›instant applause‹, den er aus Paris, London und vor allem aus südlichen Ländern gewohnt ist und liebt.«[33]

Die Kritiker stimmten in den Chor der Enthusiasten aus dem Publikum mit ein. Karajans Bewegungen seien sparsamer geworden, hieß es in der *Morgenpost*, seine Auffassungen noch kontemplativer, seine Tempi noch breiter, sein Klangideal noch fülliger, noch sämiger, seine Konturen noch weicher, noch gelöster.[34]

Die zehnten Osterfestspiele in Salzburg standen vor der Tür. Es gab Ärger. Nie zuvor war die Gerüchteküche so am Brodeln wie vor der *Lohengrin*-Premiere. Dies seien die letzten Osterfestspiele mit den Berliner Philharmonikern, hieß es, denn bei den nächsten würden die Wiener Philharmoniker auf Wunsch der Wiener Bundes- und der Salzburger Landesregierung eingesetzt, als Äquivalent für die erheblichen Zuschüsse, die für Karajans Unternehmen geleistet würden. Es sei nur zu gerechtfertigt, daß das österreichische Spitzenorchester auch bei den Osterfestspielen in Aktion trete.

Zu den Gerüchten trug auch bei, daß Karajan wiederholt ad hoc die Konzertprogramme änderte und so die geplante *Sechste* von Gustav Mahler, die *Orchesterstücke Opus 5* von Anton von Webern und die *Orchesterstücke Opus 6* von Alban Berg entfielen. Symptome der Unsicherheit? Sicherlich war der Maestro nach seinem langen Krankenhausaufenthalt überfordert. Aber in Salzburg wurde offensichtlich auch die Fehde ausgetragen, die in Berlin von der Nachricht ausgelöst worden war, Stresemann wolle zurücktreten und ein neuer Intendant gebe den Philharmonikern gewiß nicht die Chance, so viel Nebenarbeit auszuüben.

René Kollo sang die *Lohengrin*-Premiere, hatte damit keinen Erfolg, erklärte sich für indisponiert und reiste nach Ascona ab. Ein Ersatzmann sprang ein. Dann erfuhr Karajan per Brief, daß der Darsteller des *Königs Heinrich*, Karl Ridderbusch, keinen Wert mehr darauf lege, bei den Festspielen mitzuwirken. »Verschiedene Spannungen und menschliche Gründe« machte der Sänger für sein Ausscheiden verantwortlich.

Im *Salzburger Volksblatt* stand am 15. April außerdem zu lesen, es sei auch zwischen den Berliner Philharmonikern und dem Maestro zu Spannungen gekommen. »Die Orchestermitglieder üben vor allem daran Kritik, daß das Programm für die kommenden Osterfestspiele noch nicht feststehe und damit die Frage nach ihrer Mitwirkung nicht geklärt sei. Künstler der Osterfestspiele haben sich angeblich darüber beschwert, daß Karajan, der sich im Dezember einer schweren Bandscheibenoperation unterziehen mußte, heuer besonders eigenwillig arbeite.«

Die Orchestermitglieder waren sicherlich auch deswegen verschnupft, weil Karajan es abgelehnt hatte, bei der Überreichung der »Goldenen Schallplatte« durch die Deutsche Grammophon an das Orchester dabei zu sein. Die Aufregungen wurden gemindert, als Wolfgang Stresemann am 16. April in den *Salzburger Nachrichten* eine Erklärung abgab, in der es hieß, daß der »auf lebenslänglich abgeschlossene Vertrag mit dem Dirigenten und dem Orchester weder gelöst noch verändert werden wird. Niemand bei uns denkt an so etwas.« Nicht auszuschließen sei allerdings, daß Karajan künftig Sondertermine einschränken werde. Die Frage der Orchesterbesetzung bei den Osterfestspielen 1977 (*Troubadour*) sei noch offen. Man werde auch in diesem Punkt den Maestro seine Entscheidung selber treffen lassen, ohne ihn im geringsten zu bedrängen.

Was die Regenbogenpresse mit dem Begriff »Heimatgefühl« umschrieb, nannte Karajan Pflichtgefühl. Er hegte es noch immer gegenüber der Wiener Staatsoper, »die er verlassen hatte und der er doch im tiefsten Inneren weiterhin zugehörte«, wie Wolfgang Stresemann schreibt. »[...] das einzige seine Ansprüche erfüllende Opernhaus in der Welt. Immer wieder kam er auf die Vorgänge nach seinem Abgang zu sprechen, jede Nachricht aus Wien kommentierte er länger, als man es sonst von ihm gewohnt war. [...] Nie wieder wollte er die Direktion übernehmen, hierüber gab es auch nach dem Tode von Hilbert keinerlei Zweifel. Aber sollte das Band zwischen ihm und der Wiener Oper auf ewig zerschnitten sein?«[35]

Karajans Favorit als Nachfolger Hilberts war Rudolf Gamsjäger, Generalsekretär der Gesellschaft der Musikfreunde, der dann auch als Operndirektor gewählt wurde. Karajan traf sich mit Gamsjäger in Bonn. Es gab diverse Besprechungen. Der neue Wiener Operndirektor hatte ihn mit dem Satz begrüßt: »Ich lege Ihnen die Wiener Staatsoper zu Füßen!« Offensichtlich geriet Karajan bei dem Gedanken, er werde demnächst wieder in der Staatsoper Einzug halten, ins Schwärmen. Konkretes wurde allerdings nicht verabredet, worauf Gamsjäger jedoch gewartet hatte. Welche Opern würde der Maestro dirigieren? Kämen auch Salzburger Produktionen als Übernahme in Frage? Wann könne man mit dem Erscheinen in Wien rechnen? Als man auseinanderging, lag die Wiener Oper Karajan zwar zu Füßen, aber es blieb offen, unter welchen Konditionen sie sich wiederaufrichten würde.

Gamsjäger vermochte sich nur schwer auf den »unwägbaren Stil« Karajans bei Gesprächen und Verhandlungen einzustellen. Er plante einen neuen *Tristan* – und den hätte Karajan liebend gern übernommen. Er mußte jedoch erfahren, daß darüber bereits mit Bernstein verhandelt wurde. Am Ende verzichteten beide, und Carlos Kleiber übernahm die Aufführungen.

Die Ära Gamsjäger an der Wiener Staatsoper währte nicht lange. Egon Seefehlner wurde nun Chef im Haus am Ring. Er hatte in früheren Zeiten unter Karajan gearbeitet und war zuvor Chef der Berliner Deutschen Oper gewesen. Eine der ersten Aktivitäten Seefehlners war, Karajan an die Wiener Staatsoper zu holen. Am 8. Mai 1977 fand das »Opening« mit dem Zurückgekehrten statt, der seinen Wienern ein Festival höchst eigener Machart bescherte. Es gab den *Troubadour*, *La Bohème* und *Figaros Hochzeit*. Jubel sondergleichen! Von nun an kam er wieder, Jahr um Jahr. Er hatte am Ring seine kleine, aber höchst attraktiv gestaltete Saison.

Vor seinem neuerlichen Auftreten in Wien lag die Osterfestspiel-Woche in Salzburg mit der Neueinstudierung des *Troubadour*, einer Aufführung der *Matthäuspassion* sowie der *Fünften* und der *Sechsten* von Gustav Mahler.

Bei den Pfingstfestspielen des Jahres 1977 präsentierte Karajan die dreizehn Jahre alte Anne-Sophie Mutter als Solistin in Mozarts *G-Dur-Violinkonzert*. Ein Wunderkind! Der Kulturkritiker Eugen Bichterer schrieb in der *Welt* vom 2. Juni: »Sie spielt nicht nur einen instrumental perfekten, sondern auch musikalisch geradezu beglückenden Mozart.« Karajan hat sich seitdem immer wieder ihrer Mitwirkung in seinen Konzerten versichert. Er besaß ein untrügliches Gespür dafür, wer wirklich talentiert war. Wie oft wurden ihm bei den Dirigentenkursen und Akademien Nachwuchsmusiker vorgestellt, die schon mit erheblichen Vorschußlorbeeren bedacht worden waren. Er brauchte nur einen »Strich« von ihnen zu hören, um zu wissen, daß sie keine Karriere machen würden. Wenn er aber einmal davon überzeugt war, auf den Spuren eines nachschöpferischen Genies zu sein, dann setzte er alles daran, dieses zu fördern und an vorderster Stelle zu präsentieren. Anne-Sophie Mutter ist dafür das beste Beispiel.

Vor dem Ziel

Herbert von Karajan war sicherlich der technisch versierteste Dirigent seiner Zeit. Keine Neuerung in der Phonoindustrie entging ihm, und er hatte einen Riecher dafür, welche »Systeme« sich durchsetzen würden und welche nicht. Seine Toningenieure und Cutter hatten es nicht leicht mit ihm. Er fragte ihnen Herz und Seele aus dem Leib – und war nie zufrieden. Bei keinem anderen Dirigenten mußten so viele Nachaufnahmen gemacht werden.

Sehr früh richtete er sein Augenmerk auf Compact Discs, auf Bildplatte und ähnliche Ton- und Bildträger. Von der Bildaufzeichnung versprach er sich am meisten. Doch er wollte keine »Gefilmten Konzert, bei denen man den Dirigenten von der Seite oder von hinten sieht, und ein Orchester, das als anonyme Masse so gut wie nicht in Erscheinung tritt.«[1] Für ihn war die »Verbindung« von Musik, Dirigent und Orchester das Wichtigste.

Über die frühesten Aufnahmeversuche berichtete Karajan: »Meine ersten Filme entstanden in Wien und in Zusammenarbeit mit einem erstrangigen Filmregisseur, mit Henri Clouzot. Es waren Filme, die wir mit den Wiener Symphonikern in einem Studio aufnahmen und die unerhört viel Zeit in Anspruch nahmen und entsprechend teuer wurden. Denn Clouzot kam vom Film und dachte in Kameraeinstellungen. Das bedeutete, daß wir immer wieder umbauen und immer wieder vor der Kamera musizieren mußten, daß mindestens sechsunddreißig Stunden lang an einer Symphonie gearbeitet wurde. [...] Clouzot war ein Künstler, hatte unerhörtes Einfühlungsvermögen und gab mir die Möglichkeit, von ihm sehr viel zu lernen.«[2]

Über die Zeit der »kreativen« Regisseure wußte er nur Negatives zu sagen. »Ich habe diese Zeit selbst mitgemacht und erinnere mich mit Schaudern, was man da auf dem Bildschirm sah. Zur Musik wurde gezeigt, was sich ein optischer Künstler dazu ausdachte. Im Grunde waren es immer entweder Walzwerke, Vulkane oder die verschiedensten Naturstimmungen. Ernsthafte Zusammenhänge zur Musik gab es da wirklich nicht, von einer optischen Interpretation einer Komposition konnte man da keineswegs sprechen...«[3]
Er sei nun einmal der kompetenteste Musiker in Sachen Musikfilm

»und allen ihren Konsequenzen«. Karajan: »Und das wiederum hat zu der Konsequenz geführt, die ich vor langer, langer Zeit zog, als ich selbst Oper inszenierte. Ich habe erkannt, daß es mir nur dann möglich ist, Produktionen nach meinen Ideen herzustellen, wenn ich mit wunderbaren Mitarbeitern selbst Regie führe. Nur wenn ich mein eigener Regisseur bin, drückt schließlich ein Film aus, was ich zeigen wollte. [...] Technisch und finanziell ist es natürlich heute sehr viel leichter als vor zwei Jahrzehnten, meine Ideen auch wirklich zu produzieren. Im Prinzip geht es recht einfach. Vor den eigentlichen Aufnahmen engagieren wir ein Jugendorchester, das unter der Leitung eines meiner Assistenten zu einer alten Tonbandaufnahme musiziert. Das mag für die jungen Menschen nicht immer sehr befriedigend sein, mir aber gibt es die Möglichkeit, alle Kameraeinstellungen lange vor den Aufnahmen festzulegen und alle Lichtprobleme möglichst hinter mir zu haben, bevor das Orchester kommt. Das bedeutet, daß ich zu einem Zeitpunkt, zu dem die Orchestermusiker noch gar nicht im Saal sind – bevor wir überhaupt zu drehen beginnen –, viele Kleinigkeiten erledigen, viele Korrekturen vornehmen kann. Das spart Nerven und Geld [...].«[4]

Und so erreichte er Perfektion. »Ich will Bild für Bild überprüfen, was später im Bild geschieht. Ich will ganz sicher sein, daß die Geiger so sitzen, daß später nicht ein einzelner Geigenbogen immer wieder quer über meine Nase tanzt. Und ich will die Möglichkeit haben, bei diesen Proben zu entdecken, was ein einzelner Geigenbogen auszudrücken vermag.«[5]

Als »Home-Video« Mode wurde, war Karajan einer der ersten, die dieser Massenvermarktung mit einer eigenen Firma einen gehörigen Anteil abzugewinnen vermochten. Auch bei diesem Medium ging es um seine Eigenverantwortlichkeit. Die Videofilme sollten seine Art zu musizieren in einer Form manifestieren, »die ich ganz allein verantworte. So sollen sie die Zeit überdauern und bleiben.«[6] Das Unternehmen Telemondial in Monaco wurde zu seinem Hobby, in das er seine »gesamte Zeit und künstlerische Leidenschaft« investierte.

Doch nicht alles kann Karajan auch optisch realisieren. Manchmal treten »Widrigkeiten« auf. Anno 1978 in Gestalt des Tenors Franco Bonisolli, der mitten in der Generalprobe zum *Troubadour* die Szene verläßt und Karajan lautstark erklärt, er könne seinen

»Mist« ohne ihn weiterspielen. Damit platzt die Eurovisionssendung aus der Wiener Staatsoper und die schon mit hohen Kosten belastete Bildaufzeichnung. Zwei Jahre später fällt eine *Don Carlos*-Übertragung ins Wasser, die in vierzehn Länder ausgestrahlt werden sollte. Vertrags-Schlampereien spielen dabei eine Rolle, aber auch der Rigorismus den Künstlern gegenüber, die sich auch von dem Maestro letztlich nicht alles sagen lassen.

Nach seiner Operation ist er schwieriger geworden, leidet offensichtlich immer noch an starken Schmerzen. »Sie plagen ihn mehr, als er es zugibt«, schreibt Wolfgang Stresemann, der davon berichtet, daß sich Klagen über den unleidlichen Chef auch bei den Berliner Philharmonikern häuften. »Karajan galt in früher Zeit als wenig verträglich; er hat dies mit Magengeschwüren begründet, die ihm so zusetzten, daß sich ein entspanntes Verhältnis zu seinen Musikern nicht immer entwickeln konnte; er hat dies nachträglich bedauert. Wenn auch in den seiner Operation nachfolgenden Jahren Schwierigkeiten auftraten, dies oder jenes böse Wort fiel, so liegt der Grund hierfür sicherlich in physischen Unzuträglichkeiten. Im übrigen hat er das ihm wiedergeschenkte Leben trotz guter Vorsätze nicht geändert, konnte es auch gar nicht ändern. Er war und bleibt ein rastlos Suchender, als Perfektionist niemals ganz zufrieden, nie zur Ruhe kommend, ein ewiger Pionier, geschaffen für das Zeitalter der Technik und des technischen Fortschritts, den er für die Musik, seine Musik, zu nutzen trachtet.«[7]

Dem technischen Fortschritt sollen auch die drei Stiftungen dienen, die mit seiner Hilfe ins Leben gerufen werden. Die letzte wird 1978 aus Anlaß seines siebzigsten Geburtstags in Wien eingetragen und soll alle zwei Jahre ein Musiksymposion mit wissenschaftlicher Thematik ermöglichen. So hat er auch an drei prominenten Orten, nämlich Berlin, Salzburg und Wien, der Forschungsarbeit Grundlagen geschaffen und der Nachwuchsförderung ein wichtiges Terrain erschlossen. Stiftungen sind Denkmäler. Karajan kommt in das Alter, in dem man sich derlei Ruhmessäulen errichtet.

Bevor Karajan zu den Osterfestspielen 1978 gen Salzburg reist, ist in Berlin die Intendantenfrage gelöst worden. Peter Girth wird Nachfolger Wolfgang Stresemanns, der im September des Jahres nun endgültig in den Ruhestand treten will. Die Festspiele sind

Reprisen-Festspiele, denn der *Troubadour* aus dem Vorjahr und der *Fidelio* von 1971 werden aufgefrischt. Dazu gibt es Mahlers *Fünfte* und dessen *Lied von der Erde*. Das Programm mißfällt der Kritik gründlich. Ein Rezensent schreibt von der »Reste-Verwertungs-AG« und beklagt, daß die Osterfestspiele in ihrer derzeitigen Verfassung »als absoluter Tiefstand« angesehen werden müßten.

Verschwendete und verschleuderte Subventionen! Darüber mokieren sich die Kritiker am meisten. Ist die eigentliche Idee des Festivals, wie sie Karajan vor Jahren propagierte, bankrott? Eine »Kette von Enttäuschungen«[9] entdeckt auch Hans Heinz Stuckenschmidt, der die gesamte »Manager-Konzeption« ohnehin für bedenklich hält und die Nase rümpft über »eine Ästhetik und Musikpraxis, bei deren Erörterung Massenmedien wie Schallplatte und Fernsehen ebenso ernst genommen werden wie Geld, Boxsport und Karajans Versicherungsverträge mit Lloyds (die ihm Löwenjagd und Fallschirmspringen verbieten)«. Stuckenschmidt befürchtet von daher den »Sieg der Zivilisation über die Kultur«.[10]

Eigentlich hatte Karajan bereits 1978 *Parsifal* herausbringen wollen, doch er bekam keine adäquate Besetzung zusammen und stand außerdem in Terminnot. Für das Bühnenweihfestspiel, das er dann zwei Jahre später inszenierte und dirigierte, brauchte er weitaus mehr Proben als bei anderen Opern. Und er wollte sein Gütesiegel nicht brechen.

Nach den Pfingstfestspielen des Jahres schafft es Karajan, Gastspiele mit den Berliner Philharmonikern in Dresden und Leipzig durchzusetzen. Mit »beispiellosen Ovationen« wird er in der DDR empfangen.

In Dresden führt er Beethovens *Vierte* und *Ein Heldenleben* von Richard Strauss auf, das Werk unter den sinfonischen Tongemälden des Komponisten, das der Maestro am meisten liebt. In Leipzig stehen Mozarts *Haffner-Sinfonie* und die *Siebente* von Anton Bruckner auf dem Programm.

Im September gibt der neue Intendant Peter Girth seine erste Pressekonferenz in Berlin. Er verkündet, Karajan »denke auch daran«, künftig Dirigenten wie Rostropowitsch, Maazel, Giulini und Tennstedt mit den Philharmonikern arbeiten zu lassen. Doch der Maestro »denkt« wirklich nur und herrscht weiter nach dem Prinzip »Ich dulde keine Götter neben mir«.

Im September 1978 geschieht es auch, daß Karajan während einer Orchesterprobe vom Stuhl fällt. Quetschungen, Verstauchungen. Er hat wieder einmal Glück im Unglück. Doch das Gerücht hält sich, er habe einen Schlaganfall erlitten. Wirklich nur ein Gerücht? Man beobachtet, daß seine rechte Körperhälfte nach dem Vorfall nicht mehr so beweglich ist. Doch er läßt sich nichts anmerken, nimmt alle Kräfte zusammen, um seine Alleinherrschaft aufrechtzuerhalten. Entspannung findet er beim Yoga. Neben den »akademisch«-medizinischen Errungenschaften interessieren ihn auch fernöstliche Gesundungsmethoden. Doch stets ist er selber sein bester Guru, legt sich harte Selbstzwänge auf und demonstriert, was man dem Alter alles abzugewinnen vermag, schaltet man den Motor nicht ab und bleibt man im Training.

Karajan erholt sich von dem Unfall rasch. Anfang Dezember steht er wieder am Pult seines Orchesters und dirigiert Strawinskys *Apollon Musagète* sowie Straussens *Zarathustra*. Silvester reiht er Bizets *Arlésienne-Suite* an eine Verdi-Ouvertüre und Liszts *zweite Ungarische Rhapsodie* an das Intermezzo aus Mascagnis *Freund Fritz* und Suppés Ouvertüre zu *Leichte Kavallerie*. Ostern 1979: *Don Carlos* und *Missa Solemnis*. Pfingsten: Beethovens *Siebente* und das *Tripelkonzert* (mit Anne-Sophie Mutter, Yo Yo Ma und Mark Zeltser). Anschließend in Linz im Brucknerhaus die *Vierte* des Meisters von St. Florian und das *vierte Brandenburgische Konzert* von Bach. Im November des Jahres Tournee nach Fernost: Tokio und Peking.

Charlotte Kerr, mitreisende Journalistin, schreibt in der *Süddeutschen Zeitung* am 8. November 1979: »Das erste Konzert: Mozart *Es-Dur* und Brahms' *1*. Um 19.30 Uhr soll es beginnen. Langsam füllt sich die Halle mit Blau- und Grünröcken. Die Grünen sind Militär, abgeordnet zum Konzert. Die Blauröcke kommen von der Arbeit, zu Fuß, mit dem Fahrrad, müde, verstaubt. Manche von ihnen sind zwei Tage weit gereist; wer keine Karten über den Betrieb bekam, hat stundenlang angestanden. Die teuersten Karten kosten einen Yüan. Der Monatslohn eines Arbeiters ist fünfzig Yüan, der eines Mittelschullehrers etwas weniger, unsere Dolmetscherin verdient 60 Yüan. Von zwei Monatslöhnen können vier Personen leben. Fünf Minuten vor Beginn: Der Minister ist immer noch nicht da. In der Ehrenloge steht ein langer Tisch, mit schneeweißem Linnen bedeckt. Auf dem Tisch stehen Teetassen, vor dem Tisch ein Spucknapf, chinablaues Porzellan mit Blumendekor. Immer wieder tönt eine weibliche Stimme durch den Lautsprecher: ›Bitte verhalten Sie sich während des Konzertes ruhig, gehen Sie nicht herum, reden Sie nicht miteinander.‹ Um 19.40 Uhr gibt Karajan den Einsatz zu Mozarts *Es-Dur*, ohne Pause schließt Brahms an. Um den Parkettfußboden gegen die Spitzen der Celli und Bässe zu schützen, haben die Chinesen den roten Teppich, der am Flugplatz fehlte, jetzt unter die Philharmoniker gebreitet. Es klingt wie aus einem Topf. Die 5700 Menschen sind trotzdem still. Ein paar Glückliche haben ein Tonbandgerät dabei, nehmen mit je zwei Mikrophonen auf. Ein Blaurock will während des zweiten Brahmssatzes gehen. Die Platzanweiserin läßt ihn nicht raus. Der Chinese protestiert. Ein anderer aus der angrenzenden Reihe steht auf, haut ihn auf den Kopf. Setzt sich wieder. Der Gehauene besteht darauf zu gehen, schafft es. Chinesen sind Individualisten. Auf dem Programm des letzten Konzertes stehen Beethovens *vierte* und *siebente Symphonie*. Das chinesische Fernsehen überträgt live. 40 chinesische Musiker nehmen die Plätze von 40 Philharmonikern ein. Während der Kulturrevolution, unter der Viererbande, war Beethoven in China verboten, als Inbegriff bürgerlichen Revisionismus. Das Konzert wird zum Bekenntnis. Im Feuer politischer Inspiration glüht Beethoven.«

Auf der Rückreise fragt Charlotte Kerr Karajan, ob sich der Aufwand für das China-Gastspiel gelohnt habe. Karajan: »Ja, sehr! Die Leute haben zum erstenmal ein Konzert richtig gehört […]. Die Kontakte beider Rassen waren einmalig.«

Manche hätten es sich gewünscht, daß der Maestro bald nach der Rückkehr aus Fernost das Gedenkkonzert zum fünfundzwanzigsten Todestag Wilhelm Furtwänglers in der Berliner Philharmonie dirigierte. Doch er war nicht zu überreden. Der altböse Feind! Lorin Maazel übernahm das Konzert.

Ostern 1980 stellt Karajan in Salzburg seinen *Parsifal* vor. Kaum einer anderen Produktion von ihm haben die Kritiker mit so viel Skepsis entgegengesehen. Daß er sich bei diesem Weihspiel kaum experimentierfreudig zeigen wird, sondern seinen szenischen Maximen treu bleibt, davon ist man überzeugt. Manche erwarten ein szenisches Oratorium. Nicht weit entfert von einem solchen ist die Mise en scène dann auch angesiedelt. Alles bewegt sich liturgischandächtig, ist Zeremoniell. Das Publikum im Saal soll direkten Anteil an den Bekenntnissen und Offenbarungen haben: *Gurnemanz* singt einen Teil seines Monologs direkt an der Rampe ins Publikum, halb Priester, halb Chronist, der die ganze Vorgeschichte der Bühnenhandlung mitzuteilen hat (eigentlich den Knappen auf der Bühne, aber die hocken teilnahmslos und bewegungsunfähig neben ihm).

Karajan weiß, was er der Großen Oper schuldig ist, in deren Kosmos auch der gewaltige *Gurnemanz* (Kurt Moll) steht. Dieser Kosmos ist heil, unbeschädigt und gleicht dem der alleinseligmachenden Kirche. Die Gralswelt ist die Welt des Christlichen, nicht – wie man es in Neu-Bayreuth darzustellen versucht hat – die Welt des Numinosen, des Allgemein-Religiösen. Es geht auch nicht um »Wagner-Religion« und um die seltsame Idee mancher Bayreuth-Analytiker, der Komponist habe sich mit dem *Parsifal* als Religionsstifter vorgestellt, weswegen man das Weihspiel als Zelebration des neuen Kultus aufführen müsse.

Karajan sieht auch das letzte Werk Richard Wagners durch die romantische Brille, mirakelt nichts hintergründig Verworrenes in die Abläufe. Klar und fast sachlich entwickelt sich die Aktion. Und wenn die Gegenwelt des Grals, das Diesseits, personifiziert durch *Kundry* und ihr Gefolge, in die fromme Verhaltenheit eindringt, kollidiert das weder auf apokalyptische Weise, noch haben wir es mit einem Einbruch des Schrill-Sexuellen und Voyeuristischen in die Welt aus Tugend und monastischer Hypergläubigkeit zu tun.

Günther Schneider-Siemssen ist bei seinem Bühnenbild von einem Rundkonzept ausgegangen. Um die Spielebene herum Säulen-Stämme, umrankt von Zweigen, Blattwerk, Gesträuch. Verwandelt sich die Szenerie in die Gralsburg, setzen die Lichtmaschinen mit ihrer Kunst ein, und über einen weit vorgezogenen Schleiervorhang wird die Vision einer Säulenhalle geworfen. In der Blumenmädchenszene wird dann der Rundhorizont beflimmert. Es wölkt, und es wird stark »impressionistisch«.

Die Karfreitagsaue könnte dann von Moritz von Schwind entworfen sein. Sehr idyllisch schmiegt und biegt sich alles. Gelbe Blümchen. Die Rittersleut' knien andächtig im Kreis. Und wenn der Gral erglüht, fällt der fromme Schein weit bis ins Parkett. Das alles ist in sich schlüssig und bezeugt eine im guten Sinne naive

Auffassung des Inszenators Karajan von der frommen Legende. Denn das macht er aus dem Bühnenweihfestspiel: die Pilgerfahrt des tumben Toren *Parsifal*, der seinem Schicksal nicht entgehen kann; alles ist vorgefügt, vorbestimmt, durch göttliches Walten exponiert. Manche Kritiker witterten hinter dieser naiven, optimistischen, kindlichen Darstellung Reaktion, Kehrtwendung zum Vorgestern. Hatte Karajan zuvor die Regieanweisungen Cosima Wagners gelesen?

»Die musikalische Interpretation hat wahrhaft Größe«, schrieb die Kulturkritikerin Sybill Mahlke, »hat vom ereignisreichen Vorspiel an eine Bewegtheit des Klangbildes in der Ruhe, die phänomenal zu nennen ist. Das Abendmahlsthema gestaltet Karajans klangsinnliche Kantabilität ausdrucksvoll über die Taktstriche hinweg. Im relativ offenen Orchester tritt die Architektur des Klanges, das eigenartig Brucknerische des für den verdeckten Bayreuther Orchestergraben komponierten Werkes deutlich hervor: der volle Bläsersatz, dem Streicher-Seidenglanz registerartig antwortet […]. In gleichsam fahlem Licht begeben sich die letzten Akkorde des Vorspiels ins Pianissimo.«[11]

Joachim Kaiser hat darauf hingewiesen, daß Karajan der späte Wagner besonders gut gelegen habe. »[…] noch besser als Mozarts antisentimentale Härte oder Beethovens transsubjektive Tragik oder Brahms' karg versponnener Archaismus. Wagners koloritische Genialität und Karajans Sensualismus entsprechen einander genauso, wie Wagners Lust am kleinsten Übergang dem karajanischen Pianissimo-Schwelgen und das ausinstrumentierte Pathos der chromatischen Entladungen dem präzisen Fachmannsfeuer des Orchester-Herrschers korrespondieren.«[12]

Mit dem *Parsifal* von 1980 erlebte der »Karajanismus« seinen größten Triumph nach der *Ring*-Produktion aus den Anfangsjahren des einst mit großer Skepsis beargwöhnten Riesenunternehmens. Daß der Maestro so lange und so konzeptionsvoll durchhielt, hing wohl damit zusammen, daß er in ungeheurem Maß an sich selber glaubte, aber auch an Wagner. Das zahlte sich aus und sicherte die Existenz des Festivals, gab diesem die »ökonomische Garantie« und die künstlerische.

Die »Berliner Festwochen« des Jahres standen im Zeichen Igor Strawinskys. Karajan führte dessen *Psalmensinfonie* auf. Im De-

Karajan anläßlich der Übergabe der ersten industriell gefertigten Compact-Disc am 12. Juni 1982 in Hamburg.

Oben links: Nach längerem Zerwürfnis dirigierte Karajan am 1. Oktober 1984 wieder die Berliner Philharmoniker.

Oben rechts: Der Maestro wird 80: Herbert von Karajan mit seiner Gattin Eliette bei einer Aufführung der »Tosca« im Salzburger Festspielhaus.

Unten rechts: Die letzten Aufnahmen: Karajan bei den Proben zur Neuinszenierung des »Maskenballs« mit Regisseur John Schlesinger.

Rückseite: Requiem für Herbert von Karajan im Salzburger Dom: Die Witwe des Dirigenten mit Tochter Arabelle.

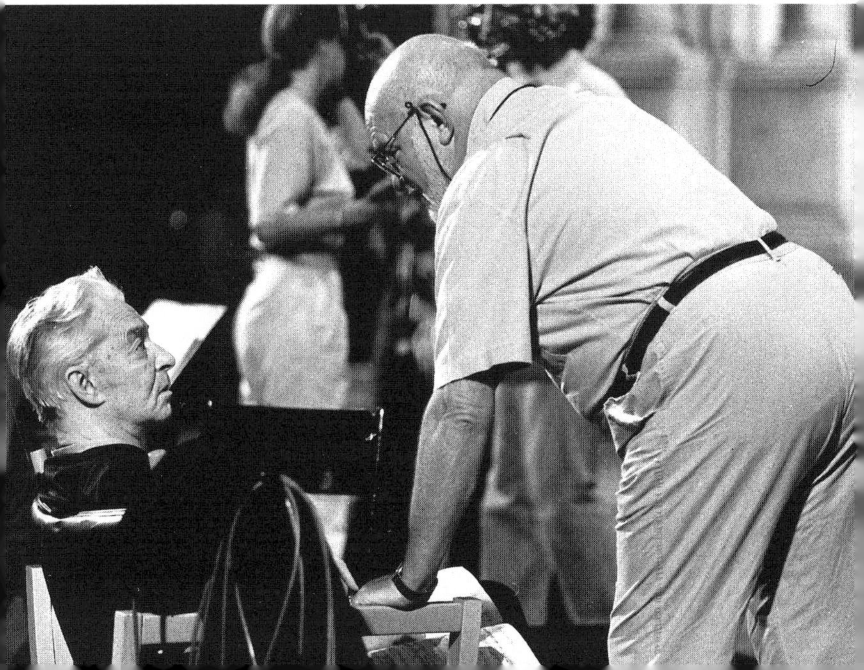

zember beging der Maestro sein silbernes Dienstjubiläum beim Berliner Philharmonischen Orchester. Feierlicher Akt beim Konzert am 7. Dezember. Der Regierende Bürgermeister überreicht im Namen des Senats ein Porträt von Richard Strauss, gemalt von Max Liebermann.

Karajan, dem es immer schwergefallen ist, Dankesworte zu finden, rafft sich zu einer Rede auf. »Im *Rosenkavalier* gibt es eine Stelle, die heißt: ›die Zeit, es ist ein sonderbares Ding‹, denn sie ist in vielen Fällen nicht ausmeßbar, man muß sie fühlen, oder sie scheint gar nicht zu existieren. Das ist die jetzige Minute. Fünfundzwanzig Jahre sind eine lange Zeit. Sie verdichten sich plötzlich in meiner Vorstellung zu einer einzigen Sekunde. Es ist mir eigentlich in meinem Leben nicht gegönnt gewesen, nach rückwärts zu schauen, ich habe eigentlich immer auf der Vorderseite eines Schiffes gestanden, und jetzt, wo das alles hinter uns liegt, die unzähligen Mühen, die Arbeit, die Freude an der Arbeit, die Freude an dem Kontakt mit dem Orchester, mit dem ich um die ganze Welt gefahren bin, geht alles in einer einzigen Sekunde jetzt hier zusammen und ist nichts anderes als das Bewußtsein, daß die Zukunft vor uns liegt. Wir haben uns genauso, wenn nicht noch mehr anzustrengen. Wenn man auf einen Berg geht, wenn es höher wird, wird die Luft dünner und jeder Schritt eine vermehrte, manchmal verzehnfachte Anstrengung. Es ist so wie bei uns jetzt: Die kleinste Verbesserung ist eine ungeheure Mühseligkeit, weil natürlicherweise diese Qualität da ist, die man nur erreichen kann mit langen, langen, langen Jahren. […] Ich danke meinem Publikum, das fünfundzwanzig Jahre seine Gefolgschaft zu uns immer wieder zu erkennen gegeben hat, das uns also Vertrauen geschenkt hat, und wir haben getan, was wir konnten, um es zu befriedigen. Ich danke vor allem meinem Orchester. Ich habe viele Orchester auf dieser Welt dirigiert, aber es ist eben etwas ganz anderes, wenn man irgendwo hinkommt und zwei bis drei Proben macht und dann ein Konzert gibt, was ich seit längster Zeit nicht mehr tue; hier ist etwas erworben, das kann nur in langen, langen Jahren mit derselben gleichmäßigen, ich darf wirklich sagen: Liebe geschehen, und wir sind eine Familie geworden. Es sind nicht Menschen, die unter einem Taktstock spielen, sondern wir sind eine Familie, die zusammen schaut, wieweit wir es zustande bringen, möglichst viel gute

Musik zu machen. Die Opferfreudigkeit, der unermüdliche Einsatz und natürlicherweise der menschliche Kontakt. Jedes Mal, wenn mir gesagt wird, daß ein treu gedientes Mitglied sich heute zum letzten Mal verabschiedet von dem Orchester, dann ist es mir, wie wenn man ein Stück von meinem Herzen wegreißt. Aber das Leben muß weitergehen, wir haben deswegen die Akademie geschaffen und sind, ich muß sagen, wirklich auf diesem Weg weit gekommen [...].«[13]

Ostern 1981: Reprise von *Parsifal*. Karl Schumann berichtet in der *Süddeutschen Zeitung* am 13. April: »Mit gutem Recht wiederholt Herbert von Karajan bei den Salzburger Osterfestspielen seine Interpretation des *Parsifal*. Sie ist wohl die edelste und reifste seiner Salzburger Wagner-Aufführungen, vokal ein lyrisches Drama, orchestral dank der Berliner Philharmoniker ein Optimum, wie es heute keiner anderen Bühne gelingt. Karajan könnte die ruhigen, ja breiten Zeitmaße doppelt so langsam oder um ein Vielfaches rascher nehmen – das sanfte, runde Blech der Berliner käme weder ins Stolpern noch in Atemnot, die Solo-Oboe würde den Karfreitagszauber nicht weniger poetisch intonieren, und den Streichern, zumal den majestätisch ausgreifenden Violoncelli, ginge nichts vom weichen Glanz verloren. Ebenso intelligent wie sensibel erfüllt dieses Orchester seine Funktion als Hauptdarsteller, das umfassende kombinierende Gedächtnis der Personen und somit der eigentliche Träger des von Wort und Szene nur in Chiffren angedeuteten Geschehens zu sein. Dieser Orchestersatz, der zurückblickt auf Wagners Musikdramen und vorausschaut auf die Entwicklungen an der Jahrhundertwende, wurde für Bayreuther Verhältnisse komponiert, also für versenkten Orchesterraum mit Schalldecke; die Berliner Philharmoniker sitzen im Großen Festspielhaus verhältnismäßig hoch und müssen ohne dämpfendes Dach die Partner durchwegs lyrischer Sänger sein, was bedeutet, daß die orchestrale Kunst des sprechenden Piano und des disziplinierten Klanges noch erstaunlicher bleibt [...].«[14]

Der schöne Klang ... Auf nichts anderes ist Karajan sein Künstlerleben lang ausgewesen. »Wenn man mir nachsagt, ich sei immer um schönen Klang bemüht, dann stimme ich dem zu und nehme es nicht als Vorwurf, sondern als Kompliment für etwas, was ich hart erarbeite. Wenn man mir nachsagt, daß ich Ecken glätte, dann antworte ich darauf, daß es nach meiner Meinung in der Musik nichts zu glätten gibt. Der mir zugeschriebene oder anscheinend kritisch nachgesagte Orchesterklang ergibt sich ganz von selbst: Ich verlange vom Orchester, daß es alle Noten, die der Komponist geschrieben hat, voll ausspielt und nicht vor dem Ende des konkret angegebenen Notenwertes schwächer wird. Allein daraus ergibt sich selbstverständlich ein etwas anderer Klangeindruck als bei sehr vielen anderen Aufnahmen. Zu diesem aber stehe ich. Mag sein, daß dies altmodisch ist.«[15]

Das Attribut schön und der Begriff Schönheit tauchen immer wieder in Interviews mit Karajan auf. Der Überästhet verdrängt alles, was seiner heilen Welt und seinen Idealen entgegensteht. Die Presse lebe vom Negativen, sagt er. Folglich läßt er sie außer acht. Um ihn herum ist eine Art von Machtpanzer entstanden, mit dem er sich abschirmt.

Bisweilen hat man den Eindruck, daß er das, was er über sich verlautbarte, selber nicht recht glaubte. Er führte manchen in die Irre und mochte sich insgeheim mit Häme brüsten, den »Widersacher« auf die falsche Fährte gelockt zu haben. Da er wußte, daß er angreifbar war – vor allem im Hinblick auf die leidige politische Vergangenheit –, schob er meist künstlerische Aussagen vor, um vom Privaten abzulenken. Mit anderen Worten: Es machte ihm Spaß, auf Fragen zu antworten, die ihm gar nicht gestellt worden waren. Karajan, ein Meister der Irritation. Die Konfusionen, die er mit den unterschiedlichsten Aussagen zu bestimmten Vorfällen und Problemen anrichtete, hielten das Gerücht über ihn in Gang. Und darauf kam es ihm an: im Gespräch zu bleiben, konstant, und geheimnisumwittert zu bleiben. Ein Wunder ist im Grunde nicht erklärbar. Das war seine Taktik.

Seine Vorstellungen von Schönheit hat er immer wieder umzusetzen versucht – mit Erfolg. Vor allem in seinen Filmen gelang es ihm, sich in diesem Sinne zu verwirklichen. Zwanzig Produktionen hat er ungefähr in den Jahren 1970 bis 1982 bei der Unitel realisiert. Jede einzelne ist ein Dokument seines Schönheits-»Wahns«, seiner romantischen Inklination. Er hätte sich gescheut, häßliche Gesichter zu zeigen. Daher tauschte er Sänger, die er in der Bühnenfassung eingesetzt hatte, für den Film aus, damit es keine optischen Widerstände gab.

Von der Schönheit häßlicher Bilder war er nicht zu überzeugen. Daher blieben ihm realistische und naturalistische Filmversionen (etwa von Götz Friedrich) völlig fremd. Sie erfüllten ihn mit Abscheu. Helden, die wie Lemuren aussahen – nein! Lieber eine *Freia* im *Rheingold*-Film (1980), die rosenwangig wie ein Botticelli-Engel herumlief, und barbusige Rheintöchter, die sich so sexy und glamourig wie die Siegerinnen eines internationalen Schönheitswettbewerbs ausnahmen. Schönheit indes kann auf die Dauer auch langweilig wirken. Wie in diesem Film. Aber das störte Karajan nicht. Sein Auge wollte, nicht gehindert durch häßliche Intervalle, in wohlgefälligem Schweigen die Leinwand abtasten.

Mit seinen nur-ästhetischen Filmproduktionen hatte der Maestro bei der Kritik wenig Glück. Serienerfolge konnten auch die Verleiher nicht verbuchen. Da jeder Film ungeheure Summen verschlang, gab es am Ende auch Defizite. Es kam zum Bruch mit der Unitel. Auch das beeindruckte Karajan wenig. Er verfügte über die Möglichkeiten, seine eigene Filmfirma zu gründen: die Telemondial. Gleichzeitig gelang es ihm, mit den Berliner Philharmonikern einen Exklusivvertrag auszuhandeln. Die wichtigsten Werke aus seinem Repertoire wollte er neu aufnehmen, vor allem die Bruckner- und die Beethoven-Sinfonien, ebenso die vier Brahms-Sinfonien und das *Deutsche Requiem*, Vereinzeltes von Mahler und Tschaikowsky. An Opern gedachte er *Othello*, *Don Carlos*, *Falstaff*, *Carmen* und den *Rosenkavalier* zu verfilmen. Zu Vaughan sagte er: »Diese Zusammenfassung meiner Musik zu machen ist für mich wie eine Religion.«[16]

Für jeden Film glaubte Karajan etwa eine Million Mark aufbringen zu müssen. Doch nur ein Bruchteil von dem, was er sich vorgenommen hatte, konnte realisiert werden. Das zunehmende Alter machte ihm zu schaffen, auch wenn er das niemals zugab: die Operationen, die noch kamen, Lähmungserscheinungen, Unsicherheiten, die von seiner körperlichen Malaise herrührten. Jahrzehnte hindurch hatte er über seine Kräfteverhältnisse gelebt. Das sollte sich jetzt bitter für ihn auszahlen. Die Augen streikten, Beine und Arme versagten oft den Dienst. Seit 1980, so wird berichtet, vermochte er nur noch in großen Blockbuchstaben zu schreiben, die zum Teil nicht nachlesbar waren. Er bemerkte den Verfall, wollte ihn jedoch mit allen Mitteln aufhalten.

Ärger bereiteten ihm die Berliner Philharmoniker. Die Zusammenarbeit mit seinem Parade-Orchester gestaltete sich immer schwieriger. Er glaubte, es liege an der Trägheit, Dummheit und Unfähigkeit mancher Orchestermusiker. Nie hätte er sich eingestanden, daß vor allem sein Verhalten zu den Zwistigkeiten und der verdorbenen Atmosphäre beitrug. Daß seine Tage als Chef dieses exzellenten Orchesters gezählt waren, wußte er sehr genau. Das erfüllte ihn mit Mißmut. Er haderte mit dem Schicksal und übertrug seine Mißstimmungen auf die anderen, den Intendanten, die Orchestervorstände.

Immer wieder wurde er damit konfrontiert, daß die Frage seiner Nachfolge insgeheim oder bald auch öffentlich diskutiert wurde. Manchmal zeigte er sich gnädig und voller Verständnis, daß solche Probleme erörtert wurden. Doch tauchte in der Diskussion der Name eines eventuellen Nachfolgers auf, geriet er in abgrundtiefen Zorn, steigerte sich in Wutanfälle und Entgleisungen hinein, als hätte er die inquisitorische Aufgabe, den Leuten die Gedanken über eine Zeit nach ihm mit exorzistischem Fanatismus auszutreiben.

Wolfgang Stresemann hat andeutungsweise von solchen Ausfällen des Maestros berichtet. Sie waren in Wirklichkeit schauerlich, seiner unwürdig. Er hatte sich zuletzt nicht mehr in der Gewalt, ließ sich gehen und brachte sich damit um den guten Ruf, ein wirklicher »Vater« des Philharmonischen Orchesters gewesen zu sein.

Der erste offen ausgetragene Streit zwischen Karajan und den Berliner Philharmonikern wurde in den Jahren 1982 und 1983 von der Presse breit ausgetreten. Der Maestro hatte sich entschieden, die dreiundzwanzig Jahre alte Klarinettistin Sabine Meyer in den Verbund der Philharmoniker aufzunehmen. Doch die Orchestervorstände lehnten sie aus »künstlerischen Gründen« ab. Waren diese »künstlerischen« Gründe nicht aber nur vorgeschoben, weil es um eine Frau ging, mit deren Eindringen in die traditionelle Männerwelt der Philharmoniker ein uraltes Tabu durchbrochen worden wäre?

Der Streit ging hin und her und fand heftigsten Widerhall in der Presse. Karajan drohte mit Konsequenzen, wenn die Meyer nicht eingestellt werde. Zwar wolle er, vertragsgemäß, seine Berliner

Termine wahrnehmen, ließ er die Orchester-Intendanz wissen, doch »sistiere« er ab sofort sämtliche Orchestertourneen, die Luzerner und die Salzburger Festspiele, die Aufzeichnungen von Opern und Konzerten fürs Fernsehen, sämtliche Filmaufnahmen und was es sonst an audiovisueller Produktion gebe. Das bedeutete: Streichung der meisten Nebeneinkünfte des Orchesters.

Hans Heinz Stuckenschmidt erklärte: »Das sind starke Druckmittel. Bösartige Leute sprechen von ›erpresserischen Methoden‹. Es dreht sich dabei nicht so sehr um künstlerische wie um finanzielle Dinge. Dem Orchester gehen, falls wirklich keine Einigung zustande kommt, Einnahmen in Millionenhöhe verloren.«[17]

Am Ende des Streits, der bewiesen hatten, daß die »Dauerehe« zwischen den Philharmonikern und dem Maestro längst nicht mehr die ideale war, als die man sie noch wenige Jahre zuvor gepriesen hatte, wurde die Klarinettistin für ein Probejahr eingestellt, das ihr manches Spießrutenlaufen bescherte. Karajan hatte beweisen wollen, daß seine Entscheidung allein zu gelten hatte; außerdem zeigte er »seinen« Musikern und der Öffentlichkeit, woher die »werten Herren« ihr brillantes Zubrot bezogen und daß, wenn er es wollte, die Kuh für die einnahmefreudigen Musici ein für allemal abgemolken sein würde.

Versteckt lag in allem auch die Drohung: Wenn ihr nicht wollt, gibt es auch noch die Wiener Philharmoniker. Und die haben letztlich aus den Streitereien auch den größten Profit gezogen, da Karajan sie in den letzten Lebensjahren für große Produktionen (*Rosenkavalier*) heranzog.

Die Berliner versuchten zwar immer wieder, Loyalität für den Maestro zu beweisen, doch man glaubte ihnen nicht so recht, wie man auch Karajans Beteuerungen, er stehe nach wie vor zu den Philharmonikern, zumindest mit gemischten Gefühlen zur Kenntnis nahm. Zu Vaughan sagte er: »Von Dingen, die über ihre Noten hinausgehen, haben sie keine Ahnung. Wie sie beim Vorspielen auf andere Spieler reagieren, ist einfach beschämend. Sie haben keine Ahnung. Da kommt dann jemand wie die Klarinettistin Sabine Meyer, ein Genie wie James Galway, und sie erkennen das nicht. Das war ein schwarzer Tag.«[18]

In der »Sache Meyer« hatte der Intendant Girth für den Maestro Partei ergriffen, was ihm die Musiker außerordentlich verübelten.

Sie intrigierten so lange, bis Girth seinen Hut nehmen mußte. Damit bewies sich wieder einmal, daß die Philharmoniker keineswegs eine »homogene« Gruppe waren. Im Gegenteil. Zusammenhalt gab es nur dann, wenn ureigenste Interessen zu vertreten waren, meist materielle.

Im Juni 1984 lief das Probejahr Sabine Meyers ab. Karajan drohte mit einem handfesten Skandal, falls man die Musikerin weiterhin ablehne. Die junge Dame resignierte von sich aus. Das Männervolk hatte sich dermaßen destruktiv ihr gegenüber verhalten, daß sie keine Kreativität zu entwickeln vermochte und ihre Sachen packte. Der Vulkan Karajan explodierte. Flugs stornierte er die Verträge des Orchesters zu den Pfingstfestspielen in Salzburg. Er ließ (auf eigene Kosten!) die Wiener Philharmoniker herbeifliegen, die nun unter verschiedenen Dirigenten die Konzerte bestritten. Ein Affront sondergleichen. Die Philharmoniker empfanden das als offene Kriegserklärung.

Girth mußte gehen, der zuständige Senator erklärte, es gebe Leute in der Stadt, die ihre Geduld mit Karajan verloren hätten. Andere bangten, daß Karajan fortbleiben und dadurch das reiche Musikleben Berlins verarmen werde. Aus dem Orchester erhoben sich Stimmen, den Vertrag auf Lebenszeit mit dem Maestro flugs zu befristen. In der offenbar heillos zerstrittenen Situation kamen einige auf den Gedanken, Wolfgang Stresemann als Interims-Intendanten zurückzuholen. Möglich, daß er, der viele Jahre hindurch so glänzend mit Karajan ausgekommen war, den schweren Bruch zu kitten vermöchte. Stresemann stellte sich zur Verfügung und erklärte: »Dieses Orchester steht in Karajans Schuld, und es schuldet ihm nicht nur ›Dankbarkeit‹. Als Dirigent ist er ein Genie. Andererseits muß sich Karajan jedoch fragen, wie lange – um ein musikalisches Bild zu gebrauchen – ein Violinist erfolgreich eine verstimmte Geige spielen kann.«[19]

Das Orchester revanchierte sich: Es stehe nicht mehr für das Konzert bei den Salzburger Sommer-Festspielen zur Verfügung, es werde den ausgelaufenen Vertrag mit der Deutschen Grammophon nicht wieder verlängern und zur CBS abwandern, wo es mit anderen Dirigenten Werke einspiele; außerdem müsse der Bildtonträger-Verwertungsvertrag mit Karajans Firma Telemondial in Monaco aufgekündigt werden.

Letzteres traf Karajan besonders, da er ohne die Berliner Philharmoniker sein Hauptprojekt, die Aufzeichnung der neun Beethoven-Sinfonien, nicht hätte realisieren können. In diese Sache hatte er bereits ein Vermögen investiert. So mußte er feststellen, daß er mit seinen Forderungen sich selber in die Sackgasse manövriert hatte und bös in der Klemme saß. Sollte er klagen?

Er sann auf Auswege. Die Wiener Philharmoniker waren für ein solches Großprojekt nicht frei. Das hatte er »hintenherum« in Erfahrung gebracht. Die Dresdner Philharmoniker! Ein exzellentes Orchester, sicherlich auf westliche Valuta aus. Er ließ Emissäre ausschwärmen, doch die Dresdner zeigten sich unlustig, redeten sich auf eine Rußlandtournee heraus und zeigten am Ende die kalte Schulter. Sie hatten auch kein Interesse, wie von Karajan versprochen, bei den Berliner Festwochen mitzumachen oder gar in Salzburg aufzutreten. Nachdem er diesen Korb erhalten hatte, blieb Karajan nichts anderes übrig, als umzuschwenken und sich den »Freunden« an der Spree versöhnlich zu zeigen.

Am 24. August 1984 schrieb Karajan an die Berliner Philharmoniker: »Die internationale Musikwelt und unser Publikum erwarten, daß wir gemeinsam in Bachs *h-Moll-Messe* bei den diesjährigen Berliner Festwochen musizieren. Gerade dieses Werk, das von Menschlichkeit und christlichem Geist tief geprägt ist, sollte es uns erleichtern, in versöhnlicher Gesinnung einen Schlußstrich zu ziehen und an die frühere Gemeinsamkeit wieder anzuknüpfen. Über die lange Zeit von 30 Jahren hinweg, die fast mein gesamtes berufliches Leben und auch das vieler Orchestermitglieder umfaßt, konnten wir gemeinsam nur deshalb diese bleibenden und uns überdauernden großen Leistungen erbringen, weil wir in der Musik gleichgestimmt und in gegenseitigem Respekt miteinander umgegangen sind. Unglückliche Fügungen, menschliche Unzulänglichkeiten und Fehler in jüngster Zeit können und dürfen das Bild und die Wirkung eines weltweit gewürdigten musikalischen Siegeszuges und unaufhörlichen Aufstiegs nicht verdunkeln. Ich schlage Ihnen deshalb vor, im September 1984, bei den Berliner Festwochen, denen ich seit 1953 als Dirigent des Berliner Philharmonischen Orchesters verbunden bin, erst einmal die gemeinsame musikalische Arbeit wieder aufzunehmen. Für die anstehenden Fragen werden wir dann in größerer Ruhe, Sachlichkeit,

Entspannung und Geduld bessere Lösungen finden können. Mit herzlichen Grüßen – Herbert von Karajan.«[20]

Diesen Brief zu schreiben war dem Maestro sicherlich nicht leichtgefallen. Aber er war lebensnotwendig – überlebensnotwendig. Von nun an lag es in der Entscheidung der Philharmoniker, ob sie Karajan willfährig sein wollten oder nicht. Das Blatt hatte sich gewendet. Skepsis blieb bei den Musikern, ob es der Maestro mit seinem Versöhnungsangebot auch ernst gemeint habe.

Man führte gemeinsam die *h-Moll-Messe* auf, man ging im Oktober 1984 zusammen auf Japantournee. Karajan hatte seine Frau mitgenommen, die sich als kluge und hilfreiche Vermittlerin zwischen ihrem Mann und dem Orchester erwies. Zu recht sentimentalischen Szenen soll es bei der neuen Verbrüderung gekommen sein. »Alte Hasen« aus dem Orchester waren gerührt über die Wärme, die der Maestro plötzlich ausstrahlte. Sie ahnten auch wohl, daß seine Zeit rapide ablief, denn oft war er von großen Unsicherheiten körperlicher Art gepeinigt. Ein alter Mann, in dem noch ein junger Geist herrschte.

Die letzten Jahre

Die Salzburger Osterfestspiele verdeckten Karajans Mitwirkung bei den Sommer-Festspielen. Man vergaß es rasch, daß er doch auch beim »eigentlichen« Festival an der Salzach immer wieder Akzente gesetzt hatte, etwa 1973 mit Orffs *De Temporum Fine Comoedia* oder mit seinem *Othello* von 1975. Das modernistische Weltuntergangs-Musikdrama blieb die seltene Ausnahme der Hinwendung zu zeitgenössischer Musik. Er kam damit, nach dem Urteil der Rezensenten, nicht zurecht. Warum er sich an dieses Werk heranmachte, weiß niemand. Bachmann schreibt vom »Alibicharakter der Übung«. Möglich, daß Karajan dem Ruf steuern wollte, sich dem Zeitgenössischen gänzlich zu widersetzen.

Mochte ein Orff vor seinen Ohren noch Gnade finden, so lehnte er die Avantgarde in Bausch und Bogen ab. Karajan: »Schauen Sie, ein gut geführtes Museum ist eine sehr schöne Sache. Wenn wir immer wieder auf die großen Meisterwerke zurückgreifen, so deshalb, weil sie wahrscheinlich einen allgemeinen, universalen Wert haben. [...] Avantgarde [...] das können ja ein paar Leute viel besser, mit einem Gartenschlauch Töne erzeugen. Ich hab's ja gesehen. Da sollen die Leute hingehen. Ich habe nur kein Publikum gesehen.«[1]

Seiner Animosität gegenüber modernen Klängen hat er oft leidenschaftlich Ausdruck verliehen. Er bekannte sich zum Gestern und antwortete auf ein Zitat des Musikwissenschaftlers Heinz-Klaus Metzger, der im *Spiegel* erklärt hatte: »Karajan und Böhm sind maßlos überbewertet« [...] »Karajan dagegen halte ich für eine höchst verhängnisvolle Erscheinung«, seinem Interviewer Bachmann: »Sie können doch nicht einen Menschen wie den Herrn Metzger, der ein vollkommener Ignorant in diesen Dingen ist, daß – der wird ja deswegen engagiert: damit er über diese Dinge schlecht schreibt, denn die leben ja vom Negativen. Es ist doch wunderschön, wenn man über jemanden etwas schlecht schreiben kann.«[2]

Karajan war davon überzeugt, daß es schon von früh an eine Art Mafia gegeben habe, die ihn und sein Werk zu zerstören trachtete. Damit hatte er nicht ganz unrecht. »Diese Leute greifen alle negativen oder negativ dargestellten Sachen auf, weil ich eine Karriere ohne oder gar gegen die Presse gemacht habe«, sagte er. »Es war vor allem die Wiener Presse. Die haben gewisse Personen gefördert, weil sie gesagt haben: Wir wollen bestimmen, wer gut ist und wer durchkommt. Aus meiner Lebenserfahrung weiß ich heute, daß es gegen solche Machenschaften nur eine einzige Waffe der Verteidigung gibt: die Qualität der Arbeit.«[3]

Um die ging es ihm auch in den letzten Lebensjahren: um das Exzeptionelle, das Mustergültige, das Perfekte. Im Mai 1983 zeichnete er in Wien den *Rosenkavalier* und das *Deutsche Requiem* von Johannes Brahms auf. 1947 hatte er Straussens Komödie für Musik zum erstenmal unter den primitivsten akustischen Verhältnissen aufgezeichnet, auch damals mit den Wiener Philharmonikern. Später kam die Produktion mit Elisabeth Schwarzkopf heraus, der *Marschallinnen*-Assoluta der fünfziger und der frühen sechziger Jahre. Karajan umhimmelte die Schwarzkopf, mit der er lange zuvor auch eine Einspielung herausgebracht hatte, die später Sammlerwert erhielt und von den Karajan-Fans als eine seiner großartigsten Leistungen eingestuft wird: *Hänsel und Gretel* von Humperdinck.

Doch die Schwarzkopf vergaß er, als ihm Anna Tomowa-Sintow begegnete, die er zur weltbesten *Marschallin* aller Zeiten erklärte. Überhaupt wurde sein letztes *Rosenkavalier*-Ensemble von ihm nur mit Superlativen bedacht: Kurt Moll als *Ochs auf Lerchenau*, Agnes Baltsa als *Octavian*. Sosehr ihm diese Realisation Freude bereitete, so sehr merkte man es ihm an, daß sich sein Gesicht von Stunde zu Stunde mehr vor Schmerz verzerrte. Oft schien es, als versagten ihm die Beine den Dienst.

Seinen engsten Freunden aus dem Aufnahmeteam sagte er am Ende der Brahms-Aufzeichnung, daß er erneut dringend unters Messer müsse. Wenn er überhaupt am Leben bleiben wolle, müsse er sich rasch entschließen. Nach Hannover werde er gehen, ins Nordstadtkrankenhaus zu Doktor Samii. Doch er flog nach den Wiener Aufnahmen zunächst nach Salzburg, wo am 6. Juli 1983 die Proben zum *Rosenkavalier* der Sommerfestspiele beginnen sollten.

Karajan überstand die Operation in Hannover glänzend, schien sich rasch zu erholen. Er blieb in Saint-Tropez, beschäftigte sich mit der vor ihm liegenden Inszenierung – seiner sechsten – des *Rosen-*

kavaliers und fuhr nach Salzburg, als es Zeit wurde. Das Team fand ihn höchst inspiriert, witzig, gut gelaunt. Er stieg auf der Bühne herum, den Darstellern Aktionen vormachend.

Den glänzenden Kritiken nach der Premiere gesellten sich wiederum harte Polemiken über die angebliche Verschwendungssucht des Maestros bei. Der österreichische Rechnungshof hatte ermittelt, daß die »von Karajan beherrschten Festspiele in fünf Wochen mehr Subventionen verjubeln als manche deutsche Bühne in einer ganzen Spielzeit«[4]. Der Maestro selber bezog zweiundzwanzigtausend Mark Dirigentengage pro Abend, und für seine Regie durfte er weitere dreiundvierzigtausend Mark kassieren. Wenn man die Einnahmen für die Platten- und Video-Einspielungen hinzurechnete ...

Das Gejammere um seine allzu hohen Ausgaben klang ihm bis in die letzten Lebenstage in den Ohren. Doch die meisten gönnten ihm die kolossalen Einnahmen, weil sie immer dachten: Das nächste Konzert ist vielleicht sein letztes, soll er's haben. In der Tat mußte man bei jedem seiner Auftritte um ihn bangen. Klemperer hatten die Helfer in den letzten Lebensjahren stets auf die Bühne tragen müssen. Karajan schleppte sich, gestützt auf zwei Assistenten, an das Spezialpult. Mußte das eigentlich sein? Hätte er nicht eher aufhören sollen? Ein Vulkan wie dieser Mann erlischt erst, wenn man ihn zudeckt, wenn er keine Luft mehr bekommt, wenn das Feuer in ihm endgültig erloschen ist.

So gebrechlich er auch ist, Karajan plant immer weiter. 1988 will er bei den Osterfestspielen *Tosca* inszenieren. Sogar bis 1991 reichen seine Verabredungen und Kontrakte. Im Mozart-Jubiläums-Jahr hat er vor, in seiner Heimatstadt den *Don Giovanni* zu produzieren.

Aus seinem körperlichen Zustand macht er das Beste. Karajan: »Selbstverständlich ist meine sehr eingeschränkte Bewegungsfreiheit etwas, das eine neue Periode in meinem Leben gebracht hat: Ich kann mir so die Musik noch einmal erwerben. Ich sehe nichts in meinem Leben pessimistisch, ich habe auch jetzt die Vorteile erkannt und nütze sie. Durch die quasi errungene Ruhe habe ich Zeit, alle Musik noch einmal zu studieren, zu hören. Und sogar Zeit, alle meine Aufnahmen noch einmal anzuhören. Dabei spüre ich, wo einst der eigene innere Einklang mit der Musik gestört war – und denke nach, wie ich diesen wiederherstellen kann, und wünsche mir, das auch noch einmal aufzunehmen. Ich weiß jetzt besser, wie Musik wirklich klingen muß. Ich habe jetzt die Zeit, es in Ruhe zu begreifen und für mich selbst festzulegen. Ich habe es als eine Art Gnade anzusehen, daß mich mein körperlicher Zustand dazu zwingt, sehr kritisch mit dem zu sein, was ich früher alles gemacht habe – früher, als es zu soviel Reflexion die Zeit nicht gab.«[5]

Schmerzen, Heimsuchungen. Doch der Maestro läßt sich nicht unterkriegen. Daß sich die Beziehungen zu Wien wieder verdichten, scheint ihm besonders bedeutsam zu sein. Oft spricht er davon, er sei »nach Hause gekommen«. Er entdeckt seine Liebe zu Johann Strauß neu. Verliebt ist er in den *Schani* sein Leben lang gewesen, hat des öfteren die *Fledermaus* einstudiert und sie beseeltgeschniegelt, champagnerlaunig und geschwind dirigiert. 1987 läßt er seine gute Laune an den Wiener Philharmonikern bei ihrem Neujahrskonzert aus. Ein gebrechlicher, ein zerbrechender Mann, der immer noch Klangwunder aus dem Ärmel zaubert und so viel Seele hat, daß andere von seiner Anima animiert werden. Noch ist er da. Und er fühlt sich plötzlich wieder ganz als Österreicher, auch wenn es darum geht, im Salzburger Direktorium die Frage nach der Zukunft der Festspiele zu diskutieren.

Erstaunlich, welche Strapazen er immer wieder auf sich nimmt. Die »neue Liebe« zu den Wiener Philharmonikern beweist sich auch bei den drei Konzerten in New Yorks Carnegie-Hall, zu denen er sich 1988 aufrafft. Im Sommer des folgenden Jahres will er Verdis *Maskenball* in Salzburg herausbringen, um den er sich seit den Ulmer Jahren nicht mehr gekümmert hat. Mit Placido Domingo als *Gustav III*.

Die letzte Lebenszeit, der Überdruß an seinen Schmerzen, das Wissen um die körperliche Unzulänglichkeit ... der Maestro wurde für seine Umgebung zur Belastung. Er zeigte immer autokratischere Züge. Manche sprachen von Starrsinn. Der »ewige« Streit mit den Berliner Philharmonikern wurde auf die Spitze getrieben. Im April 1988 kündigte er den Vertrag, der ja »auf Lebenszeit« geschlossen worden war. Jämmerliches Gezänk begleitete diesen Abschied. Viel ging verloren von der Würde, die das Bündnis zwischen Orchester und Maestro einst geprägt hatte. Und schon traten graue Eminenzen der Journaille auf den Plan, die ihm Mauscheleien bei Transaktionen mit dem Orchester anläßlich von Fernosttourneen nachsagten. Auf Geld sei der »Alte« ja immer so mächtig ausgewesen. Schiebereien, dubiose Vergabe von Subventionen...

Inwieweit solche Gerüchte einen wahren Kern umkreisten, vermag niemand zu sagen. Vielleicht gehörten solche Behauptungen auch einfach in die von der Boulevardpresse und sogenannten Magazinen angestrengten negativen Legendenbildungen um Karajan.

Im Sommer 1988 trat der Maestroso, wie ihn Elias Canetti nannte, aus dem Direktorium der Salzburger Festspiele aus. Damit gab er die Szene, auf der er so engagiert, so maßlos autokratisch und doch so erfolgreich agiert hatte, den Diadochenkämpfen um seine Nachfolge preis. Den *Maskenball* bannte er noch in die Rillen, doch die Endregie und die Premiere waren ihm nicht mehr vergönnt. John Schlesinger und Georg Solti machten etwas daraus – etwas Konfuses und Flaues, nichts Karajanisches.

Am 16. Juli 1988 gegen Mittag starb Herbert von Karajan in seiner Villa zu Anif bei Salzburg. Es war ein Sonntag. Am Montagabend fand er auf dem kleinen Friedhof seines Sterbeorts sein Grab. Ein schlichtes Holzkreuz ohne Aufschrift und ein »ewiges Licht« – das war alles, was auf die letzte Ruhestätte des Mannes hinwies, der als das umstrittenste Musikgenie dieses Jahrhunderts in die Geschichte eingehen wird. »Ein Leben ohne Musik ist für mich unvorstellbar«, hatte er gesagt. Der Tod ließ das Unvorstellbare Realität werden.

Anmerkungen

Sofern Quellenhinweise im Text bereits komplett angegeben worden sind, werden sie im Anhang nicht wiederholt.

Vorwort

1 *Der Spiegel*, Hamburg, 24.7.1989
2 Robert C. Bachmann, »Karajan, Anmerkungen zu einer Karriere«, Düsseldorf 1983
3 *The New York Times*, 17.1.1983, »Germans Study Musicians' Ties to Nazis«
4 Fred K. Prieberg, »Musik im NS-Staat«, Frankfurt 1982, Seiten 18–21
5 Karl Löbl, »Das Wunder Karajan«, München 1978, Seite 70ff.
6 Prieberg, Seite 19
7 Ernst Haeusserman, »Herbert von Karajan«, München 1978, Seite 79
8 Prieberg, Seite 19
9 ebenda, Seite 19f.
10 Ernst Lothar, »Das Wunder des Überlebens«, Hamburg/Wien 1961, Seite 313f.
11 Prieberg, Seite 20
12 Bachmann, Seite 157
13 ebenda, Seite 157
14 *Süddeutsche Zeitung*, München, 5./6.8.1989
15 *Neue Zürcher Zeitung*, 4.8.1989
16 *Süddeutsche Zeitung*, München, 18.7.1989
17 Bachmann, Seiten 356 und 353
18 *Süddeutsche Zeitung*, München, 5./6.8.1989
19 ebenda
20 ebenda
21 Joachim Kaiser, »Große deutsche Dirigenten«, Berlin o.J., Seite 203

Jugend

1 Roger Vaughan, »Karajan – Ein biographisches Porträt«, Frankfurt am Main/ Berlin 1989, Seite 124f.
2 ebenda, Seite 125
3 Bachmann, Seite 41
4 Vaughan, Seite 126

5   ebenda, Seite 126
6   ebenda, Seite 127
7   Franz Endler, »Herbert von Karajan – Mein Lebensbericht«, Wien 1988, Seite 14
8   ebenda, Seite 17
9   Vaughan, Seite 130
10 ebenda, Seite 132
11 Hugo von Hofmannsthal, »Festspiele in Salzburg«, Wien 1952, zitiert in Josef Kaut, »Festspiele in Salzburg«, Salzburg 1969, Seite 22
12 Endler, Seite 18
13 Vaughan, Seite 132

Die frühen Wiener Jahre

1   Vaughan, Seite 133
2   Endler, Seite 21
3   ebenda, Seite 21
4   Bachmann, Seite 63
5   Endler, Seite 23
6   Vaughan, Seite 134
7   Endler, Seite 25
8   *Salzburger Volksblatt*, 23.1.1929, zitiert in Bachmann, Seite 354
9   Vaughan, Seite 135

Ulm

1   Endler, Seite 26
2   Vaughan, Seite 135
3   Endler, Seite 35
4   Vaughan, Seite 138f.
5   *Ulmer Sturm*, 13.6.1933, zitiert in Bachmann, Seite 88
6   ebenda, Seite 89
7   Endler, Seite 42
8   Bachmann, Seite 99
9   Joseph Wulf, »Musik im Dritten Reich«, Gütersloh 1963, Seite 195
10 ebenda
11 Vaughan, Seite 139
12 Bachmann, Seite 109
13 Haeusserman, Seite 54

Aachen

1. Bachmann, Seite 116f.
2. ebenda, Seite 117
3. Endler, Seite 44
4. *Der Spiegel*, Hamburg, 18.6.1984
5. Bachmann, Seite 120
6. Endler, Seite 46f.
7. ebenda, Seite 48f.
8. Bachmann, Seite 123
9. Peter Muck, »Einhundert Jahre Berliner Philharmonisches Orchester«, Band II, Tutzing 1982, Seite 142
10. Endler, Seite 51
11. Endler, Seite 51
12. Wolfgang Stresemann, »… und abends in die Philharmonie«, München 1981, Seite 131
13. ebenda
14. ebenda
15. ebenda
16. Endler, Seite 53
17. *Deutsche Zukunft*, 3.11.1938, zitiert in Muck, Seite 146
18. Stresemann, Seite 133ff.

Berlin

1. Bachmann, Seite 360
2. ebenda, Seite 360f.
3. ebenda
4. ebenda, Seite 361f.
5. Vaughan, Seite 163
6. Endler, Seite 53f.
7. ebenda, Seite 55f.
8. *Berliner Tageblatt*, 20.12.1938
9. Endler, Seite 57
10. Prieberg, Seite 330
11. Tagebuch Rudolf Bockelmann, im Besitz des Autors
12. Endler, Seite 59
13. Boguslaw Drewniak, »Das Theater im NS-Staat«, Düsseldorf 1983, Seite 65
14. Endler, Seite 59
15. Vaughan, Seite 167

16 Muck, Seite 172
17 ebenda, Seite 173
18 Haeusserman, Seite 74
19 Vaughan, Seite 168f.
20 Bachmann, Seite 152
21 Endler, Seite 62f.

Die Entlastung

1 Bachmann, Seite 159
2 Endler, Seite 63
3 Vaughan, Seite 171
4 ebenda, Seite 172
5 ebenda, Seite 174
6 Endler, Seite 66
7 ebenda, Seite 66f.
8 ebenda
9 Bachmann, Seite 169
10 Endler, Seite 67
11 Bachmann, Seite 169
12 Endler, Seite 67f.
13 Bachmann, Seite 170
14 Adrienne Gessner, »Ich möchte gern was Gutes sagen ...«, Wien 1985, Seite 179f.
15 Bachmann, Seite 171
16 Oliver Rathkolb, »Politische Propaganda der amerikanischen Besatzungsmacht in Österreich 1945–1950«, Wien 1981, Seite 331, siehe auch Bachmann, Seite 367
17 Bachmann, Seite 367
18 ebenda, Seite 173
19 ebenda, Seite 174
20 ebenda
21 Vaughan, Seite 177
22 ebenda, Seite 178
23 Endler, Seite 69f.
24 ebenda, Seite 71

Mailand, Salzburg, Bayreuth

1 Vaughan, Seite 188
2 Endler, Seite 71

3   ebenda, Seite 71f.
4   Vaughan, Seite 190f.
5   Josef Kaut, »Festspiele in Salzburg«, Salzburg 1969, Seite 145
6   Oscar Fritz Schuh, »Salzburger Dramaturgie«, Wien 1951, Seite 22
7   Vaughan, Seite 196
8   ebenda, Seite 197
9   Walter Panofsky, »Wieland Wagner«, Bremen 1964, Seite 63
10 Bachmann, Seite 182

Der Chef der Berliner Philharmoniker

1   Muck, Seite 232
2   ebenda, Seite 240
3   ebenda, Seite 258
4   ebenda, Seite 258f.
5   ebenda, Seite 265
6   ebenda, Seite 266
7   ebenda
8   Endler, Seite 79f.
9   Stresemann, Seite 136ff.
10 Endler, Seite 97f.
11 ebenda, Seite 98
12 Muck, Seite 279
13 ebenda, Seite 281
14 *5-Uhr-Blatt*, Ludwigshafen, 3.3.1955, zitiert in Muck, Seite •••.
15 Stresemann, Seite 139f.
16 Vaughan, Seite 202
17 *Salzburger Nachrichten*, 7.6.1956, zitiert in Muck, Seite 291
18 Muck, Seite 292
19 ebenda, Seite 301

Wiener Staatsoper

1   Endler, Seite 106
2   Marcel Prawy, »Die Wiener Oper«, Wien 1969, Seite 188f.
3   Vaughan, Seite 206
4   Prawy, Seite 190
5   ebenda, Seite 191ff.
6   ebenda, Seite 192
7   ebenda, Seite 192ff.

8   Endler, Seite 107f.
9   Prawy, Seite 194
10 ebenda, Seite 197ff.
11 ebenda, Seite 198ff.
12 *Die Presse*, Wien, 13.5.1964, zitiert in Prawy, Seite 199
13 Endler, Seite 112f.

Die Osterfestspiele

1   Vaughan, Seite 219
2   Stresemann, Seite 150
3   ebenda, Seite 154
4   ebenda, Seite 156f.
5   *Die Presse*, Wien, 28.7.1960
6   Joachim Kaiser, »Erlebte Musik«, Hamburg 1977, Seite 46
7   ebenda, Seite 47
8   ebenda
9   *Süddeutsche Zeitung*, München, 21.3.1967
10 *Der Spiegel*, Hamburg, 15.7.1964
11 Bachmann, Seite 207
12 Endler, Seite 118
13 Kaiser, Seite 385
14 Stresemann, Seite 175
15 Endler, Seite 119
16 Muck, Seite 371
17 Ernst-Ulrich Fromm, *Die Welt*, Hamburg, 31.5.1969, zitiert in Muck, Seite 381f.
18 *Morgenpost*, Berlin, 14.3.1970, zitiert in Muck, Seite 387
19 Horst Felge, *Morgenpost*, Berlin, 24.3.1970, zitiert in Muck, Seite 387
20 *Der Tagesspiegel*, 22.9.1970, zitiert in Muck, Seite 38
21 *Der Merker*, Wien, April 1971, zitiert in Muck, Seite 394f.
22 ebenda, Seite 395
23 *Der Abend*, Berlin, 12.4.1972, zitiert in Muck, Seite 400f.
24 Muck, Seite 402
25 Kaiser, Seite 119
26 Muck, Seite 408
27 *Frankfurter Allgemeine Zeitung*, 8.4.1974, zitiert in Muck, Seite 411ff.
28 Kaiser, Seite 140ff.
29 *Der Merker*, Wien, 21.6.1974, zitiert in Muck, Seite 416
30 Muck, Seite 423
31 *Der Tagesspiegel*, Berlin, 9.12.1975, zitiert in Muck, Seite 428

32 Stresemann, Seite 180
33 ebenda, Seite 183
34 *Morgenpost*, Berlin, 9.3.1976, zitiert in Muck, Seite 430
35 Stresemann, Seite 184ff.

Vor dem Ziel

1   Endler, Seite 125
2   ebenda, Seite 125f.
3   ebenda, Seite 126f.
4   ebenda, Seite 128f.
5   ebenda, Seite 129
6   ebenda, Seite 137
7   Stresemann, Seite 190
8   Bachmann, Seite 225
9   *Frankfurter Allgemeine Zeitung*, 17.4.1976
10 ebenda, siehe auch Bachmann, Seite 227
11 *Der Tagesspiegel*, Berlin, 1.4.1980, zitiert in Muck, Seite 4.
12 Joachim Kaiser, »Große deutsche Dirigenten«, Berlin o. J., Seite 202
13 Muck, Seite 473ff.
14 *Süddeutsche Zeitung*, München, 13.4.1981, zitiert in Muck, Seite 474
15 Endler, Seite 151
16 Vaughan, Seite 326
17 *Frankfurter Allgemeine Zeitung*, 8.1.1983, siehe auch Bachmann, Seite 258
18 Vaughan, Seite 333
19 ebenda, Seite 338
20 ebenda, Seite 340

Die letzten Jahre

1   Bachmann, Seite 325f.
2   ebenda, Seite 340f.
3   ebenda, Seite 341
4   Vaughan, Seite 304
5   Endler, Seite 159

Personenregister

Adenauer, Konrad 130
Adler, Alfred 147
Adorno, Theodor W. 27, 71
Alter, Henry 105
Alvensleben, Ludolf von 84
Ansermet, Ernest 15

Bach, Johann Sebastian 12, 94, 119, 159f., 167, 175, 177, 200
Bachmann, Robert C. 17, 19f., 22, 25, 41 54f., 57f., 64f., 70, 81, 101, 107f., 202
Backhaus, Wilhelm 93
Bahr, Hermann 33
Bahr-Mildenberg, Anna 33
Baltsa, Agnes 203
Barbirolli, John 15
Bartók, Béla 130
Bastiannini, Ettore 145
Beecham, Sir Thomas 108
Beethoven, Ludwig van 13, 15, 31, 68, 75, 79, 94, 112, 129, 136, 163f., 166f., 174f., 177, 180, 188ff., 192, 196, 200
Beirer, Hans 147, 172
Benda, Hans von 74
Berg, Alban 45, 61, 179, 182
Berger, Erna 88
Bernstein, Leonard 171, 184
Bichterer, Eugen 184
Bing, Rudolf 168
Bizet, Georges 172, 189
Blech, Leo 75, 77, 79
Bockelmann, Rudolf 76f., 82, 89ff., 102f., 107
Böhm, Karl 15, 92f., 107, 109, 141, 171, 174, 202

Bonisolli, Franco 186
Brahms, Johannes 15, 27, 37, 74, 104, 111, 163, 173, 175, 179ff., 189f., 192, 196, 203
Brecht, Bertolt 59
Breker, Arno 68
Britten, Benjamin 149
Brouwenstijin, Gré 147
Bruckner, Anton 11, 15, 96f., 122, 132, 159, 163, 166, 173, 175, 178ff., 188f., 196
Bülow, Hans von 12, 26, 78
Buch, Fritz 12, 59, 63, 75

Calderón de la Barca, Pedro 39
Callas, Maria 10, 117f., 141
Canetti, Elias 206
Celibidache, Sergiu 128, 130, 133
Chéreau, Patrice 165
Clouzot, Henri 185
Cluytens, André 126, 130
Cohen, Richard 21
Cooper, Duff 39
Czinner, Paul 158

Dalberg, Friedrich 124
Debussy, Claude 68, 149, 173
de Cuevas, Marquis 151
Della Casa, Lisa 159
del Monaco, Mario 145
Demrosch, Walter Johannes 12
Dernesch, Helga 172
de Sabata, Victor 128
Dietrich, Erwin 47, 50-54
di Stefano, Giuseppe 143, 145
Dohnanyi, Christoph von 164
Dollfuß, Engelbert 67

Domingo, Placido 205
Drimmel, Unterrichtsminister 150f.
Duncan, Isadora 33
Duse, Eleonore 33

Edelmann, Otto 124. 159
Egk, Werner 72, 86
Elmendorff, Karl 63, 76, 91ff.
Endler, Franz 24f., 57
Eschenbach, Christoph 175

Fall, Leo 52
Fernandi, Eugenio 145
Figl, Leopold 108
Fortner, Wolfgang 72, 151
Franke, Werner W. 23f.
Frantz, Justus 175
Franzel, Willy 68
Franz Joseph I., Kaiser 31f., 61
Freiova, Gabi 21
Freni, Mirella 152, 179
Freud, Sigmund 35, 147
Frick, Gottlob 146f.
Friedrich August III., Kurfürst von Sachsen 29
Friedrich, Götz 196
Furtwängler, Wilhelm 13ff., 40, 43-46, 53, 61f., 75, 77f., 80-85, 90f., 97-100, 106, 109, 111-115, 117-121, 124, 128-134, 136f., 139, 164f., 190

Galway, James 198
Gamsjäger, Rudolf 183f.
Gemacher, Heinrich 72
Gessner, Adrienne 106
Ghiaurov, Nicolai 161
Gielen, Josef 145
Girth, Peter 187f., 198f.
Giulini, Carlo Maria 188
Glassmeyer, Generalintendant 96

Glotz, Michel 164
Gobbi, Tito 145
Goebbels, Joseph 23, 56, 60, 63, 75, 81, 83, 85, 92f., 96
Goebbels, Magda 61
Golther, Wolfgang 147
Goltz, Christel 145
Göring, Emmy 61
Göring, Hermann 21, 56, 63, 75f., 78f., 81-84, 90
Gorki, Maxim 33
Gounod, Charles 12, 172
Gozzi, Carlo 40
Graener, Paul 72, 89
Grieg, Edvard 36
Griffiths, Antony 122
Grillparzer, Franz 35
Grohé, Gauleiter 71f.
Groß, Dr. Edgar 64-67, 69
Gründgens, Gustav 85-88
Güden, Hilde 159
Gütermann, Anita s. Karajan, Anita von

Haas, Finanzsenator 133
Haeusserman, Ernst 8, 17, 24f., 57, 59, 64, 95
Hagen-Groll, Walter 177
Hager, Paul 145, 151
Harnoncourt, Nikolaus 12
Hartmann, Rudolf 124, 158
Haydn, Joseph 74, 104, 136
Heidegger, Martin 14
Heger, Robert 43, 98
Herzfeld, Friedrich 131
Hilbert, Dr. Egon 107ff., 115, 117, 151-154, 183
Hilleprandt, Franz von 32
Himmler, Heinrich 84
Hindemith, Paul 61, 75, 78, 149
Hindenburg, Paul von 67
Hinkel, Hans 59

215

Hitler, Adolf 18, 54ff., 60-63, 65, 67, 71ff., 75, 82, 84, 90-93, 96, 102
Hoff, Albert 65ff.
Hoffmann, E. T. A. 10
Hoffmannsthal, Hugo von 33, 39, 42, 60
Hofmann, Josef 42
Holgerloef, Elmy 75
Holzmeister, Clemens 40, 158
Höngen, Elisabeth 146
Hopf, Hans 124
Hotter, Hans 146
Hryntschak, Alexander 110f.
Hummel, Friedrich 32
Humperdinck, Engelbert 39, 203

Jannings, Emil 107
Jansen, Quirin 65f., 69
Jerger, Alfred 43
Jeritza, Maria 10, 43
Jochum, Eugen 126, 128, 130
Jung, C. G. 22, 147
Jurinac, Sena 116, 145, 159, 161

Kaempfer, Walter 170, 180
Kaiser, Joachim 8, 15, 22ff., 27, 159, 165, 174f., 177, 192
Kamitz, Reinhard 141, 143
Kapp, Dr. Julius 81f.
Karajan, Anita von 93, 95, 98, 101-104, 119, 155
Karajan, Arabel von 155
Karajan, Eliette von 9, 155, 201
Karajan, Ernst von 30-34, 46
Karajan, Georg Johann von 29
Karajan, Henriette von 30
Karajan, Isabel von 154
Karajan, Ludwig Maria von 30
Karajan, Martha von 30f., 34, 36
Karajan, Maximilian von 30
Karajan, Wolfgang von 30, 34ff., 41, 45

Karajan, Theodor von 29f.
Kaut, Josef 116
Keilberth, Joseph 126, 128, 146
Kemp, Wilhelm 66
Kempen, Paul van 94
Kempff, Wilhelm 138
Kerber, Erwin 73
Kern, Adele 52
Kerr, Charlotte 189f.
Kleiber, Carlos 184
Kleiber, Erich 15f., 59, 75, 79, 108
Klein, Herbert 18, 55f.
Klemperer, Otto 15, 46, 164, 175, 204
Klenau, Paul von 72
Klinger, Max 13
Knappertsbusch, Hans 15f., 123f., 175
Köchel, Ludwig Ritter von 32
Kojetinsky, Maximilian 60, 63
Kollo, René 182
Komzák, Karel 16
Kosmać, Martha s. Karajan, Martha von
Kralik, Heinrich 153, 158
Kraus, Werner 107
Krauss, Clemens 12f., 42ff., 48, 52, 61f., 79, 93, 107, 126, 172
Kremer, Gidon 181
Křenek, Ernst 61
Krips, Josef 109
Kulenkampf, Georg 72
Kupfer, Harry 165
Kunz, Erich 124

Lachs, Robert 42
Ledue, Oberst 106, 109
Ledwinka, Franz 36
Legge, Walter 22, 24, 83f., 109f., 115, 118-122, 137, 155
Lehár, Franz 52, 172
Lehmann, Lilli 33

Lehmann, Lotte 10, 40, 43
Lemnitz, Tiana 88
Lessing, Gotthold Ephraim 33
Leutzendorff, Baron 36
Ley, Robert 19
Liebermann, Max 193
Lipp, Wilma 145
Liszt, Franz 12, 189
Löbl, Karl 8, 17, 24f., 57, 59
Lothar, Ernst 18f., 106, 109, 111
Lucas, Eduard 129
Lucas, Produktionsleiter 84
Ludwig, Anton 66f.
Ludwig, Christa 146f., 172
Ludwig II. von Bayern 9

Ma, Yo Yo 189
Maazel, Lorin 188, 190
Mahler, Gustav 12, 14f., 27, 33, 37, 50, 137, 148, 154, 182, 184, 188, 196
Mahlke, Sybill 192
Madeira, Jean 146
Malaniuk, Ira 146
Mann, Heinrich 59
Mann, Thomas 25, 59
Manners, Diana 39
Manowarda, Josef von 88
Marboe, Ernst Wolfram 141f.
Mascagni, Pietro 189
Massenet, Jules 172
Matacic, Lovro von 52
Mattoni, André von 152, 155
Mayr, Richard 43
Mead, George Herbert 147
Melchinger, Siegfried 139
Mell, Max 39
Mengelberg, Willem 71
Menuhin, Yehudi 106
Mertens, André 135
Metzger, Heinz-Klaus 202
Meyer, Sabine 197ff.

Meyerbeer, Giacomo 85, 161
Mirbt, Rudolf 89
Mitropoulos, Dimitri 145
Mödl, Martha 146
Moll, Kurt 191, 203
Monteux, Pierre 15
Moser, Albert 151
Mottl, Felix 12, 33
Moulton, Mrs. 68
Mozart, Carl Thomas 32
Mozart, Franz Xaver 32
Mozart, Wolfgang Amadeus 11, 33f., 36, 40, 43, 47, 66, 74, 79, 85ff., 116, 122, 131, 137f., 162, 175, 177f., 184, 188ff., 192
Muck, Karl 12, 33, 53, 124
Müller, Maria 53
Müller, Traugott 86
Mussorgsky, Modest 161
Mutter, Anne-Sophie 184, 189

Neher, Caspar 89, 108f., 116
Neuper, Helmut 169
Ney, Elly 72, 93
Nietzschke, Friedrich 13, 27, 100
Nikisch, Arthur 12f., 26
Nilsson, Birgit 10f., 144-147
Novalis 10
Novotna, Jarmila 52
Nüll, Edwin van der 77f., 82ff.

Oehlmann, Werner 130
Offenbach, Jacques 161
Orff, Carl 72, 149, 202
Ossietzky, Carl von 59
Otto, Teo 151, 158
Ozawa, Seiji 26, 157

Papier, Rosa 37
Pasetti, Otto de 103f., 106f., 114
Pasetti, Peter 104

Paul von Jugoslawien,
   Prinzregent 90
Paumgartner, Bernhard   36ff., 41,
   46f., 67, 163
Pavarotti, Luciano   179
Pessl, Yella   47
Pfitzner, Hans   89, 93
Piccaver, Alfred   43
Pilinsky, Sigismund   53
Pitz, Wilhelm   67
Pizzitti, Ildebrando   149
Platen, August von   10
Ponnelle, Jean-Pierre   145, 174
Poulenc, Francis   149
Pozzi, Aldo   101
Prawy, Marcel   143, 148, 150f.,
   153
Preetorius, Emil   145, 147, 165
Price, Leontyne   144f.
Prieberg, Fred K.   17-20, 57
Prittwitz, von   76, 81
Prohaska, Felix   108
Protti, Aldo   145
Puccini, Giacomo   143
Puthon, Heinrich   106, 108f., 163

Raabe, Peter   65f., 69f.
Rachmaninoff, Sergej   36
Raimondi, Gianni   152
Raindl, Henriette von s. Karajan,
   Henriette von
Rajter, Lajos von   52
Rathkolb, Oliver   17, 20, 57, 107
Ravel, Maurice   68, 74
Raymond, Fred   89
Reinecke, Carl   12
Reinhardt, Max   33, 38, 40
Reinking, Wilhelm   145
Reissinger, Hans   124
Rennert, Günther   174
Rethberg, Elisabeth   43
Reuter, Ernst   133

Richter, Hans   12, 32
Richter, Karl   159
Ridderbusch, Karl   182
Rohrbach, Hermann   124
Roller, Alfred   39, 154
Rossini, Gioacchino   46, 151
Rostropowitsch, Mstislaw   188
Rosvaenge, Helge   88
Rufer, Josef   130
Ruppel, K. H.   160
Rysanek, Leonie   145f.

Samii, Dr.   203
Sauer, Franz   36
Sawallisch, Wolfgang   126
Schäfer, Walter Erich   151
Schaljapin, Fjodor Iwanowitsch
   160
Schalk, Franz   39f., 43, 148
Schiller, Friedrich von   10
Schimming, Wolfgang   173
Schirach, Baldur von   71
Schlesinger, John   206
Schmeer, Reichsinspekteur   71
Schmidt, Franz   46
Schneiber, Herbert   146
Schneider-Siemssen, Günther
   149, 161, 165, 176, 191
Schönberg, Arnold   45, 59ff.
Schopenhauer, Arthur   13, 27
Schostakowitsch, Dimitri   168
Schreker, Franz   60, 89
Schubert, Franz   27, 159ff., 175
Schuh, Oscar Fritz   108f., 115f.,
   151
Schulmann, Otto   50, 52, 60
Schumann, Karl   175, 194
Schuricht, Carl   130
Schwabe, August   34
Schwarzkopf, Elisabeth   17, 22,
   43, 107, 116, 124, 144, 155, 203
Schwind, Moritz von   191

Sedlak, Professor   104f.
Seefehlner, Egon   184
Seefried, Irmgard   116
Shakespeare, William   33
Sher, Neal   21
Sibelius, Jean   74, 172
Siepi, Cesare   143
Simionato, Giulietta   145
Sioli, Francesco   65f.
Solti, Sir Georg   206
Stella, Antonietta   145
Sterneck, Carl Freiherr von   32
Stokowski, Leopold   110
Strauß, Johann   95, 205
Strauß, Josef   172
Strauss, Richard   26, 33, 39f., 42,
   44, 47f., 60f., 63, 69, 77, 79, 104,
   137, 145, 177, 180, 188f., 193, 203
Strawinsky, Igor   149, 160, 171,
   173, 189, 192
Strehler, Giorgio   177f.
Stresemann, Wolfgang   76f., 79,
   133, 136, 155-158, 166, 174, 178,
   180-183, 187, 197, 199
Strobel, Heinrich   86f.
Strobel, Otto   147
Strohschneider, Max   34
Stuckenschmidt, Hans Heinz
   77, 132, 176, 188, 198
Suppé, Franz von   52, 172, 189
Suthaus, Ludwig   146
Sutherland, Joan   143
Swarowsky, Hans   65f., 108

Tagliabue, John   17
Tate, Ralph   105, 108
Tebaldi, Renata   143, 145
Tennstedt, Klaus   188
Teuschert, Roland   117
Theiler, Annalise   83
Thieß, Frank   113
Tiburtius, Senator   133

Thimig, Helene   38
Tieck, Ludwig   10
Tietjen, Heinz   53, 61f., 76-82, 86,
   88f., 91-94, 96
Tomowa-Sintow, Anna   43- 203
Toscanini, Arturo   12f., 37, 40,
   52f., 62f., 68, 108, 164
Troester, Arthur   74
Troost, Gerdy   92
Trunk, Richard   71
Tschaikowsky, Peter Iljitsch   36,
   47f., 91, 177, 181, 196

Ursuleac, Viorica   44, 61f.

Varnay, Astrid   10f.
Vaughan, Roger   25, 96, 115, 122,
   155, 196, 198
Vaughan Williams, Ralph   131
Vedder, Rudolf   83ff.
Velde, Henry van de   33
Verdi, Giuseppe   11, 26, 143, 189,
   205
Vickers, John   145, 172
Vollmoeller, Karl   39

Wächter, Eberhard   145, 147
Wackenroder, Wilhelm Heinrich
   10
Wagner, Cosima   9, 192
Wagner, Richard   7, 23, 26, 34, 36,
   123-126, 136, 143, 145, 147, 161,
   175, 177, 191f., 194
Wagner, Siegfried   52f.
Wagner, Wieland   123-127, 147,
   165
Wagner, Winifred   53, 62, 165
Wagner, Wolfgang   123, 126, 147
Wagner-Régeny, Rudolf   72, 76,
   89f.
Wakhevitch, Georges   145, 177
Waldheim, Kurt   21

Wallerstein, Lothar 40
Wallmann, Margarete 145
Walter, Bruno 12f., 40, 46, 52, 59, 63, 73, 106, 108, 137, 164
Walter, Erich 146
Weber, Carl Maria von 66
Webern, Anton von 45, 61, 182
Wechsberg, Joseph 144
Weingartner, Felix von 33, 43
Weismann, Adolf 77
Welitsch, Ljuba 146
Wendel, Heinrich 146
Wessel, Horst 68

Westerman, Gerhart von 129f., 132f., 135, 147, 155
Westermayer, Karl 77
Windgassen, Wolfgang 146, 172
Wolf, Hugo 32
Wolzogen, Hans von 147

Zampieri, Giuseppe 145
Zeller, Carl 52
Zeltser, Mark 189
Ziegler, Adolf 68
Zweig, Stefan 60

Bildnachweis

(in der Reihenfolge des Erscheinens)

Archiv für Kunst und Geschichte, Berlin: 1, 3, 4, 5, 7

dpa, Düsseldorf: 2, 6 12, 14, 17, 19, 22, 23

Bilderdienst, Süddeutscher Verlag, München: 8, 9, 10, 11, 13, 15, 18, 20, 21

Menschen, die die Welt bewegten

»Was will man uns noch mit dem Schicksal! – Politik ist das Schicksal.«   Napoleon zu Goethe

Robin Lane Fox
Alexander der Große
Eroberer der Welt
12/41

Erich Eyck
Bismarck und das Deutsche Reich
12/9

Ivan Cloulas
Die Borgias
Biographie einer Familiendynastie
12/226

Michael Grant
Caesar
Genie – Eroberer – Diktator
12/35

G. P. Gooch
Friedrich der Große
Preußens legendärer König
12/12

André Castelot
Heinrich IV.
König von Frankreich und Navarra
12/214

Francis Carr
Iwan der Schreckliche
Der erste Zar
12/190

John Stewart Collis
Kolumbus
Aufbruch zu neuen Welten und Zeiten
12/212

Franz Herre
Ludwig II.
Bayerns Märchenkönig – Wahrheit und Legende
12/206

Marcel Brion
Die Medici
Eine Florentiner Familie
12/20

Vincent Cronin
Napoleon
Krieger und Staatsmann
12/100

Wilhelm Heyne Verlag
München

Kunst und Musik

»... während ich in der Kunst tiefer zu dringen suche, versuche ich das auch im Leben selbst zu tun...«
                          Vincent van Gogh an einen Freund

Bryan Hammond/Patrick O'Connor
Josephine Baker
Die schwarze Venus
12/215

Joan Peyser
Leonard Bernstein
Die Biographie eines Musikgenies
12/205

Heiner Stachelhaus
Joseph Beuys
Scharlatan oder Genie?
12/236

Claude Dufresne
Maria Callas
Primadonna assoluta
12/213

Michael Scott
Caruso
Die Jahrhundertstimme
12/227

Charles Sorlier
Marc Chagall
Traum, Vision und Wirklichkeit
12/208

Meryle Secrest
Salvador Dali
Sein exzentrisches Leben – sein geniales Werk – seine phantastische Welt
12/186

Max Niehaus
Isadora Duncan
Triumph und Tragik einer legendären Tänzerin
12/172

Silvia Alberti de Mazzeri
Leonardo da Vinci
Die moderne Deutung eines Universalgenies
12/192

Heinrich E. Jacob
Mozart
Der Genius der Musik
12/200

Joëlle Monserrat
Edith Piaf
»Non, je ne regrette rien«
12/221

Catherine Lépront
Clara Schumann
Künstlerleben und Frauenschicksal
12/188

Peter Kemp
Die Familie Strauß
12/201

Pierre Leprohon
Vincent van Gogh
Genie und Wahnsinn
12/195

Robert Gutman
Richard Wagner
Der Mensch, sein Werk, seine Zeit
12/3

Victor Bockris
Andy Warhol
12/204

Wilhelm Heyne Verlag München

Bedeutende Autoren des 20. Jahrhunderts

»Unsere Phantasie ist eine Gabe, mit der wir aus den Tatsachen die Wirklichkeit entziffern können.« Heinrich Böll

Gabriele Hoffmann
Heinrich Böll
Leben und Werk
12/209

Janet Morgan
Agatha Christie
Das Leben einer Schriftstellerin – spannend wie einer ihrer Romane
12/167

Lutz Tantow
Friedrich Dürrenmatt
Moralist und Komödiant
12/216

Jakob Hessing
Else Lasker-Schüler
Ein Leben zwischen Bohème und Exil
12/156

Dietrich Gronau
Anaïs Nin
Erotik und Poesie
12/235

Ronald Hayman
Sylvia Plath
Liebe, Traum und Tod
12/223

Joy D. Marie Robinson
Antoine de Saint-Exupéry
Schriftsteller, Flieger und Abenteurer
12/229

Jürgen Klein
Virginia Woolf
Genie – Tragik – Emanzipation
12/114

Dieter Gronau
Marguerite Yourcenar
Wanderin im Labyrinth der Welt
12/225

Wilhelm Heyne Verlag
München